Hans Kloft

Die Wirtschaft
des Imperium Romanum

Zaberns Bildbände
zur Archäologie

Sonderbände der
ANTIKEN WELT

Verlag Philipp von Zabern · Mainz am Rhein

Hans Kloft

Die Wirtschaft
des Imperium Romanum

Verlag Philipp von Zabern · Mainz am Rhein

IV, 124 Seiten mit 66 Farb-, 39 Schwarzweiß- und
40 Strichabbildungen

Umschlag vorne:
Getreidemühlen in Pompeji. (Photo R. Asmus)

Frontispiz:
Geflügel- und Fleischverkäuferin in Rom
(vgl. S. 32, Abb. 28).

Seite III:
Getreideversorgung («annona») unter Nero.
Sesterz 64–66 n. Chr. (vgl. S. 94, Abb. 98b).

Umschlag hinten:
Zwei Bettstützen mit Satyr- und Maultierköpfen
an den Enden (vgl. S. 76, Abb. 77).

Gestaltung:
Ilka Schmidt, Verlag Philipp von Zabern, Mainz

Lektorat:
Jeorjios Martin Beyer, Wiesbaden

Redaktion:
Holger Kieburg, Gerhild Klose,
Annette Nünnerich-Asmus, Verlag Philipp von
Zabern, Mainz

Bibliographische Information der Deutschen Bibliothek

Die Deutsche Bibliothek verzeichnet diese Publikation in der
Deutschen Nationalbibliographie; detaillierte bibliographische
Daten sind im Internet über <*http://dnb.ddb.de*> abrufbar.

© 2006 by Verlag Philipp von Zabern, Mainz am Rhein
ISBN-10: 3-8053-3547-4
ISBN-13: 978-3-8053-3547-8

Alle Rechte, insbesondere das der Übersetzung in fremde
Sprachen, vorbehalten.
Ohne ausdrückliche Genehmigung des Verlages ist es auch
nicht gestattet, dieses Buch oder Teile daraus auf photomecha-
nischem Wege (Photokopie, Mikrokopie) zu vervielfältigen
oder unter Verwendung elektronischer Systeme zu verarbeiten
und zu verbreiten.
Printed on fade resistant and archival quality paper
(PH 7 neutral) • tcf

Inhalt

Vorwort	2
Einleitung	4
Erzeugung, Austausch und Konsum	6
Zwischen Luxus und Selbstversorgung	8
Eine unterentwickelte Wirtschaft?	11
Die Rahmenbedingungen	12
Ein politisches Vermächtnis	14
Militär und Zivilverwaltung	15
Römischer Frieden	18
Die Landwirtschaft	19
Landwirtschaft und Wertewandel	20
Mediterrane Trias	21
Das Beispiel der Düngung	23
Kult um Kaltgepreßtes	24
Ein besonderer Saft	25
Die Ausnahme	26
Ehrbare Trinker	28
Anweisung zur Käseherstellung	31
Der Reichtum eines Freigelassenen	31
Beeindruckende Fleischorgie	32
Gleichsam flächendeckend	35
Catos ideale «villa rustica»	38
Naturalien als Pachtgeld	39
Weit über Eigenbedarf	41
Handwerk und Gewerbe	42
Vom Nutzen und Nachteil gewerblicher Arbeit	42
Kunstvolles und Massenware	43
Kleindimensionierte Fachbetriebe	47
Lehrlingsvertrag in der Weberlehre	48
Grabinschrift eines «medicus»	52
Handel und Händler	55
Trimalchio als «negotiator»	55
Sich auf dem Markt umtun	57
Ostienser Brot	58
Verkaufsareal für Waren aller Art	62
Spitzenöl aus Italien	67
Seide von betuchten Händlern	68
Aus dem Kochbuch des Apicius	69
Kosten des Luxus	70
Die Schattenseite	70
Auch ein Käufer	76
Folgen der Übersättigung	78
Geld und Geldwirtschaft	80
Reichtum und Armut	80
Monetärer Vertrauensverlust	82
«Geschenke» an den Kaiser	83
Das finanzielle Vermächtnis	86
Den gesamten Erdkreis bereichern	88
Großzügigkeit als Modell	92
Engpässe und «Sozialpolitik»	93
Aktionen in Wort und Bild	96
Geldreichtum in der Kaiserzeit	99
Reichtum und Kaisernähe	100
Das Vermächtnis des Plinius	101
Geld unter die Leute	102
Geldverleih und Außenstände	104
Aus dem Archiv der Sulpicii	104
Ein Scheck für einen Festredner	105
Teures Rom	106
Die Last der Armut	108
Selbst der Tod noch ein Geschäft	110
Zusammenfassung und Ausblick	113
Urbanisierung des Reichs	114
Prosperität und Niedergang	115
Gewinner und Verlierer	116
Drei Eigenschaften und drei Gründe	117
Anhang	119
Literatur	119
Anmerkungen	122
Bildnachweis	124
Adresse des Autors	124

Vorwort

Das Interesse für die antike Wirtschaft, speziell auch für die Wirtschaft der römischen Kaiserzeit, hat in den letzten Jahren spürbar zugenommen. Dieser erfreuliche Befund verdankt sich, wenn ich richtig sehe, vor allem zwei bemerkenswerten Tatbeständen. Zum einen sieht man innerhalb der Altertumswissenschaften zunehmend genauer, daß die literarischen und künstlerischen, die kulturellen Phänomene insgesamt, welche das klassische Altertum über lange Zeit hinweg bewundernswert und vorbildlich gemacht haben, eingebettet sind in einen historischen Gesamtzusammenhang, in den die Ökonomie ganz fundamental hineingehört. Die Erkenntnis, die in der Provinzialarchäologie von Beginn an unstrittig war, wenn es etwa um die Interpretation von Stadtanlagen und größeren Kulturräumen ging, hat, mit Abstrichen und je nach Fragestellungen, auch in den übrigen Teilen der Altertumskunde an Bedeutung gewonnen, vor allem naturgemäß in der Alten Geschichte, die sich über die politischen Phänomene hinaus zunehmend gesellschaftlichen und wirtschaftlichen Fragen zuwendet. Die Neuauflage der repräsentativen «Cambridge Ancient History» würdigt in den Bänden zur römischen Kaiserzeit unter dem Lemma «Economy and Society» die sozialen und wirtschaftlichen Strukturen des Imperiums. Ebenso werden in der weitgespannten italienischen «Storia di Roma» (hg. von A. Schiavone) von ausgewiesenen Fachleuten das Profil der kaiserzeitlichen Ökonomie, Handel, Märkte und Geldwirtschaft vorgestellt. Im deutschsprachigen Raum haben Hans-Joachim Drexhage und seine Mitarbeiter vor kurzem eine Einführung in die Wirtschaft des römischen Reiches vorgelegt, die Quellen, Literatur und Darstellung in geglückter Weise miteinander verbindet. All diese jüngeren Zusammenfassungen machen mit der reichen internationalen Spezialliteratur vertraut, sie gehen auch auf die wissenschaftsgeschichtliche Dimension der antiken Ökonomie ein, auf einflußreiche Deutungsvorschläge, wie sie etwa der Nationalökonom Karl Bücher (1847–1930), die Althistoriker Karl Julius Beloch (1854–1929), Eduard Meyer (1855–1930), Michael Rostovtzeff (1870–1952), in jüngerer Zeit Moses Finley (1912–1986) vorgelegt haben. Wie die antike, eben auch die kaiserzeitliche Wirtschaft funktioniert und welchen Stellenwert sie im Gesamtgefüge eingenommen hat, dies erschließt sich nicht allein aus der Interpretation der einschlägigen Quellen, sondern erfordert auch den Blick auf andere Zeiten und Wirtschaftsstrukturen, die im Vergleich das Besondere und das Allgemeine hervortreten lassen. Der Vergleich, die Entwicklung von Modellen, Typen und Stilen bezeichnen Arbeitsfelder, auf denen sich in der Vergangenheit in erster Linie die Nationalökonomen, vor allem die deutschen, Meriten erworben haben. Bertram Schefold, Wirtschaftswissenschaftler an der Universität Frankfurt, hat mit Erfolg die große Tradition der deutschen nationalökonomischen Schule in Erinnerung gebracht und im Vergleich von Wirtschaftssystemen auch für das Verständnis der antiken Ökonomie Wertvolles geleistet.

Auf die genauen Gründe dieser eher internen wissenschaftlichen Entwicklung, die der Wirtschaft insgesamt eine größere Bedeutung einräumt, ist an dieser Stelle nicht näher einzugehen. Es kommt ein zweiter Gesichtspunkt hinzu, der sich aus der tagtäglichen Erfahrung her ableitet: Wirtschaftliche Entscheidungen und Prozesse greifen, für den einzelnen oft schmerzhaft, so nachdrücklich in das Wohl und Wehe der Menschen ein, daß die Wirtschaft mehr oder weniger als die entscheidende menschliche Gestaltungsmacht empfunden wird. Die Wirtschaft ist das Schicksal – so hatte es zu Beginn der Weimarer Republik der damalige Außenminister Walther Rathenau in Umkehrung einer berühmten Sentenz Napoleons («Die Politik ist das Schicksal») programmatisch formuliert und in seiner Zeit großen Widerspruch gefunden, u. a. von Carl Schmitt, dem bedeutenden und umstrittenen Staatsrechtslehrer in der Zeit der Weimarer Republik und des Dritten Reiches, der im Primat der Ökonomie eine gefährliche Auflösung von Staat und Politik fürchtete. Jenseits aller dogmatischen und prinzipiellen Aussagen zum Stellenwert der Wirtschaft lassen sich die konkreten Folgen wirtschaftlicher Entscheidungen, besonders wirtschaftlicher Fehlentscheidungen, heutzutage kaum ableugnen, ob es um Arbeit und Lohn, um Ausbildungsförderung oder Rente, um Sonderangebote des Einzelhandels oder um die Erhöhung des Ölpreises handelt. Alle sind wir heute, wie es scheint, sehr viel unmittelbarer von der Wirtschaft betroffen und haben als Folge im allgemeinen auch eine größere Sensibilität für ökonomische Probleme, für Börse und Geldgeschäfte entwickelt, als dies früher der Fall war. Es scheint nicht zweifelhaft, daß dieses allgemein gewachsene Informationsbedürfnis, Zusammenhänge, Abhängigkeiten, Ursachen und Folgen wirtschaftlicher Prozesse einschätzen zu können, sich auch in der wissenschaftlichen Beschäftigung mit der Ökonomie und dem *Homo oeconomicus*, dem wirtschaftenden Menschen in der Vergangenheit, niedergeschlagen hat. Inwieweit hinter dem gestiegenen Interesse eine mehr oder minder naive Auffassung steckt, man könne aus der Wirtschaftsgeschichte Rezepte für die Gegenwart entwickeln, inwieweit der Wunsch nach historischer Erkenntnis und nach Aufdeckung der spezifischen Rahmenbedingungen vorherrschend ist, mag hier unentschieden bleiben. Wohl aber stellt sich mit der intensiven Beschäftigung ein nicht zu verkennender intellektueller und zugleich auch ästhetischer Ertrag ein: der Blick in die antike, hier die kaiserzeitliche Wirtschaft, ist nicht nur belehrend, sondern auch reizvoll, macht mit den Lebens- und Arbeitsbedingungen der Gesellschaft, von hoch und niedrig, vertraut, und erweist letztlich die Wirtschaft als eine faszinierende und umfassende kulturelle Potenz. Wirtschaftssysteme waren und sind ansehnliche kulturelle Leistungen, vergleichbar der politischen Ordnung, dem Rechtssystem, der religiösen Struktur einer bestimmten Zeit und Gesellschaft.

Die vorliegende Beschreibung und Illustration der kaiserzeitlichen Wirtschaft bemüht nur in wenigen Fällen derartige hohe Abstraktionen. Wer freilich von Rahmenbedingungen, von Landwirtschaft, Handel und Gewerbe im Römischen Reich sprechen will, muß verallgemeinern und den einzelnen Befund, die einzelne Region einebnen. Das kann einen Verlust an Anschaulichkeit und Prägnanz zur Folge haben. Nicht nur in der Absicht, einen solchen Verlust wettzumachen, sind dem Text in reichem Maße Bilder, Tabellen und einschlägige Quellenzeugnisse beigegeben. Unsere Kenntnisse, unsere wissenschaftlichen Schlüsse, orientieren sich an der Überlieferung. Diese Rückkopplung gilt es, für den Leser deutlich zu machen, der Bild und Text für sich umsetzen und weiterdenken soll. Der Hinweis auf die großen Anreger und Archegeten der antiken Wirtschaftsgeschichte sind in diesem Kontext durchaus nicht beiläufig. Sie geben, wenn sie von Markt, Handel und Geldwirtschaft handeln, nicht nur Interpretationen an die Hand, die nach wie vor bedenkenswert sind, sondern legen auch Zeugnis dafür ab, daß die Forschung weitergeht. Sie bieten wichtige Orientierungs- und Haltepunkte, die eine Auseinandersetzung lohnen.

Freilich kann das wissenschaftsgeschichtliche Interesse nicht im Vordergrund eines derartigen Überblicks stehen, wie er hier vorliegt. Er will zunächst einmal Grundkenntnisse beispielhaft und anschaulich vermitteln, und dies in den konventionellen Sparten von Landwirtschaft, Gewerbe, Handel und Geld. Ich habe damit die Leitlinien aufgenommen, die vor gut zehn Jahren in meiner «Einführung in die Wirtschaft der griechisch-römischen Welt» (1992) zugrundegelegt wurden und die sich, wie ein Blick in vergleichbare Arbeiten zeigt, bewährt haben. Dem Charakter der Reihe und dem Kreis der Adressaten nach will das Buch eine knappe und lesbare Zusammenfassung auf der Grundlage des einschlägigen Materials und ausgewählter jüngerer Forschungsergebnisse liefern. Es wäre utopisch, die nahezu unübersehbare Forschungsliteratur hier vollständig anzuführen. Die Anmerkungen und Literaturangaben sind als Hilfsmittel gedacht, sich weiter und gründlicher zu informieren, als dies hier möglich ist. Die Bildauswahl ist zugegebenermaßen subjektiv und orientiert sich an bestimmten regionalen Schwerpunkten der römischen Zivilisation. Dazu gehören eben auch die germanischen und gallischen Provinzen, die archäologischen Zentren unserer engeren Heimat, die nicht zuletzt Erkundungen auch unter wirtschaftsgeschichtlichen Fragestellungen lohnen.

Die Arbeit ist zu Beginn des Jahres 2004 abgeschlossen worden. Mit großem Nutzen habe ich die Bibliotheken der Kommission für Alte Geschichte in München und der Alten Geschichte an der Universität Hamburg auswerten dürfen. Claudia Haase hat das schwierige Manuskript geschrieben, Regine Villinger den Text gelesen und mich vor manchem Irrtum bewahrt, die Mitarbeiter des Verlages Philipp von Zabern haben bei der optischen Umsetzung mit Rat und Tat zur Seite gestanden. Fortwährende Ermutigung hat es durch Frau Dr. Annette Nünnerich-Asmus gegeben. Ihnen Allen, die mitgeholfen haben, daß dieser Band erscheinen konnte, gehört mein herzlicher Dank.

Hans Kloft

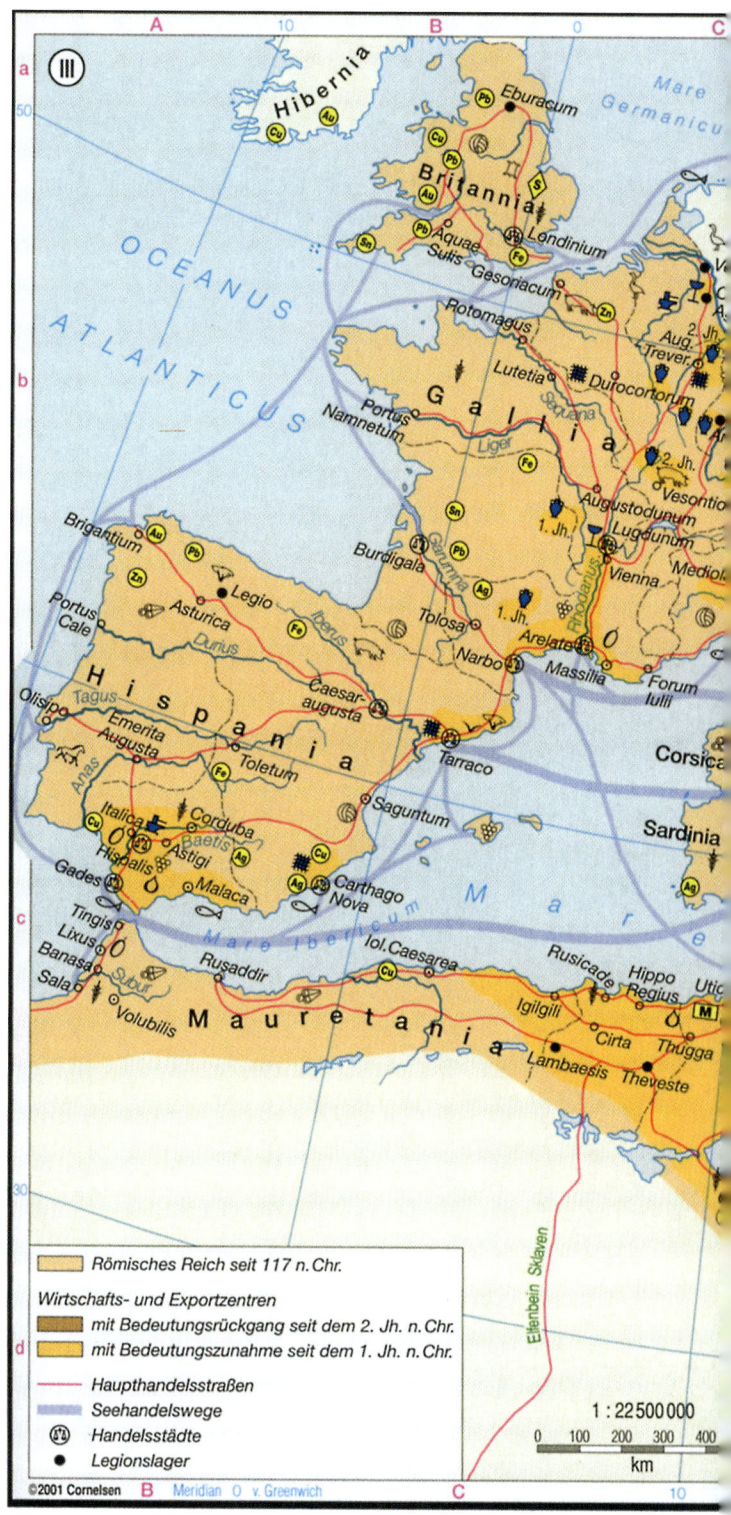

*Abb. 1
Handelsrouten und
Wirtschaftsgüter im
Imperium Romanum.*

Einleitung

Das Leben hat Fortschritte gemacht aufgrund des Warenaustausches und eines gemeinsamen glücklichen Friedenszustandes, die durch die Vereinigung des Erdkreises unter der Hoheit des Imperium Romanum geschaffen worden sind; alles, auch das, was früher verborgen war, steht in wechselseitigem Gebrauch – Wer möchte dieser Feststellung den Glauben versagen?» *Quis non putet?* – Die rhetorische Frage des älteren Plinius am Beginn des 14. Buches seiner *Naturgeschichte* führt zentral zu unserem Gegenstand: der Wirtschaft des römischen Kaiserreiches, ihren Bedingungen und Ergebnissen, nicht zuletzt zur Bewertung der ökonomischen Blüte und des «Lebensfortschrittes» durch einen kritischen Zeitgenossen.[1]

Man darf die knappe und doch gehaltvolle Bestandsauf-

Einleitung

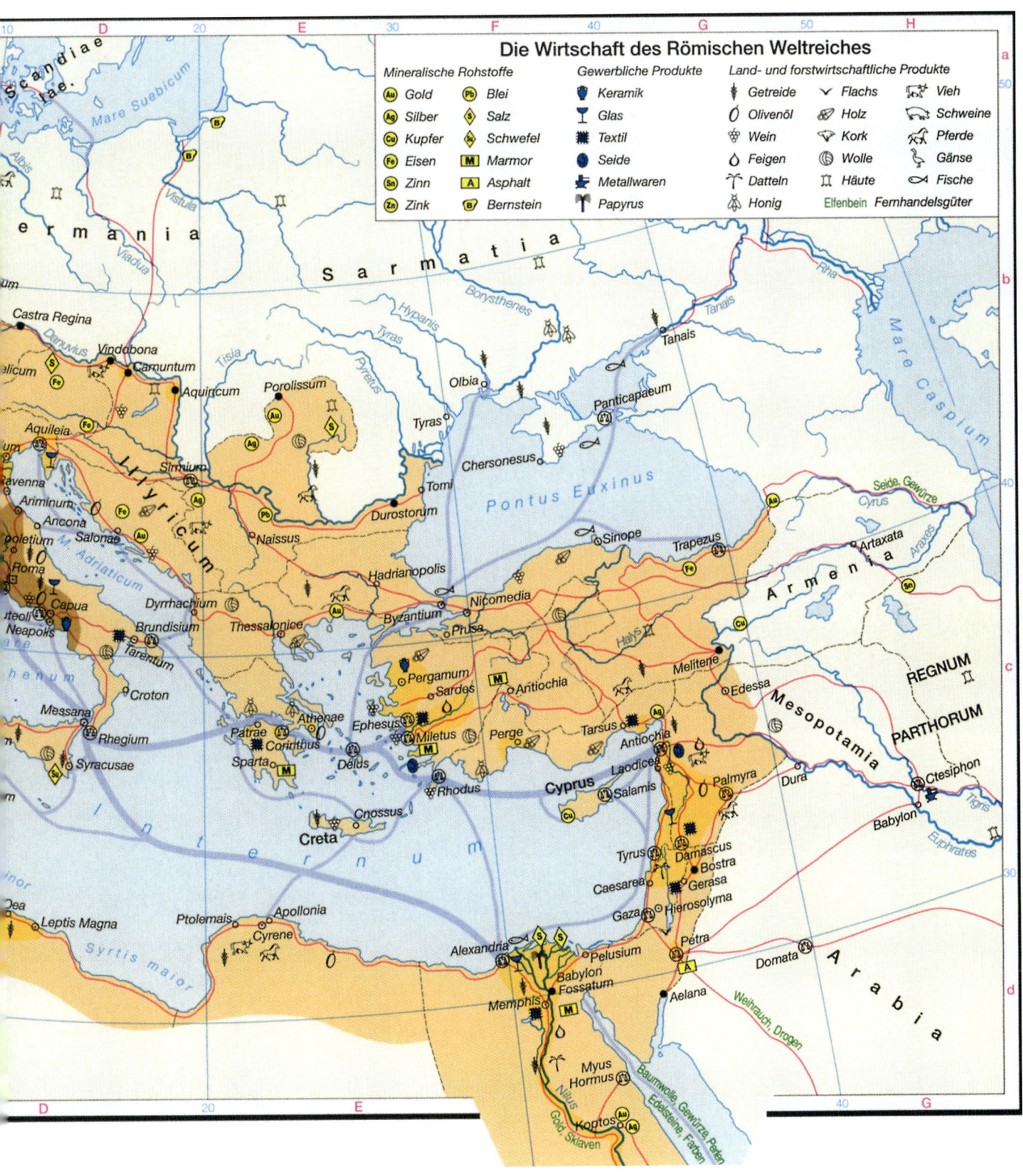

nahme eines der kenntnisreichsten Autoren der frühen Kaiserzeit für unseren Zweck wie folgt zusammenfassen: Das Imperium Romanum verfügt über einen allseitigen Warenaustausch, der seinen Rückhalt in der anerkannten politischen Herrschaft – mit den Worten des Plinius in der *maiestas Romani imperii* – und in einem gemeinsamen Friedenszustand besitzt. Die Rahmenbedingungen ermöglichen, auch an die Waren und Güter heranzukommen, die einst wegen ihrer Entfernung unzugänglich waren, Seide, Gewürze, Edelsteine, um Beispiele zu nennen (Abb. 1). Aber die ökonomische Vernetzung und das reiche Warenangebot besitzen Auswirkungen auf Mentalität und Lebensführung der Gesellschaft, und es ist für Plinius ausgemacht, daß der angebliche Fortschritt seine Kehrseiten besitzt: Habgier, Reichtum und Besitz als oberstes

Ziel und ein Leben in Luxus, das von den alten Römertugenden abführt. Die glänzende zivilisatorische Fassade des Imperiums, davon ist Plinius überzeugt, verdeckt nur den inneren Verfall, die Zerstörung der sittlichen Werte, die Rom einmal groß gemacht haben, durch Gewinnstreben und ein Leben in Üppigkeit und Wohlstand.

Erzeugung, Austausch und Konsum

Damit sind zentrale Kategorien der Wirtschaft angesprochen, die sich bequem erweitern und sinnvoll problematisieren lassen. Plinius spricht nicht von der Wirtschaft; als einheitliche, zusammenhängende Größe hat er sie, wie seine Zeitgenossen auch, nicht wahrgenommen, ähnlich wie die Potenzen Staat und Gesellschaft, die uns heute als fundamentale Strukturen geläufig sind, der Antike aber in ihrer Abstraktion und Gestaltungsfähigkeit fremd waren.[2] Was aber sehr wohl gesehen, reflektiert und bis zu einem gewissen Grad auch gestaltet wurde, waren ökonomische Teilgrößen, nennen wir den landwirtschaftlichen Betrieb, die handwerkliche Tätigkeit, den Warenaustausch, die öffentlichen Finanzen, das private Vermögen, die städtische Versorgung, nicht zuletzt Luxusgüter ebenso wie Hunger und Armut der kleinen Leute. Alle diese ökonomischen Teilbereiche hängen in der römischen Kaiserzeit «irgendwie» zusammen und lassen sich bis zu einem gewissen Grade auch sinnvoll einander zuordnen: über zentrale Institutionen wie das Kaisertum, über signifikante Personen wie den jüngeren Plinius, über aussagekräftigen Orte wie das 79 n. Chr. verschüttete Pompeji, über Produktion, Handel und Konsumption einzelner Güter wie Wein, Öl, Getreide oder begehrte Luxuswaren. Wir fassen diese ökonomische

Abb. 2 Wasserversorgung – Wasserentsorgung. Die römischen Aquädukte Anio Novus und Aqua Claudia auf der Via Latina im Südosten Roms, Gemälde von Z. Diemer aus dem Jahre 1914, Deutsches Museum München.

Gemengelage begrifflich zusammen und bestimmen mit den Worten des verdienstvollen Wirtschaftshistorikers Ludwig Beutin (1903–1958) die Wirtschaft als Erzeugung, Austausch und Konsum von Gütern.[3] Dies will nun beileibe keine abschließende Definition sein, sondern ein erster Sondierungsversuch, den es für unsere Zwecke, der Wirtschaft des Imperium Romanum, zu konkretisieren und zu erweitern gilt. Natürlich spielen die sog. Wirtschaftsgüter eine zentrale Rolle, ebenso Umfang, Art und Weise ihrer Erzeugung, ihrer mehr oder minder kontinuierlichen Bereitstellung. Wir denken neben den Grundnahrungsmitteln an Holz, Metall, Stein, Textilien als Ausgangsmaterialien, die als Grundstoffe bearbeitet und veredelt wurden. Aber sind darüber hinaus nicht auch Transportmittel wie Wagen und Schiffe, Verkaufsläden und Speicheranlagen Wirtschaftsgüter, die für einen bestimmten Zweck hergestellt werden? Wirtschaftsgüter besitzen mehrere

Form des Austausches (change-exchange) verstehen, ein menschliches Spezifikum, wie dies Georg Simmel (1858–1918) in der griffigen Formel «der Mensch ist das tauschende Tier»[4] zum Ausdruck gebracht hat. Der Warenaustausch über das Medium Geld ist so betrachtet nur ein, allerdings ein besonders hervorstechendes Merkmal und ein Anwendungsfall des Austausches im Imperium Romanum, der in der kaiserzeitlichen Geldwirtschaft mit all seinen Stärken und Schwächen den zeitgenössischen Ausdruck fand.

So bündelt und vernetzt der Oberbegriff «Austausch»[5] wesentliche ökonomische Teilbereiche, den Handel und das Geld, reicht aber auch weit darüber hinaus, wenn wir den Verkehr der Menschen zu den Göttern über das Opfer als eine besondere Form des Austauschs interpretieren wollen: ein archaisches und doch auch schon kalkuliertes Gegenseitigkeitsgeschäft, das im religiösen Umfeld des Kaiserreiches

*Abb. 3
Einmündung der
«cloaca maxima»
in den Tiber vom
Ponte Palatino aus
gesehen.*

Dimensionen: Zur Produktion treten Handwerk und Gewerbe, treten Handel und Verkehr, die einen Austausch und eine Bedarfsbefriedigung über die eigentlichen Produktionsstätten hinaus möglich machen. Die Deckung des Bedürfnisses (*chreia*) ist, wie dies bereits Aristoteles gesehen hat (Aristoteles, *Ethica Nicomachea* 1133a), der zentrale Motor der ökonomischen Unternehmung, sie richtet sich in der römischen Kaiserzeit nicht allein auf die anerkannten Elementarbedürfnisse menschlicher Existenz (Essen, Kleidung, Unterkunft), sondern auf qualitativ hochwertige Waren, Seide aus China, Gewürze aus dem Orient, kostbare Hölzer wie Zedernholz aus dem Libanon oder Zitrusholz aus Nordafrika. Der Handel, auch der Luxushandel über die Grenzen des Imperium Romanum hinaus, läßt sich als eine besondere

handfeste ökonomische Folgen nach sich zieht, wenn wir an Tempelbau oder Opferfeste denken. Und natürlich besitzt der Austausch neben dem ökonomischen und religiösen auch ein wesentlich soziales Element, sobald man die Träger des Handels und des Geldgeschäftes in den Blick nimmt und von dieser gesellschaftlichen Seite her sein Profil in der Konfrontation zu anderen historischen Epochen zu begreifen sucht[6]: Der Überseehändler in Ostia, der Bankier in Pompeji, die Fischverkäuferin in Rom realisieren den Austausch je auf ihre Weise und gewinnen nicht zuletzt durch ihre Tätigkeit soziale Reputation.

Auch der Begriff der Konsumption muß nach verschiedenen Seiten hin entfaltet und konkretisiert werden. Natürlich denkt man zunächst an die Konsumenten im Ernährungs-

Einleitung

bereich, an die Bevölkerung in den Groß- und Mittelstädten des Reiches oder an die Menschen auf dem Lande; man ruft sich das Militär, die Frauen, Sklaven, die randständigen Personen wie Bettler oder Vagabunden ins Gedächtnis mit ihren ganz unterschiedlichen Chancen, an der Konsumption teilzuhaben; sie konnte je nach Lage der Provinzen und ihrer agrarischen Möglichkeiten sehr verschieden ausfallen. Konsumption betrifft aber auch die Nutzung von Wasser (Abb. 2), von Wohnraum, von öffentlichen Nutzbauten wie Thermen oder Bibliotheken, sie umfaßt im weiteren Sinne auch die Entsorgung, für die in Rom die großartige Anlage der *cloaca maxima* steht (Abb. 3).

In all diesen Bereichen kommt in besonders handgreiflicher Weise die zeitgenössische Technologie ins Spiel, die Transportmöglichkeiten zu Wasser und zu Lande, die Bautechnik in all ihren Facetten, welche der Versorgung das notwendige Gerüst geben. Überversorgung und Unterversorgung lassen sich als ökonomische Größe, zugegebenermaßen ein wenig simpel, in Luxus und Hunger übersetzen, die ganz genuin in eine Analyse der Konsumption und der Wirtschaft hineingehören, auch in ihren vielfältigen ethischen Aspekten, wie dies das breitgefächerte Räsonnement vornehmlich über die Schäden der *luxuria* in Rom beweist.

Zwischen Luxus und Selbstversorgung

Der Abstraktion des Begriffs Konsumption historische Prägnanz verleihen – bei diesem Vorhaben nimmt man rasch das gewaltige Gefälle wahr, welches sich für die Bevölkerung der römischen Kaiserzeit im Hinblick auf die Konsumption ergab. Der legendäre römische Feldherr Licinius Lucullus (117–57 v. Chr.) pflegte für eine ganz normale Tagesmahlzeit 50 000 Sesterzen auszugeben (Plutarch, *Lucullus* 41,7). Der reiche Parvenu Trimalchio weiß ein gewaltiges Luxusessen mit allen «Schikanen», wie wir heute sagen, zu inszenieren, welches Essen und Trinken ebenso umfaßt wie die Ausstattung und die Begleitung durch Musiker und Künstler. Auf der anderen Seite muß sich der arme Häusler Simylus im pseudovergilischen *Moretum* mit einem kargen Frühstück begügen, das aus Brot, Kräuterkäse und den Gewächsen des eigenen Gartens besteht (Abb. 4).

«... inzwischen rastet Simylus nicht in unbeschäftigter Muße.
Weiteres rüstet er zu: damit nicht dem Gaumen mißfalle,
Ceres, wenn sie allein, bereitet er ihr eine Zukost.
Fleischhaken freilich hängen ihm nicht zur Seite des Herdes,
Gänzlich fehlt ihm des Schweins im Salze gehärteter Rücken.
Aber ein Käs, in der Mitte des Runds vom Pfriemgras durchbohrt,
Hing ihm bereit und getrockneter Dill, in ein Bündel geschnüret.
Also sucht er noch andere Zukost, der Groschen zu schonen.
Gleich an das Häuschen grenzte der Garten, den weniges Flechtwerk
Und zartschwankendes Rohr, lebendig grünend, beschützte,
Klein nur an Fläche, doch reich bestanden mit mancherleih Krautwerk.
Alles war dort zur Hand, was dem Armen dienet zur Nahrung.»

(Ps.-Vergil, *Moretum* 52–63, Übersetzung R. Heinze)

Abb. 4 Die im «Kräuterkäsegedicht», dem «Moretum», erwähnten Zutaten lassen sich zu einem Rezept zusammenführen; sowohl die Herstellung als auch der Verzehr werden im Fortgang der zitierten Passage geschildert.

Für bedürftige Kinder sehen die Alimentarstiftungen des 2. Jhs. n. Chr. in Italien eine Lebensmittelunterstützung von etwa 2 Assen pro Tag vor, ein Minimum, das kaum den täglichen Nahrungsbedarf decken konnte.

Die vier Beispiele sind im Hinblick auf die Konsumption hoch bedeutsam, nicht nur weil wir sehen, was an Gütern zur Verfügung stand, sondern weil Herkunft der Mittel, langfristige Absicherung, das Profil und die Zahl der betroffenen Personen nicht minder wichtig sind: Sie stellen für die Konsumption die notwendige soziale Basis bereit, sondieren nach Armut und Reichtum, die ökonomische, soziale und auch moralische Faktoren darstellen.

Die Umsetzung all dessen, was man global als Güter bezeichnet, ist an Arbeit- und Dienstleistungen gebunden, und

Tabelle 1				Sklavenpreise im kaiserzeitlichen Ägypten					
	Sklavinnen				**bis 9 Jahre**		**Sklaven**		
Beleg	**Zeit**	**Ort**	**Alter**	**Preis in Drachmen**	**Preis in Drachmen**	**Alter**	**Ort**	**Zeit**	**Beleg**
BGU 3/987 (= BGU 3/864)	44/5 n. Chr.	Gau Arsinoites	4	2000	700	8	Ptolemais Eurgetis	136 n. Chr.	BGU 1/193
P. Oxy. 2/263	77 n. Chr.	Oxyrhynchos	8	640	800	7	Seleukeia/Syrien	166 n. Chr.	P. Lond. 2/229 (= Meyer, Jur. Pap. 37)
P. Oxy. 2/336	85/6 n. Chr.	Oxyrhynchos	Kind?	140?	300	3	Gau Arsinoites	Anfang 2. Jh. n. Chr.	BGU 3/859
P. Strasb. 6/505	108/16 n. Chr.	Tebtynis	7	500					
PSI 12/1228	188 n. Chr.	?	2	320 (1/2 Skl.)	2 Talente	Kind?	Oxyrhynchos (?)	235 n. Chr.	PSI 12/1248
SB 14/11277	225 n. Chr.	Herakleopolites	9	1600	1200	8	Gau Oxyrhynchos (?)	237 n. Chr.	PSI 12/1254
				10 bis 19 Jahre					
P. Lug. Bat. 13/23	Ende 1. Jh. n. Chr.	Oxyrhynchos	18	600	2800	17	Alexandria	154 n. Chr.	SB 5/7555
P. Turner 22	142 n. Chr.	Side/Pamphylien	10	1120	1600	19	Oxyrhynchos	212 n. Chr. (?)	P. Oxy. 36/2777
BGU 3/887	151 n. Chr.	Side/Pamphylien	12	1400					
SB 6/9145	180/92 n. Chr.	Alexandria	13	2600					
P. Lug. Bat. 2/7	225 n. Chr.	Herakleopolites	14	2200					
SPP 20/71	268/70 n. Chr.	Hermoupolis	13	5000					
				20 bis 29 Jahre					
P. Lug. Bat. 13/23	Ende 1. Jh. n. Chr.	Oxyrhynchos	27	200 (1/3 Sklave)	1300	25	Oxyrhynchos	160/1 n. Chr.	SB 5/7533
BGU 11/2111	Anfang 2. Jh. n. Chr.	Gau Arsinoites	24	700					
BGU 3/805	nach 136 n. Chr.	Soknupeiu Nesos	24	1500					
P. Oxy. 1/59	129 n. Chr.	Oxyrhynchos	25	1200					
PSI 3/182	234 n. Chr.	Oxyrhynchos	25	2200					
				20 bis 29 Jahre					
					900	32	Oxyrhynchos	90/1 n. Chr.	P. Oxy. 38/2856

Einleitung

Tabelle 2			Geldvorkommen bei Legionssoldaten – Mittlere Dienstgrade		
lfd. Nr.					
1	CIL V 895	40 000 Sesterzen	*optio*	*posuit titulum de suo*	Domitian?
2	AE 1951, 15	10 000 Sesterzen	*optio ballist.* (?)	Erbschaft?	Ende 2./Anfang 3. Jh. n. Chr.
3	CIL III 5974	4000 Sesterzen	*corn. trib. leg.*	Begräbniskosten	198 n. Chr.
4	CIL VIII 2527	3000 Sesterzen	*signifer leg.* (?)	Stein an den Genius seiner Einheit	1. Jh. n. Chr.
5	CIL VIII 19980	2000 Sesterzen	*adiutor Aug.*	dem Genius col. mil.	3. Jh. n. Chr. (?)
6	CIL VIII 2783	2000 Sesterzen	*imaginifer*	Begräbniskosten	nach 117 n. Chr.
7	CIL VIII 2823	1500 Sesterzen	*benef. leg.*	Begräbniskosten	nach 200 n. Chr.
8	P. Mich. 473	1200 Sesterzen	*speculator* (leg.)	Sühnung eines Mordes	frühes 2. Jh. n. Chr.
9	CIL VIII 2815	1200 Sesterzen	*signifer*	Begräbniskosten	
10	CIL VIII 2981	1000 Sesterzen	*adiutor*	Begräbniskosten	nach 81 n. Chr.
11	CIL VIII 2845	1000 Sesterzen	*optio*	Begräbniskosten	
12	CIL VIII 2886	200 Sesterzen	*optio*	Begräbniskosten (Ausführende waren ein *signifer* und ein *optio*)	nach 81 n. Chr.
13	P. Mich. 471	100 Sesterzen	*speculator* (leg.)	Unterhaltsgeld für Frau	frühes 2. Jh. n. Chr.

es ist keine Frage, daß die Wirtschaft der römischen Kaiserzeit ein reiches und besonderes ausgeprägtes Profil von Arbeiten und Dienstleistungen besitzt, sei es im landwirtschaftlichen Betrieb, im Handwerk, im Handel, im häuslichen Umfeld. Man kann über den Produktionsfaktor Arbeit und seinen Stellenwert im Wirtschaftsprozeß trefflich streiten, allgemein und besonders im Hinblick auf die Wirtschaft der römischen Kaiserzeit.[7] Arbeitet ein Grundbesitzer wie der jüngere Plinius, der in seinen Briefen von seinen vielen Geschäften (*negotia*) spricht, die ihm die Zeit für Muße rauben? Zweifellos gibt es die Arbeit und die Arbeiter im modernen Sinne nicht; aber die lateinische Sprache kennt ein ganzes Bündel menschlicher Tätigkeiten und Leistungen, welche die Wirtschaftsgüter schufen und an den Konsumenten brachten. Brechts Fragen eines lesenden Arbeiters:

«Wer baute das siebentorige Theben?
In den Büchern stehen die Namen von Königen.
Haben die Könige die Felsbrocken herbeigeschleppt?»

läßt sich unschwer auf römische Verhältnisse übertragen: das imposante Kolosseum, die weitläufigen Thermen, die gewaltigen Tempelanlagen in Rom und in den Provinzen – sie alle sind das Ergebnis komplexer Arbeits- und Dienstleistungen, die Spezialisten und Ungelernte, Sklaven und Freie, Männer und Frauen in differenzierten Organisationsformen und mit unterschiedlichem Entgelt erbrachten.

Es ist das Dilemma des Wirtschaftshistorikers, daß die großartigen archäologischen Überreste griechisch-römischer Kultur in aller Regel lediglich stumme Zeugen des arbeitenden Menschen in der Antike darstellen; aber sie lassen sehr wohl begründete Vermutungen zu, in welchem Umfang Arbeitsleistungen nötig waren, um Großbauten zu errichten, um das Land zu bebauen, um eine erfolgreiche Schiffahrt zu betreiben. Damit gerät das Problem der Quellen und ihrer Aussagen im Hinblick auf die kaiserzeitliche Wirtschaft ins Blickfeld[8], die in der archäologischen Überlieferung einen zentralen Fundus besitzt. Der Archäologie werden aufgrund verfeinerter Methoden wichtige und zum Teil aufregend neue Einsichten verdankt, die nicht nur die Ökonomie betreffen. Wir greifen einige wenige Beispiele heraus.

Die sog. Villenökonomie, welche der römischen Landwirtschaft in der Kaiserzeit das Gepräge gibt, wird über traditionelle Ausgrabungen wie durch moderne Luftbildarchäologie in ihrer Struktur wie in ihrer Ausdehnung greifbarer als je zuvor. Neu entdeckte Kelteranlagen an der Mosel geben Auskunft über den Weinbau im 3. und 4. Jh. n. Chr. und lassen Rückschlüsse auf Mengen und Verarbeitungsweisen zu. Die Igeler Säule bei Trier, das Grabmal einer lokalen Großgrundbesitzerfamilie aus dem 3. Jh. n. Chr. illustriert Tuchproduktion und Tuchhandel und bindet diese Tätigkeiten zusammen mit der Entgegennahme der Pachtabgaben höriger Bauern (*coloni*). Als Abbild des Wohlstandes und des sozialen Ansehens ist sie ein eindrucksvolles Denkmal kaiserzeitlicher Ökonomie, welches die Aussagen über Produktion, Handel und Einkünfte in einen Gesamtrahmen des Lebens stellt, der mythologische, religiöse und auch politische Botschaften enthält, die es zu deuten und weiterzudenken gilt: von der Tuchproduktion auf die vorauffliegende Schafzucht und den Wollhandel, vom Flußhandel auf den Beruf und die Organisation der Treidler, welche die Schiffe flußaufwärts ziehen; von den Abgaben der Pächter auf die übliche Art des Entgeltes: Naturalien und/oder Geld? Es macht die Faszination gerade der archäologischen Hinterlassenschaft aus, daß ihre Mehrdeutigkeit immer wieder zu neuen Interpretationen ermuntert.

Das Beispiel verdeutlicht, daß dem Auffinden und dem Zusammenstellen der Materialien für ein bestimmtes Feld der römischen Wirtschaft (Landwirtschaft, Gewerbe, Handel) die Quellenkritik notwendigerweise zu folgen hat; dies gilt für die archäologische ebenso wie für die epigraphische, literarische oder numismatische Überlieferung, ehe man allgemeine Schlußfolgerungen oder Rekonstruktionen wagt. Plinius der Jüngere läßt sich in seinen Briefen zum Teil ausführlich über seine italischen Landgüter und ihre Bewirtschaftung aus. Aus den Papyri Ägyptens erfahren wir, wieviel Sklaven und Sklavinnen zu bestimmten Zeiten gekostet haben (Tab. 1).

Eine unterentwickelte Wirtschaft?

Inschriften halten im Einzelfall die Begräbniskosten von Soldaten fest und lassen Rückschlüsse auf ihr Vermögen zu (Tab. 2). Derartige Informationen bilden notwendige Mosaiksteine, die für sich allein genommen keineswegs ein vollständiges Bild der kaiserzeitlichen Wirtschaft ergeben, sondern Annäherungswerte darstellen, die sich unterschiedlich zusammenstellen lassen: zu einer Geschichte der Landwirtschaft in Italien, zum Gewerbe in den germanischen Provinzen, dem Handel in Ägypten oder zu einer Stadtwirtschaft in Pompeji. Ohne Zweifel ist unter den Historikern, die vom konkreten Fall ausgehen, die Neigung groß und verlockend, es bei den Annäherungen zu belassen und größeren Verallgemeinerungen auszuweichen. Der Unterschied erinnert an die in den Wirtschaftswissenschaften geläufige Unterscheidung und das Spannungsfeld von Mikro- und Makroökonomik[9]; aber beide sind in ihrer antiken wie modernen Spielart notwendige und ergänzende Vorgehensweisen, die dem Standort und dem Interesse des Betrachters Rechnung tragen. Aber für beide gilt: Die genaue Sondierung und Würdigung der Quellen weist jeder weiteren Interpretation und Verallgemeinerung den Weg. Sie machen die Geschichte, eben auch die Wirtschaftsgeschichte, anschaulich und handgreiflich.

Das Imperium Romanum war ein staatliches Gebilde, das trotz aller regionaler und kultureller Unterschiede im Hinblick auf die politische Führung, das Heer und die Verwaltung, zumal aus der zeitlichen Ferne, als eine Einheit wahrgenommen wird. In ähnlicher Weise fügen sich aus der Perspektive der späteren historischen Entwicklung auch die ökonomischen Teilbereiche der römischen Kaiserzeit zu einem Gesamttypus – besser gesagt: Man kann ihn umrißhaft greifen, seine Bestandteile, seine Interdependenzen, sein historisches Profil beschreiben, durchaus keine statische, sondern eine im Verlauf der Zeit sich verändernde Größe. Ob es sich insgesamt um eine «unterentwickelte» Wirtschaft handelt, wie dies Peter Garnsey einmal formuliert hat, ist eine Sache der Kriterien und der Perspektive.[10] Wenigstens scheint sie in den ersten zwei Jahrhunderten, die wir vornehmlich betrachten, einigermaßen erfolgreich funktioniert zu haben. Der Niedergang im 3. Jh. n. Chr. begleitet und fördert die politische Agonie des Imperiums, was in unserem Zusammenhang nur heißen soll: die Wirtschaftsstruktur unterliegt im Rahmen des Gesamtsystems Wandlungen, es gibt so etwas wie Versagen und Gründe des Versagens, die in der Retrospektive deutlich greifbar werden. Dabei werden wir uns mit einigen Ausblicken auf die Zeit der Spätantike begnügen müssen, die in ihren wirtschaftlichen Perspektiven darzustellen, eine eigene Abhandlung erfordern würde.

Abb. 5 Die enorme Mühe, die die Römer aufwandten, um eine funktionsfähige Infrastruktur zu schaffen, zeigt sich besonders deutlich am Beispiel einer Straße im Aostatal. Durch aufwendige künstliche Abarbeitungen und Durchbrüche wurden so auch widrigste Naturgegebenheiten mit beeindruckender Ingenieurskunst gemeistert. In diesem Falle ist auch der Meilenstein (links) aus dem Fels herausgearbeitet.

Die Rahmenbedingungen

Der *homo oeconomicus*, der «wirtschaftende Mensch in der Geschichte»[11] handelt unter Voraussetzungen, die ihm in Zeit und Raum vorgegeben sind und die er in der Regel nur schwer beeinflussen kann. Die Wirtschaftswissenschaft diskutiert unter dem Stichwort «Standortfaktoren» seit der bahnbrechenden Analyse Johann Heinrich von Thünens «Der isolierte Staat in Bestimmung auf Landwirtschaft und Nationalökonomie» (1826/27) eine ganze Reihe von wichtigen Voraussetzungen: Klima, Lage, Qualität des Bodens, Bodenschätze, Verkehrsanbindungen. Man hat rasch eine Fülle eindrucksvoller Belege an der Hand, die diesen Tatbestand für die Antike untermauern: die reiche Getreideproduktion in Sizilien und Nordafrika, die Viehweidewirtschaft in Mittel- und Süditalien, der Erzabbau in Etrurien und auf der

Insel Elba, die Gewinnung der kostbaren Purpurfarbe aus der Purpurschnecke in den Küstenstädten Sidon (Syrien) und Puteoli (Kampanien). Derartige Naturgegebenheiten und Ressourcen sind im Imperium Romanum so vielfältig wie die Kulturlandschaften selbst, und sie haben, was man sich stets vor Augen halten muß, nicht erst die Produktion und den Handel der Römer bestimmt. Mit Recht hat man in diesem Zusammenhang auf die Verkehrsmöglichkeiten zu Lande und zu Wasser besonderen Wert gelegt, auf die Straßenverbindungen von Städten und Märkten, welche für den Warenaustausch fundamentale Voraussetzungen bildeten (Abb. 5–7). Wenn Plinius in der oben zitierten Passage beklagt, daß abgelegene, unerschlossene Waren nun verfügbar seien, dann setzt dies Verkehrserschließung und Warenvertrieb voraus, Schiffahrtswege, Landstraßen, Handelsplätze für Waren, nicht zuletzt Arbeitskräfte, welche diese Möglichkeiten nut-

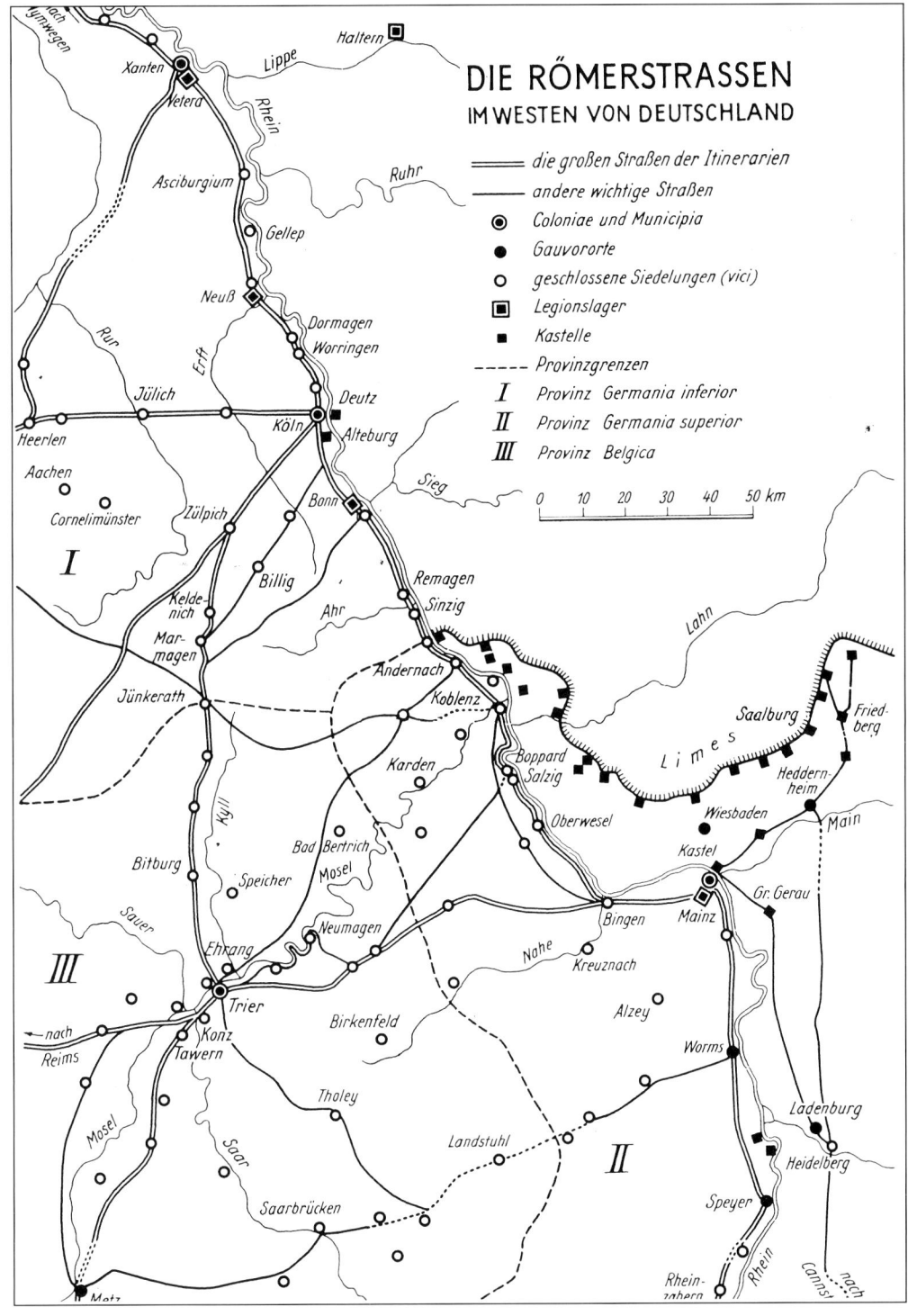

Abb. 6
Infrastruktur der beiden germanischen Provinzen mit den Hauptorten Köln und Mainz sowie der Provinz Belgica und dem Hauptort Trier.

Die Rahmenbedingungen

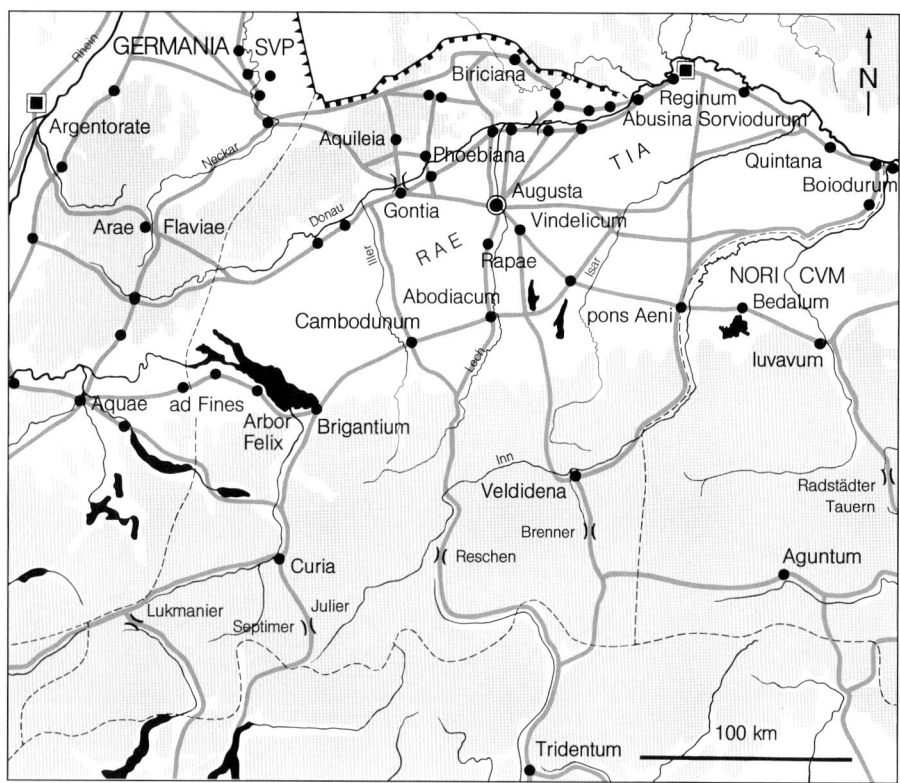

Abb. 7 Limes und Straßennetz in Obergermanien, Raetien und Noricum.

zen. All diese Faktoren waren nun nicht einfach da, sondern wurden in der römischen Kaiserzeit ausgebaut und mit öffentlichen wie privaten Mitteln unterhalten (Abb. 8).

Natürliche Standortfaktoren sind beeinflußbar und entwicklungsfähig, sie können andererseits auch vernachlässigt und zugrunde gerichtet werden: Nennen wir als Beispiele das fruchtbare Ackerland, das nicht mehr bebaut, das ehemals lukrative Bergwerk, das aufgegeben wird, der Umschlaghafen, der verlandet. Im Einzelfall ist die theoretische Unterscheidung von natürlichen und wirtschaftlichen Standortfaktoren, wie sie für neuzeitliche Verhältnisse getroffen wurden, alles andere als einfach.[12] Die allmähliche Versandung des bedeutenden Hafens in Ostia hätten die betroffenen Einwohner und Händler in der Spätantike nicht als natürlich hinnehmen müssen; aber zusammen mit schwindenden Absatzmöglichkeiten schien es angemessener, die Hafenanlagen ins nicht weit entfernte Portus zu verlegen. Naturgegebenheiten mutieren zu Wirtschaftsfaktoren.

Ein politisches Vermächtnis

Zu den wesentlichen Rahmenbedingungen, welche die kaiserzeitliche Wirtschaft bestimmen, gehört ohne Zweifel die politische Struktur, der römische Prinzipat in seiner umfas-

senden Form. Dabei darf man nicht allein auf die allmähliche Herausbildung und Verdichtung der Herrschaft in der Hand des Prinzeps, des römischen Kaisers, schauen, der seine Macht nicht zuletzt auf die Verfügungsgewalt über ein riesiges Vermögen stützt. Wie dies zum Wohle der *res publica* und gleichzeitig zur Absicherung und Legitimierung seiner Stellung einzusetzen ist, hat Augustus beispielhaft in seinem Tatenbericht, den *Res Gestae*, vorgeführt.

Abb. 8 Straßenbau in Italien. Der Denar des Kaisers Traian (nach 112 n. Chr., BMC III 487) hält auf der Rückseite den Bau der VIA TRAIANA fest, die als Person dargestellt ist und ein Rad auf ihrem rechten Knie hält.

«Dem Volk in Rom habe ich pro Kopf 300 Sesterzen auszahlen lassen gemäß dem Testament meines Vaters. In meinem eigenen Namen habe ich während des fünften Konsulats [29 v. Chr.] jedem einzelnen 400 Sesterzen aus der Kriegsbeute zugewiesen, ein weiteres Mal habe ich in meinem zehnten Konsulat [24 v. Chr.] aus meinem ererbten Vermögen pro Kopf 400 Sesterzen als Spende auszahlen lassen. In meinem elften Konsulat [23 v. Chr.] habe ich zwölf Getreidespenden austeilen lassen, zu denen das Getreide aus meinem Privatvermögen aufgekauft worden war. Im 12. Jahr meiner tribunizischen Amtsgewalt [12 v. Chr.] habe ich zum dritten Mal 400 Sesterzen pro Kopf verteilt. Diese meine Spenden gingen niemals an weniger als 250 000 Menschen. Als ich die tribunizische Gewalt zum 18. Mal und das Konsulat zum zwölften Mal [5 v. Chr.] innehatte, habe ich an 320 000 Menschen aus der städtischen Bevölkerung pro Kopf 60 Denare auszahlen lassen ...

Viermal habe ich mit meinem eigenen Vermögen die Staatskasse saniert, indem ich 150 Millionen Sesterzen den Kassenverwaltern übergab. Und unter den Konsuln Marcus Lepidus und Lucius Arruntius [6 n. Chr.] habe ich zur Militärkasse, die auf meinen Vorschlag hin eingerichtet wurde, um aus ihr den Soldaten eine Abfindung zu zahlen, die 20 oder mehr Dienstjahre abgeleistet hatten, aus meiner Privatschatulle 170 Millionen Sesterzen beigesteuert.»

(Augustus, *Res Gestae* 15 und 17, Übersetzung M. Giebel)

Man kann darüber streiten, ob diese gezielten Ausgaben des römischen Kaisers zu den Rahmenbedingungen der kaiserzeitlichen Ökonomie oder nicht doch zum Kernbestand ökonomischer und sozialer Maßnahmen des Prinzipates zählen. Die *congiaria* (Geldspenden) haben ohne Zweifel politischen Charakter. Sie dokumentieren die Herkunft und Abhängigkeit der kaiserlichen Herrschaft vom römischen Volk, dem *populus Romanus*, der den freigebigen Prinzeps auf seine Weise legitimiert.

Tabelle 3

Geschätzte Kosten der Zivilverwaltung (in Mio. Sesterzen)
(nach Duncan-Jones 1994, 39)

Senatorische Statthalter und Legaten	31,5
Legionslegaten	12,0
Ritterliche Prokuratoren	15,4
Präfekten	0,9
Untere Chargen (Freigelassene u. Sklaven)	15,0
Gesamt:	**74,8**

Militär und Zivilverwaltung

Zur politischen Struktur zählen nicht minder Existenz und Funktion des Heeres, nicht allein das entscheidende militärische Fundament der Herrschaft, sondern virtueller Garant der inneren und äußeren Sicherheit, darüber hinaus ein fundamentaler Wirtschaftsfaktor in Italien und in den Provinzen.[13] Man mag sich den Flottenstützpunkt Ravenna, das Zweilegionenlager Castra Vetera in der Nähe des heutigen Xanten oder das bekannte Kohortenkastell Saalburg in Erinnerung rufen: Sie alle bündeln von ihrer Aufgabenstellung her Produktion, Handel und Konsumption in der Region und prägen damit die Wirtschaft in den Provinzen sehr viel nachhaltiger als das Militär zu den Zeiten der römischen Republik.

Zivilverwaltung und Steuererhebung bilden weitere wesentliche Stützen der kaiserlichen Herrschaft, sie fungieren als notwendige Verbindungselemente zwischen Zentrale und Provinzen, die zwar als kaiserliche und senatorische unter-

Tabelle 4

Geschätztes Jahresbudget des Imperium Romanum (in Mio. Sesterzen)
(nach Duncan-Jones 1994, 45)

	ca. 150 n. Chr.		ca. 215 n. Chr.	
Kategorie	Untere Größe	Obere Größe	Untere Größe	Obere Größe
1. Heer	643	704	1127	1188
2. Zivilverwaltung	75	75	75	75
3. Geschenke	44	44	140	140
4. Bauwerke	20	60	20	60
5. Übrige Ausgaben	50	100	100	150
Gesamt	832	983	1462	1613

Unter «Geschenke» figurieren die gewaltigen Geldspenden (*congiaria, donativa*) an die Bevölkerung und die Soldaten. Haushaltskosten, individuelle Geldgeschenke und Subsidien an auswärtige Stämme sind unter dem Posten 5 zusammengefaßt.

schieden wurden, darüber hinaus aber sehr wohl allgemeine Strukturen aufwiesen. Rechtsprechung, Wahrung der öffentlichen Ordnung, Verwaltung und Bewirtschaftung des kaiserlichen Grundbesitzes, besonders der gewinnträchtigen Bergwerke (*metalla*), vor allem aber der Einzug diverser Steuern und Abgaben bildeten zusammen einen institutionellen und fiskalischen Rahmen, innerhalb dessen sich die wirtschaftlichen Aktivitäten der verschiedenen Bevölkerungsgruppen entfalten konnten. Ähnlich wie das Heer ist dieser Ordnungsrahmen selbst ein ökonomischer Faktor ersten Ranges. Die hohen Verwaltungsbeamten aus dem Ritterstand, die Prokuratoren, bezogen Jahresgehälter zwischen 60 000 und 300 000 Sesterzen, Amtsträger aus dem Senatorenstand (die prokonsularen Statthalter, *curatores*, *legati*) konnten bis zu 1 Mio. Sesterzen verdienen.

Insgesamt dürften sich die Gesamtkosten für die Verwaltung auf über 70 Mio. Sesterzen belaufen haben (Tab. 3). Personal- und Bodensteuer, Zölle, Markt- und Hafengebühren addierten sich auf der anderen Seite zu den bedeutendsten Posten innerhalb der kaiserlichen Einnahmen, deren Höhe man auf insgesamt etwa 500 – 800 Mio. Sesterzen geschätzt hat.[14] Sie mögen sich während des 1. und 2. Jh. n. Chr. erhöht haben, möglicherweise um 20 %, wenn man einen halbwegs ausgeglichenen Haushalt voraussetzt (Tab. 4).

Diese Ein- und Ausgaben bestimmen die Geldwirtschaft der Kaiserzeit ganz wesentlich, aber sie sind darüber hinaus auch halbwegs kalkulierbare Faktoren in einem Verteilungs- bzw. Austauschsystem, das man unter den Begriffen Distribution bzw. Redistribution in der wirtschaftsgeschichtlichen Forschung diskutiert hat[15], eines Systems, das in den ersten beiden Jahrhunderten trotz mancher kaiserlicher Extravaganzen – man kann hier an die ruinöse Ausgabenpolitik eines Caligula (37 – 41 n. Chr.) oder eines Nero (54 – 68 n. Chr.) denken – halbwegs zufriedenstellend funktionierte. Die politische Struktur des Prinzipates läßt sich also durchaus als ein Verteilungsmodell von Macht und Herrschaft, von materiellen Zuwendungen und Privilegien begreifen, die an Einzelne wie an soziale Gruppen ausgegeben wurden, auf verschiedenen Wegen wieder rückgekoppelt werden und zurückfließen. Das geschieht im allgemeinen nach bestimmten (Rechts-)Regelungen. Damit ist der wirtschaftliche Austausch Teil eines politischen und sozialen Regelkreises, der sich mit Augustus aufbaut, in der Nachfolge weiter ausgestaltet wird und nahezu zwei Jahrhunderte seine Aufgaben erfüllt hat.

Überlegungen zur Distribution bzw. Redistribution bedürfen der Rückkopplung an konkrete räumliche und demographische Faktoren (Tab. 5). Wie wichtig genaue Grundlagen auf diesem Felde sind, hat vor weit über 100 Jahren Karl Julius Beloch (1854 – 1929) erkannt, der Bevölkerungszahl und räumliche Ausdehnung als Indikatoren für die wirtschaftliche und politische, mittelbar auch für die kulturelle Potenz von Staaten wertete.[16] Die partielle Fehleinschätzung mindert die Bedeutung dieses Forschungsansatzes keineswegs; Raum und Bevölkerung bilden in allen historischen Epochen Voraussetzung und Regulativ des Wirtschaftens generell.

Unbestritten besitzen Bevölkerungszahlen als solche und in ihren Details eine wichtige Aussagekraft: Ernährung, Verfügungsmöglichkeiten über Arbeitsleistungen, das Produktionsaufkommen oder der Umfang des Militärs nehmen, um wesentliche Beispiele zu geben, von Quantitäten ihren Ausgangspunkt. Für das Imperium Romanum der Kaiserzeit mit einer Fläche von über 3,3 Mio. km² und einer Einwohnerzahl von gut 50 Mio. ist nun eine nicht genau zu bestimmende Zunahme der Bevölkerung charakteristisch, eine Zunahme auch der urbanen Zentren und ein Bevölkerungswachstum in den bestehenden Städten, was mittelbar auf ein prosperierendes Wirtschaftsgefüge schließen läßt. Dabei macht die Landbevölkerung mit geschätzten 80 – 90 %[17] den Großteil der

Tabelle 5
Ausdehnung und Bevölkerung des Reiches, ca. 14 n. Chr.
(Liste nach Ausbüttel 1998, 2)

Region	Fläche in km²	Bevölkerung in Mio.		Einwohner pro km²
		nach Beloch	neuere Schätzungen	
Europa				
Italien	250 000	6	7(–14)	24(–56)
Sizilien	26 000	0,6		23
Sardinien/Korsika	33 000	0,5		15,1
Hispanien	590 000	6		10,1
Gallien	635 000	4,9	5(–20)	7,7(–31,5)
Donauländer	430 000	2		4,7
Griechenland	267 000	3	2	7,5 – 11,2
Insgesamt	2 231 000	23	23,1(– 45,1)	10,3(– 20,2)
Asien				
Kleinasien	547 000	13	11	20,1 – 23,8
Syrien	109 000	6	3 – 4,3	27,5 – 55
Zypern	9500	0,5		54
Insgesamt	665 500	19,5	14,5 – 15,8	21,8 – 29,3
Afrika				
Ägypten	28 000	5	4,75	169 – 178,6
Kyrenaika	15 000	0,5		33,3
Africa (Provinz)	400 000	6	3 – 4	7,5 – 15
Insgesamt	443 000	11,5	8,25 – 9,25	18,6 – 25,9
Röm. Reich	3 339 500	54	45,85(–70,15)	13,7(–21)

Abb. 9 Ara Pacis, Pax. Die gerade für die wirtschaftliche Entwicklung so zentrale Pax (Frieden) wird von Augustus im Rahmen der Repräsentationsarchitektur in der sog. Ara Pacis, dem Friedensaltar, bildlich dargestellt. Die Personifikation des Friedens, die Elemente der Erdgöttin Tellus mit solchen der Venus vereint, symbolisiert Fruchtbarkeit und reiche Ernten.

Population aus, Menschen also, die auf dem Lande und vom Lande lebten. Einen Sklavenanteil von vielleicht 15–20 % (10–15 Mio. Menschen?) darf man als globale Größe annehmen, was schon vom Umfang her auf ein beträchtliches Kontingent der sog. freien Arbeit neben der Sklavenarbeit schließen läßt.[18] Als durchschnittliche Lebenserwartung hat man ca. 25 Jahre veranschlagt, der eine hohe Fruchtbarkeit (Fertilität) zumindest in den Provinzen und in den mittleren und unteren Bevölkerungsschichten entsprochen haben dürfte.[19] Daß es eine Konvergenz von Bevölkerungsgröße und Nahrungsspielraum gibt, diese geniale Vermutung des Vaters der Bevölkerungsgeschichte Thomas Robert Malthus (1766–1834), läßt sich mit Gewinn auf das Imperium Romanum anwenden, so lückenhaft auch unsere Kenntnisse im einzelnen bleiben müssen und so sehr man sich vor der simplen Gleichung hüten muß, die Bevölkerungszunahme und Erweiterung des Ernährungsspielraums in eins setzt. Wiederum erweist sich eine der wesentlichen Rahmenbedingungen, Umfang und Struktur der Bevölkerung, als bedeutender Wirtschaftsfaktor selbst. Die Bevölkerung – dies sind konkrete Menschen, die in einem bestimmten Raum produzieren, Arbeitsleistungen erbringen, konsumieren und dies in großer Zahl tun, als demographische und als soziale Größe; nennen wir als Beispiel die Landarbeiter, die Bergwerkssklaven, die Gewerbetreibenden beiderlei Geschlechts, die Senatoren und Angehörigen des Kaiserhauses. Umfang der Bevölkerung und Sozialstruktur sind aufeinander bezogen. Beide bilden wichtige Faktoren einer Wirtschaftsgeschichte, was nicht allein für das Imperium Romanum gilt.

Die Rahmenbedingungen geben wesentliche Voraussetzungen dafür ab, wie man das Profil und die Entwicklung der kaiserzeitlichen Wirtschaft insgesamt einzuschätzen hat – einmal im Hinblick auf sie selbst, dann aber auch im Vergleich mit der Wirtschaft anderer Epochen. Klima, Geomorphologie, Bevölkerung, Verkehrserschließung, politische Struktur sind dabei Hinsichten, die der heutige Betrachter ganz selbstverständlich verwendet und die ihm helfen, Profil und Leistungsfähigkeit der Wirtschaft einzuschätzen. Die zeitgenössische Wahrnehmung ist anders, vermeidet derartige Abstraktionen und wird in einer bestimmten Hinsicht konkret.

Römischer Frieden

Mit *Pax Romana*, oder, wie Plinius sagt, mit dem gemeinsamen, glücklichen Frieden (*societas festae pacis*), sind zentrale Begriffe und zivilisatorische Leistungen angesprochen, für die letztlich der römische Princeps zu bürgen hatte (Abb. 9). Damit haben die Zeitgenossen auf dem Hintergrund der republikanischen Bürgerkriege eine umfassende und zentrale Errungenschaft auf eine wertgeladene Formel gebracht, die über die friedlichen Zustände nach innen und außen hinaus auch das erfaßte, was durch die Segnungen der *Pax* möglich wurde: einträgliche Tätigkeit, Wohlfahrt und gesicherte Existenz, nicht zuletzt in den Provinzen die Übernahme römischer Zivilisation und Lebensart, wie dies Tacitus eindrucksvoll von den Britanniern unter der Statthalterschaft seines Schwiegervaters Cnaeus Iulius Agricola (geb. 40–93 n. Chr.) berichtet hat. Wie der ältere Plinius sieht auch er in der Romanisierung vornehmlich die Negativseite, bilanziert die Segnungen der Zivilisation als Abhängigkeit und Knechtschaft: «Denn um die verstreut und primitiv lebenden Menschen, die infolge dessen zum Kriege leicht geneigt waren, durch Annehmlichkeiten an Ruhe und friedliches Verhalten zu gewöhnen, ermunterte er sie persönlich und unterstützte sie mit staatlichen Mitteln, Tempel, öffentliche Plätze und Häuser in der Stadt zu bauen, lobte die Eifrigen und tadelte die Säumigen; so trat Anerkennung und wetteiferndes Bemühen an die Stelle des Zwanges ... von da an fand auch unser Äußeres Beifall, und die Toga wurde häufig getragen; und allmählich gab man sich dem verweichlichenden Einfluß des Lasters hin: Säulenhallen, Bädern und erlesenen Gelagen. Und so etwas hieß bei den Ahnungslosen Lebenskultur, während es doch nur ein Bestandteil der Knechtschaft war.» *(idque apud imperitos humanitas vocabatur, cum pars servitutis esset.)* (Tacitus, *Agricola* 21, Übersetzung R. Till)

Man darf Zweifel hegen, ob dies die lernwilligen Britannier auch so gesehen haben. Akkulturation, die hier angesprochen wird, meint nicht allein die Übernahme römischer Lebensart, sondern auch die Bereitschaft, sich auf neue, effektive Verkehrs- und Wirtschaftsformen einzulassen, die eben auch zu den Leistungen römischer Kultur gehörten. Den friedlichen Transfer derartiger Kulturleistungen kann man sicher zu den großen Verdiensten der römischen Herrschaft in der Kaiserzeit zählen. Von ihr profitierten die Provinzen weit über das Ende des Imperium Romanum hinaus.

Abb. 10
Rekonstruierter
spätrömischer Hakenpflug
beim Feldversuch.

Die Landwirtschaft

Es ist eine banale Feststellung, daß alle vorindustriellen Gesellschaften, so auch die der römischen Kaiserzeit, von der Landwirtschaft lebten; diese bildete den wichtigsten Faktor im Rahmen der jeweiligen Ökonomie. Der Historiker darf bei dieser globalen Aussage nicht stehenbleiben. Sie umschreibt nur die halbe Wahrheit. Die Landwirtschaft – das meint ein komplexes soziales und ökonomisches System; es umfaßt Ackerbau und Weidewirtschaft, umschließt den Kleinbetrieb ebenso wie den Großgrundbesitz. Die Bewirtschaftung des Landes richtet sich nach den jeweiligen «Gegebenheiten»: der Bodenqualität, dem Klima, dem Anbauprofil; sie wird nicht zuletzt durch die Verkehrsanbindung geformt. Landwirtschaft produziert zum einen für den Eigenbedarf, dann aber auch für den «Markt», wie immer wir ihn definieren. Sie beschäftigt Männer, Frauen und Kinder in unterschiedlichen Abhängigkeiten auf dem Stande der jeweiligen Technologie (Abb. 12); dazu zählten die ausgeklügelten Be-

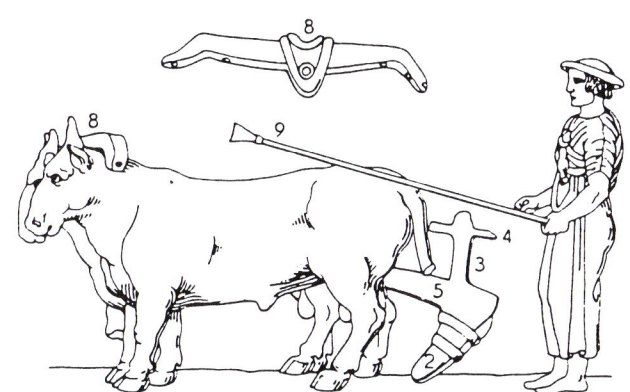

Abb. 11 Ochsengespann mit Pflugschar, etruskische Bronze, 4. Jh. v. Chr. Der Hakenpflug mit Pflugeisen (2), Krümmung (5), Sterz (3) und Handgriff (4); der Pflüger hält den Ochsenstachel (9); darüber das Joch (8) für die beiden Zugtiere. Die römische Kaiserzeit kennt leichte Verbesserungen durch größere Schrägstellung des Pflugeisens.

Abb. 12 Gallo-römische Erntemaschine («vallus»). Dieses von einem Maultier vorangetriebene Erntegerät ist eine Art Frontmäher. Aus mehreren ähnlichen Darstellungen aus der Region um Trier und Metz konnte das Aussehen solcher «valli» rekonstruiert werden.

wässerungssysteme, wie wir sie in Ägypten und in den östlichen Provinzen finden, Gerätschaften wie der Hakenpflug (Abb. 10, 11), die eisernen Hacken und Sensen, Speicher- und Räuchermöglichkeiten, welche die landwirtschaftliche Produktion «strecken». Der Agrarsektor bildet – und dies ist für die römische Kaiserzeit bezeichnend – so etwas wie eine «Anschlußökonomie» aus: Ton- bzw. Keramikwaren, Wollerzeugnisse, Textilien, Leder- und Holzwaren, die als Naturprodukte im Umkreis des Hofes weiterverarbeitet werden. Die römische Landwirtschaft bündelt also unterschiedliche Typen, sie ist von regionalen Voraussetzungen abhängig und bietet vielfältige Entwicklungsmöglichkeiten für Handel und Gewerbe mit der Aussicht auf pekuniären Gewinn; mit anderen Worten: auf sie passen die Etikette archaisch und traditionalistisch in keiner Weise.

Landwirtschaft und Wertewandel

Der bäuerliche Betrieb – das war in der gesamten Antike alles andere als eine ländliche Naturidylle, wiewohl die Literatur der Zeit derartige anmutige Bilder, besonders in der Hirtendichtung (Bukolik) zeichnet. Wichtiger ist die Tatsache, daß die Agrarschriftsteller, der ältere Cato (234–149 v. Chr.), Varro (116–27 v. Chr.) und Columella (gest. ca. 50 n. Chr.)[20] keinen Zweifel daran lassen, daß landwirtschaftliche Tätigkeit den römischen Mann in besonderer Weise qualifiziert, körperlich, moralisch und ökonomisch. In die Landwirtschaft zu investieren, ist ehrenvoll, lohnend und zeitgemäß. Columellas Botschaft am Beginn seiner großen Abhandlung über die Landwirtschaft verbindet idealtypische Verklärung des bäuerlichen Altrom mit den von ihm besonders schmerzlich empfundenen Degenerationstendenzen der eigenen Zeit, um auf diesem Hintergrund sein Vorhaben nüchtern und pragmatisch einzuführen: «Wer sich der Landwirtschaft verschreibt, muß wissen, daß er folgende grundlegende Voraussetzungen braucht: Sachkunde, Betriebsmittel, Arbeitswillen» (*prudentia rei, facultas impendendi, voluntas agendi*, Columella I 1,1).

«Jenes echte Romulusgeschlecht, das sich durch ständiges Jagen und nicht minder durch bäuerliche Arbeit gestählt hatte, besaß unbändige Körperkräfte und hielt den Kriegsdienst, wenn es not tat, ohne Mühe aus, weil es durch Friedensarbeit abgehärtet war, und immer galt ihm das Landvolk mehr als das der Stadt. So wie man nämlich die, die auf dem Gute sich nur in Haus und Hof aufhielten, für weniger tüchtig ansah als jene, die draußen Felder pflügten, so hielt man die, die sich im Schutze der Stadt faul hinter den Mauern herumtrieben, für weniger brauchbar als die anderen, die das Land bearbeiteten und Siedlungen anlegten...

So kommt es, daß wir in diesem «Latium und Lande Saturns», wo die Götter ihren Kindern die Früchte des Feldes übermittelt haben, Einfuhrprivilegien für Getreide aus überseeischen Provinzen versteigern, um nicht zu verhungern, und die Weinernte von den Kykladen und den spanischen und gallischen Landstrichen in den Kellern legen. Kein Wunder, wenn die allgemeine Auffassung ganz öffentlich gebilligt und bestätigt wird, daß Bauernarbeit schmutzige Arbeit sei und ein Geschäft, das keine Meisterschaft und Lehre nötig habe.» (Columella I *praef.* 17 und 20, Übersetzung W. Richter)

Hier spricht der «Planer» in der Absicht, Land, Finanzen und Arbeitskraft, seit Adam Smith (1723–1790) die «klassischen» Produktionsfaktoren, mit Blick auf die Oberschicht des Imperiums, die eben auch über das notwendige Kapital verfügten, zu optimieren, d. h. hohe Rentabilität und römische Lebenshaltung so gut wie möglich zu verbinden. Das zielt auf einen effektiven landwirtschaftlichen Betrieb, der schon eine gewisse Größe besitzen muß, um ein standesgemäßes Leben führen zu können.

Am anderen Ende der Skala steht der kleinbäuerliche Betrieb, den man unter den Oberbegriff «Subsistenzwirtschaft» subsumieren kann: geringer Grundbesitz (2–20 *iugera*, 0,5–5 ha), neben den Familienangehörigen vielleicht ein bis zwei Sklaven, ein überschaubarer Viehbestand (vor allem Kleinvieh) sind die Hauptkriterien, was insgesamt bedeutet, daß nahezu ausschließlich für den eigenen Bedarf produziert wird. Der «small holder», wie ihn die englische Forschung genannt hat, war nicht nur in Italien, sondern auch in den Provinzen eine reguläre Erscheinung, und die lange Zeit herrschende Vorstellung, es habe in der römischen Kaiserzeit gleichsam flächendeckend eine Ausweitung des Großgrundbesitzes in Form der Latifundien gegeben, bedarf sicher der Korrektur. Das Profil der Landwirtschaft in den Ländern des Imperiums wird nicht zuletzt durch das Verhältnis dieser beiden Wirtschaftsformen, allgemein durch die Quantität und Verteilung der Betriebsgrößen in der Region bestimmt. Dabei kann die archäologische Forschung oft nur Annäherungen liefern: Kleinbetriebe von 2,5–20 ha, mittelgroße Betriebe von 20–125 ha, Großgüter (Latifundien) über 125 ha[21] lassen sich als Richtwerte unterscheiden, die man mit dem Landschafts- und Bodenprofil zusammen sehen muß, um zu ermessen, wie ertragreich die einzelnen Anwesen gewesen sein könnten. Betriebsgröße und Erträge sind von den landschaftlichen und klimatischen Gegebenheiten abhängig (Abb. 13a.b). Flußebenen mit fruchtbarem Schwemmland ermöglichen größere Betriebe und intensivere Weidewirtschaft als natürlich begrenzte Bergflächen oder dem Wald durch Rodung abgerungenes Areal, wie dies in den germanischen Provinzen vielfach der Fall war.

Mediterrane Trias

Wenn wir von Agrarlandschaften im Römischen Reich sprechen, dann knüpfen diese in den unterschiedlichen Regionen des Imperiums naturgemäß an traditionelle Vorgaben an, vor

Abb. 13a.b Kulturlandschaft im Wandel. Modell einer «villa rustica» und der zugehörigen Wirtschaftsflächen im römischen Württemberg (Oberriexingen an der Enz, nördlich von Stuttgart). Deutlich erkennbar die Ausdehnung der Anbauflächen in der römischen Kaiserzeit und die Rückkehr zur Feldgraswirtschaft im frühen Mittelalter.

Tabelle 6
Herkunft und Mannigfaltigkeit der Kulturpflanzen

	Naher Osten	Mediterraneis	Übriges Europa	Westasien/ Zentralasiens	Ostasien (Süd-, Südostasien)	Nord-, Nordostafrika	Südafrika	Summe
Getreide	8	1	0	2	2	0	0	13
Leguminosen	7	4	0	3	0	1	0	15
Gemüse	10	9	5	5	2	5	0	36
Öl-, Faserpflanzen	1	3	0	4	0	3	1	12
Obst, Nüsse	5	5	5	7	1	1	0	24
	31	22	10	21	5	10	1	100

(Hodelmann 2002, 107)

Übersicht der Fruchtartengruppen (ohne Gewürz- und Arzneipflanzen) nach Herkunfts- und Domestikationsgebieten

allem im hellenistischen Osten und in Ägypten, in denen bäuerliche Dorfgemeinschaften seit früher Zeit das Agrarland bewirtschafteten. Dagegen wurden im Zuge der Romanisierung in den nördlichen und westlichen Provinzen Anbauflächen geschaffen, erweitert und die Bodennutzung intensiviert. Wein, Öl und Getreide, die mediterrane Trias, prägte nicht allein Italien, Spanien und Nordafrika, sondern in zunehmendem Maße auch Gallien, wobei der Weinanbau wohl schon im 2. Jh. n. Chr. auch das Moselland erreichte und dort in kurzer Zeit eine hohe Blüte erfuhr. Man hat gegen die Überschätzung der mediterranen Trias verschiedentlich Einwände erhoben und im Rahmen einer ausgewogenen Ernährung auf die große Bedeutung der Leguminosen – Hülsenfrüchte, Gemüse, daneben der Einsatz von Futterpflanzen (Luzerne, Klee) – als Ergänzung hingewiesen[22]; sie sichern die Eiweißversorgung, da kontinuierlicher Fleischverzehr für die normale Bevölkerung, mit Ausnahme der nördlichen Provinzen, eher die Ausnahme bildete. Der Hinweis ist berechtigt, wenn man auf die Vielfalt der antiken Kulturpflanzen schaut, die der täglichen Ernährung dienen, teilweise im eigenen Garten gezogen oder als Wildpflanzen gesammelt und regional genutzt wurden (Tab. 6). Die Tabelle macht deutlich, daß gut die Hälfte der Fruchtartengruppen aus dem Nahen Osten und dem angrenzenden Mittelmeerraum stammt, ein Fünftel aus dem asiatischen, insbesondere dem vorderasiatischen Bereiche (W. Hondelmann).

Aber Wein, Öl und Getreide besitzen nicht nur einen höheren ökonomischen Stellenwert; als Gabe der Götter haben sie daneben eine hohe religiöse und kulturelle Bedeutung, die sie über die anderen Nutzpflanzen heraushob und zum Gegenstand von gesellschaftlichen und privaten Festen machten. Auch diese Zelebration bedeutet natürlich ein Stück Romanisierung in den Provinzen, so wenn der Gott des Weines Bacchus/Dionysos auf einem Trierer Mosaik ein Tigergespann anführt oder die Getreidegöttin Ceres in Nordafrika, in Dakien, Dalmatien und Pannonien verehrt wird, wo sie sich vielfach mit einheimischen Gottheiten verbindet.[23] Die kultische Dimension der Nahrungsmittel begleitet die bäuerliche Arbeit, sie ist im Konsum spürbar und findet ihre künstlerische Ausgestaltung in den Repräsentationsräumen der kaiserzeitlichen Villen.

«Prima et utilissima sunt hominibus frumenta triticum et semen adoreum – Die für die Menschen wichtigsten und nützlichsten Getreidesorten sind der Hartweizen und der Emmer», stellt der Agrarfachmann Columella fest (II 6,1). Was die römischen Quellen als Getreide, *frumentum*, angesprochen haben und was in dieser allgemeinen Form Grundnahrungsmittel und zentrale Versorgungsgröße (*frumentatio*) war, umfaßte eine Vielzahl unterschiedlicher Sorten, die in den einzelnen Regionen des Imperiums angebaut wurden: die Gerste (*hordeum*), die in Griechenland, in der Kyrenaika und im nördlichen Spanien an erster Stelle stand und gerne zu Grütze und zu einfachen Fladen verarbeitet wurde; als bedeutendste der Weizen (*far*) mit seinen vielen Unterarten, das hochgeschätzte, beliebteste und verbreitetste Nahrungsmittel, in Italien und Sizilien ebenso zu Hause wie in Nordafrika, Südspanien und Gallien; daneben die Hirse, ursprünglich aus Asien stammend und schließlich in ganz geringem Umfang Roggen, der sich in den nördlichen Provinzen seit dem 2. Jh. n. Chr. ausbreitete und trotz seines hohen Ertrages und seiner großen Bekömmlichkeit nur eine geringe allgemeine Akzeptanz besaß. Getreide und die aus ihnen zubereiteten Nahrungsmittel, in erster Linie Brot (*panis*) besitzen nicht nur eine große regionale Vielfalt, sondern sind auch Mittel der sozialen Differenzierung: Der feine Mann kann sich Brot aus weißem Weizenmehl (*panis candidus, mundus*) leisten, bäue-

risches, plebejisches oder Soldatenbrot (*panis rusticus, plebeius, castrensis*)²⁴ wurde aus den für minderwertig gehaltenen Getreidesorten gemacht und fand die entsprechenden Abnehmer auf dem Lande und in der Stadt (Abb. 14).

Das Beispiel der Düngung

Zur Qualität des Getreides kommt als wichtiger weiterer Gesichtspunkt die Produktionsmenge, die der jeweilige Boden hergibt; und es ist keine Frage, daß das Verhältnis von Aussaat zur Ernte für die Ernährungsmöglichkeit in einer bestimmten Zeit und Region fundamental ist. Die vielen Berechnungen²⁵ – besser gesagt: Schätzungen bzw. Näherungswerte – tendieren global zu einem Verhältnis von 1 : 5, d. h. auf 100 kg ausgesätem Getreide kommt ein Ernteertrag von etwa 500 kg, wobei einzelne Landstriche (Kampanien, Sizilien, Nordafrika, Ägypten) auf ein Verhältnis von 1 : 10 und darüber geschätzt wurden. Auf einen Hektar berechnet (4 Morgen, etwa 4 *iugera*) ergäbe diese eine Menge von etwa 650 kg/ha, eine Größe, die für sich genommen wenig besagt, aber im Vergleich mit anderen Prägnanz gewinnt und wichtige Folgerungen zuläßt. So scheinen die Ertragsverhältnisse des Imperiums in etwa denen des späten Mittelalters und der frühen Neuzeit zu entsprechen, wo sich Relationen von 1:5 bzw. 1:7,4 finden.²⁶ Der diachronische Vergleich stellt der landwirtschaftlichen Produktion der Kaiserzeit ein gutes Zeugnis aus, er relativiert die vielfach vertretene Auffassung von der geringen Produktivität der Landwirtschaft und lenkt den Blick darauf, daß derartige hohe Erträge nicht vom Himmel fallen, sondern Ergebnis konkreter Arbeit und Bodenbewirtschaftung sind.

«Doch ehe man einen mageren Acker zum zweiten Mal pflügt, muß man ihn düngen; denn erst durch eine derartige Fütterung, wenn ich so sagen darf, wird er fett ... Eine reichlich bedachte Bodenfläche (*iugerum*) verlangt 24 Fuhren, eine weniger belegte Fläche 18 Fuhren Mist. Ihn soll man danach sofort verteilen und unterpflügen, und Erde darauf werfen, damit er nicht durch die Sonneneinstrahlung Kraft verliert, und damit die Erde, mit ihm vermischt, durch diese Nahrung, wie oben gesagt, sich anreichert. Wenn man also die Misthaufen auf das Feld verteilt, darf man keine größere Menge von ihnen ausbreiten, als die Stierknechte noch am gleichen Tage zudecken können.» (Columella II 5, Übersetzung W. Richter)

Pflügen, Düngen, Einhaltung bestimmter Fruchtfolgen – Hier faßt man also eine differenzierte und durchaus intensivere Bodennutzung, die dem Ertrag der mittelalterlichen Dreifelderwirtschaft (Brache, Wintergetreide, Sommergetreide) nur wenig nachgestanden haben dürfte.²⁷ Wie groß man den Getreideüberschuß, der neben der eigenen Versorgung, den Abgaben und dem neuen Saatgut übrigblieb, auch berechnen mag, fest scheint zu stehen, daß aus dem Überschuß die nichtagrarische Bevölkerung, Militär und Verwaltung, darüber hinaus die Stadtbewohner mit ernährt werden konnten. Doch diese im großen und ganzen günstige Produktionslage war stetigen Gefahren ausgesetzt, ungünstiger Witterung, zuweilen schlampiger Arbeitshaltung²⁸, drückenden Staatsabgaben und Erschöpfung des Bodens, die insgesamt zur Aufgabe der Landwirtschaft in bestimmten Regionen führen konnten und zeitweise gewaltige Hungersnöte der Bevölkerung provozierten, die in der Spätantike anscheinend zunahmen.²⁹ Die Getreideversorgung (*frumentatio*), gewissermaßen das Kernstück kaiserzeitlicher «Sozialpolitik», war ein Politikum ersten Ranges; sie lag als langfristig angelegte Institution finanziell und logistisch in der Hand des Kaisers, der für die Millionenstadt Rom zu sorgen hatte, während in den Städten des Imperiums vielfach die Oberschicht auf dem Weg von Spenden für die Bevölkerung aufkam, dies freilich nur unregelmäßig tat.³⁰

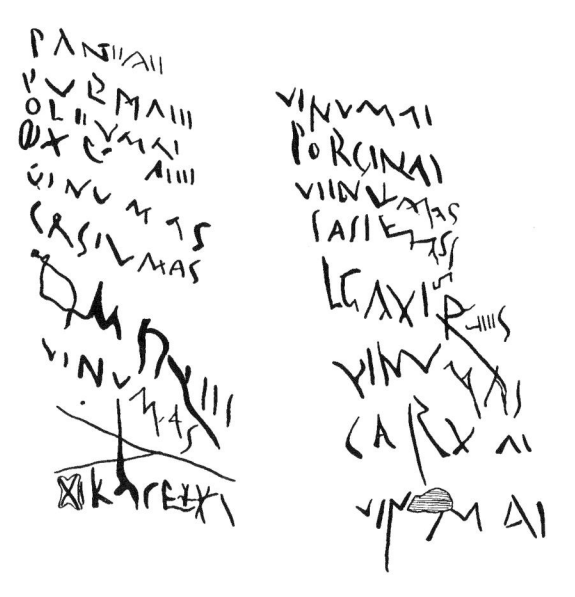

Abb. 14 Haushaltsnotizen aus Pompeji. CIL IV 8566. In den ersten drei Zeilen links ist folgendes zu lesen: Brot – 2 Asse; Zukost – 3 Asse; Öl – 1 As.

«Auch Getreidemangel und die daraus entstehende Hungersnot wurde als Vorzeichen angesehen. Und nicht nur im geheimen klagte man darüber; als vielmehr Claudius Recht sprach, umringten sie ihn mit erregtem Geschrei, trieben ihn in die äußerste Ecke des Forums und setzten ihm mit Gewalt zu, bis er mit einer Schar Soldaten die erbitterte Menge durchbrach. Daß nur für 15 Tage, nicht mehr, Lebensmittel für die Stadt vorhanden waren, stand fest, und nur durch die große Güte der Götter und die Milde des Winters konnte der äußersten Not abgeholfen werden» (Tacitus, *Annalen* XII 43, Übersetzung R. Till)

Traditionelle Getreideländer waren Sizilien, Afrika, Ägyp-

Abb. 15 Ölmühle aus dem Ölmuseum in Haifa. Der schwere Läuferstein, von zwei Personen gedreht, zerquetscht die Olivenmasse, das ausgepreßte Öl kann über die Schräge ablaufen.

ten, deren Überschuß nach Rom und in den überregionalen Verkauf gingen, während Italien, Gallien und die östlichen Provinzen die Ernteerträge vornehmlich im eigenen Land und zur militärischen Versorgung verwandten. Man kann davon ausgehen, daß die Stadt Rom in der frühen Kaiserzeit jährlich rund 40 Mio. *modii* (der *modius* auf ca. 6 kg gerechnet), d. h. ca. 250 000 t Getreide aus Afrika und Ägypten bezog, wobei etwa 13 Mio. auf Ägypten und 27 Mio. auf Afrika entfielen, eine gigantische Summe, die auf die Produktion, den Handel und den Verbrauch der Metropole ein bezeichnendes Licht wirft.[31] Getreide als Grundnahrungsmittel prägte über die Landwirtschaft hinaus praktisch alle Zweige des wirtschaftlichen Lebens. Die Getreideschiffe, die zwischen Alexandria und Italien verkehrten, die großen Getreidespeicher (*horrea*) in Ostia, die das wertvolle Gut lagerten, die Mühlen und Bäckereien, die das Mehl verarbeiteten und die begehrten Backwerke ausgaben, legen für diese umfassende Bedeutung ein beredtes Zeugnis ab.

Kult um Kaltgepreßtes

Die Verschränkung von Produktion und Handel, die für das Getreide als Massengut kennzeichnend ist, findet sich auch bei Öl und Wein, die in der mediterranen Welt zu den Grundnahrungsmitteln gehören. In der Antike bildeten sie rentable Investitionsbereiche, wie dies bereits der ältere Cato seinen zu Reichtum gekommenen Standesgenossen ins Stammbuch schrieb, als er in seiner Schrift *De agricultura* zwei Mustergüter skizzierte: ein Ölgut im Umfang von 240 iugera (60 ha) und eine Weingut im Umfang von 100 iugera (25 ha). Die wichtigen Organisations- und Arbeitsformen, die seine Nachfolger vielfach übernahmen und ausbauten, können hier auf sich beruhen bleiben[32]; wichtig ist, daß die ökonomische Grunddisposition und die Nachfrage in der Kaiserzeit unvermindert fortbestanden und sich in bestimmter Weise weiterentwickel-

Abb. 16 Eroten bei der Ölpressung. Wandgemälde aus Herculaneum, das heute im Nationalmuseum in Neapel aufbewahrt wird.

ten. Zum einen blieben Oliven und Olivenöl Massengüter, die der Lebensmittelversorgung dienten und aus dem Essensfahrplan der mediterranen Küche nicht wegzudenken waren und sind. Olivenöl diente darüber hinaus zur Herstellung von Salben und Parfums, fand im Sport und im Tempeldienst, bei der Einbalsamierung der Toten und bei der Beleuchtung vielfache Verwendung. Ein Pfund (327,45 g) kostete in Pompeji 4 Asse (CIL IV 4000), ebensoviel wie ein großer Becher guten Falerner Weines (CIL IV 1679).

Wenn Caesar und nach ihm verschiedentlich römische Kaiser Ölspenden an den *populus Romanus* verteilen ließen, dann handelte es sich um gewaltige Mengen: im Jahre 46 v. Chr. anläßlich der großen Siegesfeier des Diktators knapp eine Million Liter, die zusammen mit einer Getreidespende die Wohltaten des neuen Herrschers dem Volke sinnfällig vor Augen führen sollten (Sueton, *Caesar* 38,1 und 41,3; Plutarch, *Caesar* 55,5; Cassius Dio XLIII 21,3).[33] Dieses Massengut produzierten die östlichen Provinzen ebenso wie Ägypten, Nordafrika und Spanien, dessen Öl in großen Mengen den römischen und italischen Markt erreichten. Aber neben den Massenerzeugnissen behauptete sich gerade in der Kaiserzeit ein qualitativ hoch stehendes und begehrtes Luxusöl, das aus bestimmten Regionen Italiens (Venafrum, Picenum, Sabinum) stammte, nach der Pressung unterschieden wurde und enorme Preise erzielen konnte. Wer heute den Kult um kaltgepreßtes *Olio Vergine* aus bestimmten Ölgütern der Toscana kennt, wird den antiken Sachverhalt einigermaßen richtig einschätzen können. «Bei diesem (Wirtschafts-) Gut hat Italien die erste Stelle auf dem gesamten Erdkreis eingenommen», – die Einschätzung des älteren Plinius (*Naturalis historia* XV 8), die nach wie vor auch heute noch gilt, lenkt den Blick zurück auf den Anbau und die Weiterverarbeitung der Oliven im landwirtschaftlichen Betrieb (Abb. 15). Die Ernte, die von den Arbeitern – Sklaven, Tagelöhnern und Pächtern – eingebracht wurde, mußte in verschiedenen Arbeitsgängen, meist mittels einer Ölmühle oder eines Holzgestells, wie ihn ein Wandgemälde aus Herculaneum zeigt (Abb. 16), zerquetscht und ausgepreßt werden, ehe das Öl seinen Weg in große Tongefäße (*dolia*) fand und in der *cella olearia*, dem Ölkeller, eingelagert wurde.

Die Villa von Boscoreale in der Nähe des Vesuvs, eine der aufschlußreichsten Anlagen der Kaiserzeit, scheint über ein Öllager von ca. 12000 Litern verfügt zu haben, die neben der noch bedeutenderen Weinernte auf dem regionalen Markt verkauft wurden. Und wie heute hat man einen Großteil der Oliven gesalzen und eingelagert, sie diente als Mahlzeit besonders bei den einfachen Leuten.[34] Anbau, Verbreitung und Verzehr dieses Massengutes machte den Ölbaum und seine Pflege zu einem Charakteristikum der Mittelmeerlandschaft (Abb. 17), weit über Italien hinaus, in Kleinasien, Griechenland, Syrien, Palästina, Nordafrika, Spanien und Gallien. Als Nahrungsmittel, mehr noch als kulturelles und religiöses

Abb. 17 Olivenbäume in einem Olivenhain im heutigen Süditalien.

Medium, spielt es in der Adaption paganer und jüdischer Traditionen im frühen Christentum eine bedeutende Rolle[35]; sakramentale Salbung, Totengedenken und Reliquienkult sind fundamental auf das Öl angewiesen, das ein Kontinuum mediterraner Lebenskultur bis auf den heutigen Tag bildet.

Ein besonderer Saft

Wein ist ein besonderer Saft! – Die Gabe des Dionysos/Bacchus an die Menschheit besitzt nicht nur einen bedeutenderen mythisch-religiösen Tiefgang, sondern dürfte das Öl und die Olive auch in ökonomischer Hinsicht übertreffen.

Abb. 18 Die Nahrung des Armen. Römisches Tonlämpchen mit der Aufschrift: «pauperis cena panem vinum radicem» – «Die Mahlzeit der Armen: Brot, Wein, Rettich». (CIL III 141/4, 13a)

Die Landwirtschaft

Abb. 19a «Villa rustica» von Boscoreale. Im Zentrum der Anlage befand sich ein großer Raum mit in den Boden eingelassenen «dolia» (vgl. Abb. 19b, Raum Q), die den produzierten Wein aufnehmen konnten.

Abb. 19b Grundriß der «villa rustica» von Boscoreale. Die Produktion des Weins fand in den Räumen O, U, X und W statt.

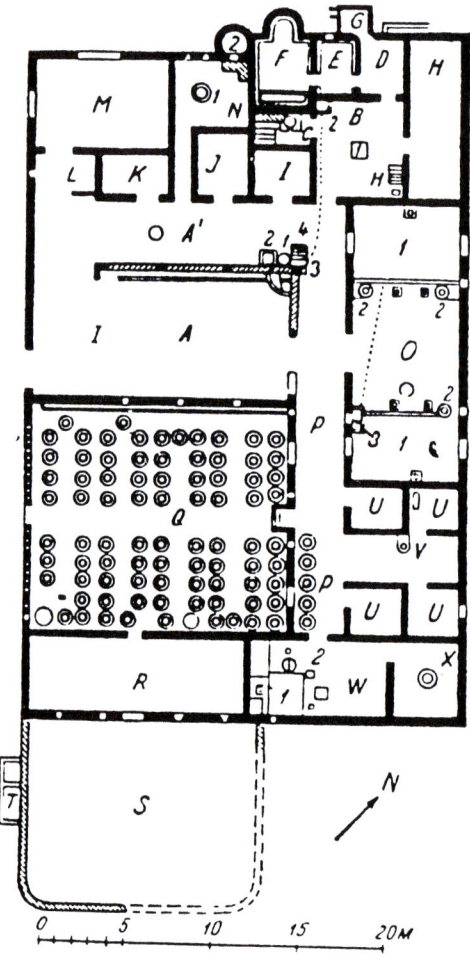

Wein war Massenprodukt und Luxusgut in einem, ein tägliches Nahrungsmittel für Reich und Arm (Abb. 18), war zugleich Medium rauschhafter Erfahrung, die den Alltag in willkommener Weise durchbrach und im griechischen Symposion, im römischen *convivium* gefeiert und auf nahezu rituelle Weise zelebriert wurde. Dabei genoß man den Wein selten rein und unvermischt, versetzte ihn vielmehr mit vielfältigen Gewürzpflanzen und Aromastoffen[36]; neben und mit dem Wasser stellte er die notwendige Flüssigkeitszufuhr für die mediterrane Bevölkerung dar.

Seit ihrer Domestikation im Vorderen Orient (ca. 4. Jt. v. Chr.) hatte sich die Weinrebe (*vitis vinifera*) über Griechenland, Ägypten, Nordafrika, Italien, Spanien bis nach Gallien hin ausgebreitet[37]; der Weinanbau konnte dank früh geklonter Sorten der Vielfalt von Bodenqualität und Klima angeglichen werden[38] und so in Quantität und Qualität Nahrungs- und Trinkbedürfnisse befriedigen. Die Mengen, die in dieser Hinsicht benötigt wurden, lassen sich an einigen Zahlen verdeutlichen. Für seine Sklaven im landwirtschaftlichen Betrieb sieht der ältere Cato eine tägliche Ration bis zu einem Liter pro Person vor, je nach Jahreszeit und Schwere der Arbeit gestaffelt, beim scharf kalkulierenden Grundbesitzer Cato zwar ein minderwertiges Gesöff[39], aber doch als Faktum wichtig. Der Wein gehörte also zur normalen Versorgung der Sklaven. Selbstverständlich gab es auch tägliche Rationen für Soldaten. Den normalen Weinkonsum für die städtische Bevölkerung Roms veranschlagt man auf etwa einen Liter pro Tag und (männlicher) Person. Selbst wenn man Frauen und Kinder abzieht bzw. geringer veranschlagt, kommt man für die Hauptstadt auf einen täglichen Weinbedarf von gut 500 000 l.[40] Der gewaltigen Nachfrage entsprechen auch die Hinweise auf Weinspenden an das Volk, die in den Quellen begegnen: Licinius Lucullus läßt zu seinem Triumph im Jahre 63 v. Chr. 100 000 Krüge (*cadi*, knapp 4 Mio. l) Wein verteilen. Caesar stattet im Jahre 45 v. Chr. ein öffentliches Festmahl für die römische Bevölkerung mit hervorragendem Wein aus, das neben Falerner und Mamertiner Spitzenprodukte aus Chios und Lesbos enthielt (Plinius, *Naturalis historia* XIV 96 f.).[41]

Die Ausnahme

Caesars Erbe, Augustus, war beim Genuß des Weines eher zurückhaltend. «Auch im Weintrinken war er von Natur sehr mäßig. Im Lager von Mutina trank er während der Hauptmahlzeit, wie Cornelius Nepos erzählt, gewöhnlich nur dreimal, später ging er, selbst wenn er sich gütlich tun wollte, nicht über 6 Zehntellitergläser; oder wenn er je einmal sein Quantum überschritten hatte, so mußte er sich übergeben. Am liebsten genoß er Wein aus Raetien. Untertags trank er selten. Statt zu trinken, nahm er in solchen Fällen ein Stück in kaltes Wasser getauchtes Brot, ein Stück Brot, einen Lattichstengel

Abb. 20a.b Ansicht und Modell der Kelteranlage von Piesport, Moseltal. Solche Anlagen wiesen neben dem Mostbecken (Abb. 20a) auch Maische- und Preßbecken auf, die sich innerhalb des Gebäudes befanden wie die eigentliche Presse, im Falle von Piesport eine Spindelpresse mit schwebendem Gewicht.

oder frisches Obst oder Dörrobst mit etwas Weingeschmack zu sich.» (Sueton, *Augustus* 77, Übersetzung R. Till)

Dem entspricht seine Reserve gegen Weingratifikationen: «Als der Populus Romanus angesichts drückenden Weinmangels eine kaiserliche Weinspende von ihm forderte, verwies er auf die ausreichende Wasserversorgung, für die sein Schwiegersohn Agrippa durch neue Wasserleitungen gesorgt hatte – ein Princeps, der auf Gesundheit und nicht auf politischen Ehrgeiz hält», wie Sueton anerkennend berichtet (Sueton, *Augustus* 42,1). Er erwähnt freilich nicht, daß 4 Mio. Liter etwa einen Sachwert von knapp 1 Mio. Sesterzen darstellen, die ein zusätzliches Argument für die Verweigerung gewesen sein mögen.

Wein, ein Massengut in der römischen Kaiserzeit, das seinen Preis hatte – dem umfänglichen Konsum mußte eine entsprechende Produktion gegenüberstehen, und die Agrarschriftsteller lassen keinen Zweifel daran, daß Investitionen in Weingüter und sorgfältige Bearbeitung des Bodens und der Ernte hohe Gewinne abwerfen. Dies gilt bereits für das 2. Jh. v. Chr. in Italien, es gilt besonders für die römische Kaiserzeit[42], in der eine wachsende städtische Bevölkerung einen zusätzlichen Abnehmerkreis bildete. Auch in diesem Punkt gibt die Villa von Boscoreale wertvolle Aufschlüsse (Abb. 19a.b). Der Weinkeller konnte in den gewaltigen *dolia* (Tongefäße à 514 l) einen jährlichen Ernteertrag von ca. 93 000 l lagern. Zusammen mit ca. 12 000 l Öl hat man daraus einen Bruttogewinn von 200 000 Sesterzen pro Jahr errechnet[43] und auf eine Betriebsgröße von etwa 100 *iugera* (ca. 25 ha) geschlossen.

In derartigen Umrechnungen steckt manche Unsicherheit, weshalb viele Historiker es vorziehen, in solchen Fällen auf

Abb. 21 Weinlese auf einem Deckenmosaik im Mausoleum der Constantina, St. Costanza, Rom. In den Ecken kleine Eroten, welche die Trauben herbeifahren und mit den Füßen keltern.

Abb. 22 Landtransport von Weinfässern. Relief von einem Grabmal; Trier, 2./3. Jh. n. Chr. Das obere Register zeigt eine Verkaufsszene, das untere den Transport von Weinfässern auf einem vierrädrigen Ochsenkarren.

lukrativ. Diese Lukrativität hat der ältere Plinius im Auge, wenn er die Rendite eines Boden- und Weinspekulanten skizziert, der ein heruntergekommenes Weinland in der Nähe Roms für 600 000 Sesterzen kaufte, es dank guter Bewirtschaftung im vierten Jahr auf einen Jahresverdienst von 400 000 Sesterzen brachte und nach 10 Jahren das ertragreiche Gut an den Philosophen Seneca für 2,4 Mio. Sesterzen losschlagen konnte (Plinius, *Naturalis historia* XIV 48 ff.).[44]

Nun besitzen derartige Beispiele und exorbitante Gewinne ihre besonderen Voraussetzungen, die Verhältnisse lagen in einzelnen Provinzen sicherlich anders, die zunächst für den Eigenbedarf produzierten, wie etwa das Land am Nil für die Metropole Alexandria[45]; aber die Waren gingen auch in den Export, wie die spanischen oder gallischen Produkte oder die von den griechischen Inseln Samos, Chios und Lesbos; sie standen schon seit jeher in Rom in hohem Ansehen, wie dies der Dichter Horaz nach dem Sieg von Actium im Jahre 31 v. Chr. beweist:

«So bring denn geräumigere Becher,
Knabe, und Wein aus Chios oder Lesbos
oder schenk uns Caecuber ein, der
die flaue Seekrankheit bezwingt.
Wir wollen Furcht und Sorge um Caesars Taten
im süßen Wein aufheben.»

(Horaz, *Epoden* IX 33–38, Übersetzung H. Kloft)

Ehrbare Trinker

Welche Mengen auch in neuen Anbaugebieten zu erzielen waren, lehren die jüngst aufgefundenen und systematisch analysierten Kelterhäuser an der Mosel, von denen das Piesporter Exemplar das bedeutendste ist (Abb. 20a.b). Aus dem Fas-

eine Quantifizierung zu verzichten. Auf der anderen Seite gewinnt man Trendaussagen und erhält so einen festeren Umriß und ein ökonomisches «Gesicht». Die Weinproduktion hatte sich über die Deckung des Eigenbedarfes hinaus entwickelt, war auf den Markt angewiesen und für den Grundbesitzer

Abb. 23 Flußtransport von Weinfässern auf einem Ruderschiff. Skulptur vom Grabmal eines Weinhändlers in Neumagen an der Mosel, Landesmuseum Trier.

Abb. 24
Italiens Spitzenweine
nach den Angaben
bei Plinius d. Ä.

sungsvermögens des Maischebeckens (rund 400 m³) hat man auf ein Weingut von ca. 300 Morgen (75 ha) und einen jährlichen Ertrag von rund 300 000 l geschlossen, eine Größenordnung, die an ein kaiserliches Domänengut denken läßt.[46]

Es waren vielfältige und sorgfältige Arbeitsgänge notwendig, ehe der ehrbare Trinker der Antike den begehrten Stoff im Glase bzw. im irdenen Humpen hatte: Graben, Schneiden, Düngen, und als Höhepunkt die Weinlese am Ende des Sommers, für die viele Arbeitskräfte nötig waren. Das Gleichnis von den Arbeitern im Weinberg, das Matthäus im Neuen Testament erzählt (Mt 20, 1–15)[47], zeigt in großer Anschaulichkeit, daß es vor allem kurzfristig angemietete Tagelöhner waren – vergleichbar den Arbeitskräften bei der Spargel- oder Weinernte heute –, die in Stoßzeiten zum Einsatz kamen. Das Lesegut wurde in Bottichen bzw. Becken mit den Füßen zerstampft und dann durch verschiedene Vorrichtungen abgepreßt, ehe der Most in die Gärung kam und durch verschiedene Zusätze «veredelt» wurde (z. B. zu Rauchweinen – *vina funaria*, nicht unähnlich unserem heutigen Barriqueausbau mit seinen Auswüchsen).

Es ist erstaunlich, wie viele Verfahrensweisen der heutigen Kellereitechnik von den Römern in einer ersten Weise praktiziert und bereits von den Agrarschriftstellern diskutiert wurden; dies stellt dem Qualitätsstandard der Zeit ein gutes Zeugnis aus. Die Abfüllung und der Transport in Amphoren, wie es im Mittelmeergebiet üblich war, wurde in den nördlichen Provinzen der Kaiserzeit mehr und mehr auf Holzfässer verlagert, die von Küfern (*cuparii*) in einem aufwendigen Verfahren hergestellt wurden und sich leichter transportieren ließen (Abb. 22. 23).

Die Weinproduktion zieht andere Wirtschaftszweige nach sich, wie etwa die Herstellung von Lager- und Transportbehältnissen, sei es aus Ton oder aus Holz; auf sie ist der Weintransport zu Lande und zu Wasser angewiesen, auch dann, wenn ein Großteil der Produktion nicht in den Handel kam, sondern als lokale Naturalsteuer zunächst dem Militär vor Ort zufloß. Andererseits gelangten vor allem in Italien die begehrtesten Weine in den freien Verkauf, was ein gut funktionierendes Handelsnetz voraussetzt und auf Konkurrenz zwischen den Qualitätsweinen schließen läßt (Abb. 24). Man kann für das 1. Jh. n. Chr. «Hitlisten» aufstellen, die nicht nur persönliche Vorlieben ihrer Verfasser widerspiegeln. Während Columella die Massiker-Sorrentiner, Albaner und Caecuber-Gewächse als *nobilitate vini principes*, als qualitativ führende Weine (Columella III 8,5) einstuft, nennt der ältere Plinius neben dem Sabiner und Caecuber vor allem den Falerner, den Albaner, den Mamertiner und weitere Weine aus Nord- und Süditalien – ein Wettstreit über die «Spitzenposition» (*de*

Abb. 25 Diatretglas aus Köln (1. Hälfte des 4. Jhs. n. Chr.) mit der Aufschrift «Trinke, lebe immer glücklich!» Das Spitzenstück römischer Glaskunst aus der Spätantike diente in erster Linie dekorativen Zwecken.

Ladenschild der Hedone

EDONE DICIT
ASSIBVS HIC
BIBITVR DIPVNDIVM
SI DEDERIS MELIORA
BIBES QVATTVS
SI DEDERIS VINA
FALERNA BIBes

Hedone gibt bekannt:
Für ein As trinkt man hier;
Wenn du zwei As zahlst,
kannst du besseren Wein trinken;
wenn du vier As zahlst,
trinkst du Falerner Wein

(CIL IV 1679, Übersetzung W. Krenkel)

principatu), (Plinius, *Naturalis historia* XIV 59 ff.), der Auswirkungen auf Handel, Konsum und Preise hatte. Das berühmte Laden- und Preisschild der Schankwirtin Hedone aus Pompeji verlangt für einen Schoppen (*sextarius* = 0,547 l) Falerner das Vierfache des einfachen Weines, ein Verhältnis, das sich bis in die Spätantike hinein einigermaßen gehalten hat, wie das diokletianische Höchstpreisedikt bezeugt.[48]

Und natürlich gehören in der Regel zum edlen Wein feine Trinkgefäße (Abb. 25. 26), wertvolle Accessoires, ein kostbares Mobiliar und teure Ausstattung, vielfach als Luxus und Verderbnis von den kaiserzeitlichen Autoren gebrandmarkt; aber sie besitzen ohne Zweifel positive Auswirkungen auf Gewerbe, Handel und Geldwirtschaft. Quantität und Qualität der Weinwirtschaft, gerade auch das luxuriöse Ambiente, si-

Abb. 26 Ab der Mitte des 3. Jhs. n. Chr. wurden in Trier sog. Spruchbecher hergestellt, die dem Weingenuß dienten. Rheinisches Landesmuseum Trier.

chern diesen Zweig der Agrarproduktion seinen hohen ökonomischen Stellenwert. Der Weinanbau, den die Römer in Italien, Spanien, Frankreich und im Südwesten Deutschlands betrieben, schuf, ähnlich wie der Anbau des Ölbaumes, unverwechselbare europäische Kulturlandschaften, die über das christliche Mittelalter hinaus bis in die Gegenwart hinein Bestand haben. Wenn der heilige Augustinus in den Bekenntnissen, seinen Lehrer Ambrosius rühmt, dieser habe dem Volk «die Kraft des Weizens, die Freude des Öls, die nüchterne Trunkenheit des Weines» (Augustinus, *Confessiones* 5,13) geboten[49], so wird deutlich, welche zentrale Bedeutung die mediterrane Trias für den geistigen Haushalt des Christentums gewann. Es hob die antiken Grundnahrungsmittel auf eine höhere, eine theologische Ebene, was nicht ohne Auswirkungen auf die Produktion und die Verbreitung blieb.

Neben der Bodenbearbeitung war es vor allem die Viehzucht, die der Landwirtschaft der Kaiserzeit das Gepräge gab. Für Columella spielten deshalb die Anweisungen für die Tierhaltung, angefangen von den Rindern bis hinab zu den Bienen, eine wichtige Rolle.

Anweisung zur Käseherstellung

Der Selbstversorgung im bäuerlichen Bereich diente vor allem das sog. Kleinvieh, Schafe, Ziegen, Schweine und Geflügel. Sie konnten natürlich auch vermarktet und für den lokalen Verkauf vorgehalten werden, ein Nebenerwerbszweig, der als *pastio villatica* bei den Agrarschriftstellern große Aufmerksamkeit findet. Beliebt und begehrt war vor allem der Käse, der aus Schafs-, Ziegen-, dann aber auch aus Kuh-, Pferde- und Eselsmilch hergestellt wurde (Abb. 27). Landschaften wie Etrurien, Umbrien, Ligurien und Gallien besaßen ihre Besonderheiten und sicherten ein breites Qualitätsangebot, welches auch der Kleinbauer für sich nutzbar zu machen wußte.

«Die Käseherstellung bedarf dauernder Sorgfalt, besonders in den entfernteren Gegenden, in denen der Abtransport der Milch nicht gut möglich ist. Wird der Käse aus dünnflüssiger Masse hergestellt, so muß er so schnell wie möglich verkauft werden, so lange er im frischen Zustand ist und noch das Wasser bindet; wird er aus fetter oder steifer Masse gemacht, dann läßt er längere Aufbewahrung zu» (Columella VII 8,1, Übersetzung W. Richter)

Neben dem Kleinvieh, dem *pecus* im engeren Sinne, zählten Pflege und Zucht des Großviehs (Pferd, Rind, Esel) zu den wichtigsten landwirtschaftlichen Aufgaben, die von verschiedenen Arbeitern ausgeführt wurden, von Aufsehern (*vilici*), Hirten, Stall- und Pflugknechten (*bubulci*), die auf den größeren Höfen der Kaiserzeit aus dem Sklavenstand kamen; der *vilicus*, der Verwalter, war in der Regel ein Freigelassener, dem vielfach eine *vilica* zur Seite stand.

Abb. 27 Schäfer beim Melkvorgang. Die Ziegenmilch wurde besonders gerne zu Käse weiterverarbeitet. Szene auf einem christlichen Sarkophag des 3. Jhs. n. Chr., Rom, Museo Nazionale.

Der Reichtum eines Freigelassenen

Das reiche und differenzierte Arbeitspersonal auf den größeren Gutshöfen ist ein wichtiger Indikator für die ökonomische Bedeutung der Viehwirtschaft in der Kaiserzeit. Der Begriff Tierzucht trifft in besonderer Weise bei den Pferden und Rindern zu, wie die Agrarschriftsteller eingehend berichten, denen es um Qualitätssteigerung im weitesten Sinne geht; sie wird besonders durch Zuchtstiere bzw. Zuchthengste (*equi pretiosi*, Columella VI 27,8) gewährleistet. Der reiche Emporkömmling Trimalchio, der sich mit Erfolg der Landwirtschaft zugewandt hat, kauft Widder aus Tarent auf, um eine feinere Schafswolle erzielen zu können (Petronius 28). Dabei spielen neben den Tierarten die verschiedenen Weidemöglichkeiten eine bedeutende Rolle für die Qualität des Endproduktes, sowohl des Fleisches wie auch der Wolle, der Milch und der Felle. Man hat im Zusammenhang mit einer auf Veredelung bedachten Viehwirtschaft auch auf einen größeren Fleischverbrauch der Bevölkerung hingewiesen und dabei besonders die Fernweidewirtschaft, die sog. Transhumanz in Betracht gezogen.[50] Voraussetzung dafür, daß Hirten mit ihren Herden Weidegebiete in unterschiedlichen Klimazonen aufsuchen konnten, wie es in Süd- und Mittelitalien, Griechenland, auf dem Balkan, in Nordafrika und Gallien üblich war, waren naturgemäß die Eigentumsverhältnisse, die Existenz von freien Flächen vor Ort und nicht zuletzt eine freie Wegenutzung, welche einen «*extensive transhuman pastoralism*» (Peter Garnsey) erlaubte. Daß diese weit über die Antike hinaus reichende Form der Viehwanderung und Weidewirtschaft vielfältige Konflikte mit den Anwohnern in sich barg[51], soll in unserem Zusammenhang nicht weiter bekümmern. Entscheidender sind die wirtschaftlichen Folgen dieser gewaltigen Menge an Vieh, die sich nahe (und zuweilen in Verbindung) mit der ansässigen Hofwirtschaft etabliert hatte. Aus dem Testament eines reichen kaiserlichen Freigelassenen ist zu entnehmen, daß er neben einem Barvermögen und einer Sklavenschaft über einen großen Viehbestand, daneben über 3600 Paar Ochsen verfügte, was auf einen enormen Umfang von Ackerland schließen läßt:

«Gaius Caecilius Isidorus, der Freigelassene des Gaius, verfügte in seinem Testament, ungeachtet seines großen Verlustes im Bürgerkrieg hinterlasse er Sklaven 4116, an Joch Ochsen 3600, an sonstigem Vieh 257000, an Bargeld 60 Mio. Sesterzen; für sein Begräbnis bestimmte er 1,1 Mio. Sesterzen.»[52] (Plinius, *Naturalis historia*, XXXIII 135)

Viehherden signalisieren Reichtum – das ist in der früharchaischen Kultur Griechenlands, in der Odysseus über 48 Viehherden (Rinder, Schafe, Ziegen, Schweine, Homer, *Odyssee* XIV 98 ff.) verfügt nicht anders als in der Welt des Alten Testaments, wo die Anzahl der Rinder, Schafe, Ziegen und Kamele vom Ansehen und Reichtum des Besitzers künden.[53] Vieh ist besonders auf dieser «vorzivilisierten» Kulturstufe ein zentrales und sehr lebendiges Kapital; unter den gewandelten Bedingungen der römischen Kaiserzeit wurde seine ökonomische Bedeutung größer und weitreichender. Es ist zum einen das Anwachsen der Städte und der Stadtbevölkerung, zum anderen die Anlage der Militärstützpunkte im Reich, die den Bedarf an Tieren und an Tierprodukten ganz enorm steigerten. Das betraf die Bereitstellung von Opfertieren für religiöse Zeremonien, von denen das meiste Fleisch öffentlich verteilt und verspeist wurde. Daneben wurde Fleisch, vor allem das begehrte Schweinefleisch, in den Städten über *fora* bzw. *macella* (Fleisch- und Fischmärkte) verkauft; deren Marktorganisationen sind literarisch und archäologisch gut bezeugt.

Beeindruckende Fleischorgie

Bei aller Hochschätzung von Wein, Öl, Getreide und einer vegetarischen Ernährung, die nicht zuletzt in dem heißen südlichen Klima ihre Ursache besitzt, darf man nicht unterschlagen, daß Fleischgenuß in unterschiedlicher Zubereitung ein wichtiges Element der Nahrung bildete und zudem einen hohen sozialen Stellenwert besaß. Der arme Bauer Simylus in Pseudo-Vergils Kräutergedicht muß auf Fleisch verzichten und sich mit Käse und Brot begnügen; der reiche Schlemmer Trimalchio weiß bei seinem Gastmahl eine beeindruckende Fleischorgie zu inszenieren, in deren Mittelpunkt ein gewaltiger Schweinsbraten steht, abgerundet durch Würste, Pasteten, Geräuchertes und Innereien, die in der römischen Küche hoch geschätzt waren (Petronius 49).[54] Wenn anläßlich der Thronbesteigung des Kaisers Caligula im Jahre 37 n. Chr. über drei Monate hinweg 160000 Opfertiere geschlachtet wurden,

Abb. 28 Geflügel- und Fleischverkäuferin in Rom, hier auf einem Marmorrelief dargestellt. Museo Torlonia, Rom.

die in der Hauptmasse an die städtische Bevölkerung verteilt wurden (Sueton, *Caligula* 14,1), dann gewinnt man in etwa eine Ahnung von den Quantitäten, welche die Viehwirtschaft in der Kaiserzeit vorhalten konnte. Der gesteigerte Fleischkonsum in den nördlichen Provinzen, vor allem in den Militärlagern, wurde auch durch die lokale Viehhaltung in den *villae rusticae* abgedeckt; der große römische Gutshof, der in Köln-Müngersdorf ergraben wurde, verfügte neben einem mehrstöckigen Getreidespeicher über gesonderte Pferde-, Schaf-, Schwein- und Kuhställe, deren Bestand auch den benachbarten Militärsiedlungen zugute gekommen sein dürfte.

Begehrt war auch der anfallende Tier-, besonders der Ge-

Abb. 29 In einem Obst- und Geflügelladen, der von einem Händlerpaar betrieben wird, herrscht reges Treiben.

flügelmist, und die Ausführlichkeit, mit der sich die Agrarschriftsteller dem Bereich Dung und Düngung (*stercoratio*) widmen, beweist, daß in der Meliorisierung des Bodens und der damit verbundenen Steigerung der Erträge ein wesentliches Moment der Tierhaltung gesehen wurde.

Zu den Anstrengungen, Qualität und Quantität der Tierprodukte zu steigern, gehören auch die sich im Umkreis der größeren Städte herausbildenden Spezialbetriebe, die Geflügelhöfe, die sich schon zum Ende der Republik auf die Aufzucht von gemästetem Federvieh, auf Tauben, Drosseln, Wachteln und Rebhühner verlegten (Abb. 28. 29). In der Kaiserzeit kommen Fasane, Pfauen und Strauße (Abb. 30. 31) hinzu, die es dank der starken Nachfrage von einem exquisiten Leckerbissen zu einem zwar gehobenen, aber durchaus nicht außergewöhnlichen Geflügelbraten brachten.[55]

Zu Varros (116–27 v. Chr.) Zeiten konnte man mit der Pfauenzucht 60 000 Sesterzen pro Jahr verdienen, für die Eier zahlte man 5, für einen Vogel 50 Denare (Varro, *res rusticae* III 6), ein hohes Preisniveau, das sich bei vermehrtem Angebot natürlich nicht halten ließ. Ähnlich verhält es sich mit den Drosselgehegen (*turdaria*), die nach den Worten Varros mit 60 000 Sesterzen pro Jahr doppelt so viel einbrachten wie ein normales Landgut von 50 ha (Varro, *res rusticae* III 2, 15). Auch hier dürften sich die Verhältnisse in der Kaiserzeit verschoben haben[56], aber an der wirtschaftlichen Attraktivität dieser Spezialgüter kann kein Zweifel bestehen. Sie antworten auf die gestiegenen Bedürfnisse einer anspruchsvollen und zahlungskräftigen Kundschaft in den größeren Städten, sind freilich Geschmackskonjunkturen unterworfen und risikoträchtiger als die Erzeugung von Grundnahrungsmitteln. Das betrifft besonders die gewerbsmäßige Züchtung von Edelfischen in Teichen, die vivaria hießen, gegen Ende der Republik in Mode kam und große Kapitalien band. Villa und Fischgründe eines gewissen Gaius Hirrus wurden zu Caesars Zeiten für 4 Mio. Sesterzen verkauft (Plinius, *Naturalis historia* IX 172; Varro, *res rusticae* III 17,3).[57] Goldbrasse (*aurata*), Meerbarbe (*mullus*) und Muräne (*muraena*) waren gesuchte Delikatessen und erzielten zum Teil astronomische Preise.[58] Aber künstliche Fischkulturen waren permanent durch Infektionen bedroht, die den Besatz zu vernichten drohten. «Man muß sich um kranke Fische nicht weniger Sorgen machen als um kränkelnde Sklaven», soll der große Redner Hortensius gesagt haben, einer der ersten Fischzüchter (*piscinarii*) seiner Zeit (Cicero, *Atticus-Briefe* I 20,3; Varro, *res rusticae* III 17,8).[59] Die Sentenz ist, gemessen an den zeitgenössischen Wertkategorien, nicht einmal zynisch gemeint: beide Male handelt es sich um die Anlage von wertvollen Kapitalien, die Ertrag bringen sollen und sorgfältiger Pflege bedürfen, will man sie nicht durch Nachlässigkeit verlieren.

Es steht für den römischen Agronomen außer Zweifel, daß die Anlage derartiger Gehege für Geflügel, Wildtiere und Fische zum wirtschaftlichen Profil eines Gutshofes, zur *pastio villatica*, gehören, zu der sie auch die Bienenzucht zählen, die Honig und Wachs liefert. Sie soll, wie die gesamte Landwirtschaft, nicht nur der Eigenversorgung und dem Vergnügen des Besitzes dienen, sondern Gewinn abwerfen, wie Columella im Hinblick auf das Geflügel sagt: «Es mehrt durch den Preis der verkauften Tiere das Einkommen des Hofes.» (Columella VIII 8,2)

In welchem Umfang die urbane Entwicklung mit einer potenten Käuferschicht über die Metropolen hinaus diese Spezialform der landwirtschaftlichen Produktion auf den Weg gebracht hat, muß im einzelnen offen bleiben; ebenso lassen sich über das Verhältnis dieser agrarischen Luxusproduktion zu den Normalerzeugnissen nur Vermutungen anstellen.

Gleichsam flächendeckend

Immerhin kennt das Kochbuch des Apicius Anleitungen für Zubereitungen von Kranichen, Pfauen, Fasanen, von Muränen, Zahn- und Goldbrassen, was für eine gewisse Verfügbarkeit der Produkte spricht.[60] Entscheidend aber waren zunächst einmal Produktion und Absatzmöglichkeiten vor Ort; hier ist es die Villenwirtschaft als spezifische Organisationsform agrarischer Produktion, die für das Imperium Romanum als typisch gelten kann und gleichzeitig regionale Eigenheiten aufweist. Besonders in den nordwestlichen Provinzen bildet die gleichsam flächendeckende Anlage von *villae rusticae* eines der Hauptelemente der Romanisierung, die wirtschaftliche, soziale und kulturelle Momente gleichsam in einen

Abb. 30 Fasan auf einem Mosaik aus Nordafrika, das heute im Museum von Sfax (Tunesien) zu sehen ist.

Brennpunkt zusammenzieht und auch heute noch das Profil einer durch Landwirtschaft geprägten Kulturregion anschaulich vor Augen führt (Abb. 32).[61]

Die ländliche Umgebung der Provinzhauptstadt Raetiens Augsburg (*Augusta Vindelicorum*) vermittelt ein aufschlußreiches Bild von der Dichte der Villenanlagen in Stadtnähe (Abb. 33). Sie lieferten Nahrungsmittel und Vieh für die

Abb. 31 Auch Strauße gehörten zur Speisekarte reicher Römer. Sie stammten zumeist aus Nordafrika und wurden von dort nach Rom exportiert. Apsismosaik im Bardo-Museum, Tunis.

Die Landwirtschaft

Abb. 32 Modell der «villa rustica» in Niederzier (Kreis Düren). Zu sehen ist der Zustand des Hofplatzes und der Wirtschaftsflächen im 2. Jh. n. Chr.

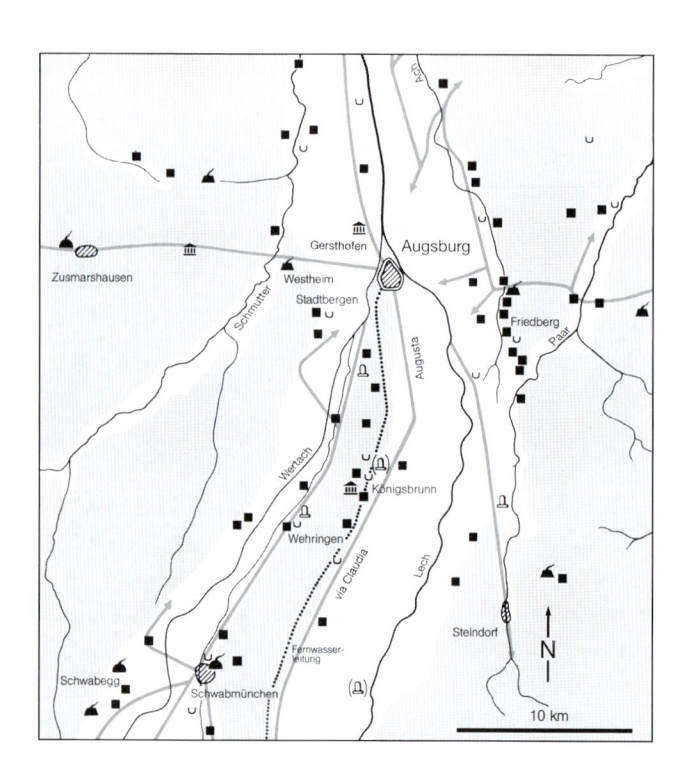

Region und verbanden sich zuweilen mit einer gewerblichen Sekundärnutzung, welche die natürlichen Ressourcen der Gegend ausbeutet, Steinbrüche, Tonerde, Holz, in der Gegend um Köln auch Quarzsand zur Herstellung von Glas und Glasprodukten.[62] Das optische Bild, das die archäologische Forschung, vor allem auch die Luftbildarchäologie (Abb. 34a.b), für die römischen Provinzen in reicher Zahl zur Verfügung stellt, gilt es in die soziale und wirtschaftliche Realität der Zeit zu transponieren:

Man nimmt ein umzäuntes Hofareal wahr, mit einem Tor bzw. Torbogen versehen, ferner ein repräsentatives Herrenhaus mit Portikus und Eckrisaliten an der Frontseite, durch

Abb. 33 Gutshöfe (■) in der Nähe des römischen Augsburg im 2. und 3. Jh. n. Chr.

Die Landwirtschaft

*Abb. 34a
Luftbild einer «villa rustica» in
der Picardie (nordwestliches
Frankreich).*

künstliche Gartenanlagen und einer Ummauerung vom eigentlichen Arbeitsbereich abgesetzt, der bei unserem Beispiel durch einen aufwendigen Baukomplex auf der rechten oberen Seite dominiert wird, möglicherweise der Wohnbereich des Verwalters, des *vilicus*. Damit sind auch soziale Differenzierungen angedeutet, welche diesen provinzialen Typ des Gutshofes durchaus von den Anlagen in Italien unterscheidet, wie die Villa von Boscoreale (vgl. Abb. 19a.b) zeigt; hier vereinigt eine Kompaktanlage quasi alle Funktionen in einem Verbundsystem.

Abb. 34b   Rekonstruktion der auf dem Luftbild (Abb. 34a) erkennbaren «villa rustica» von Estrée-sur-Noye (Picardie). Auffällig ist die Abtrennung des eigentlichen Wirtschaftsbereiches vom Herrenhaus durch eine Mauer.

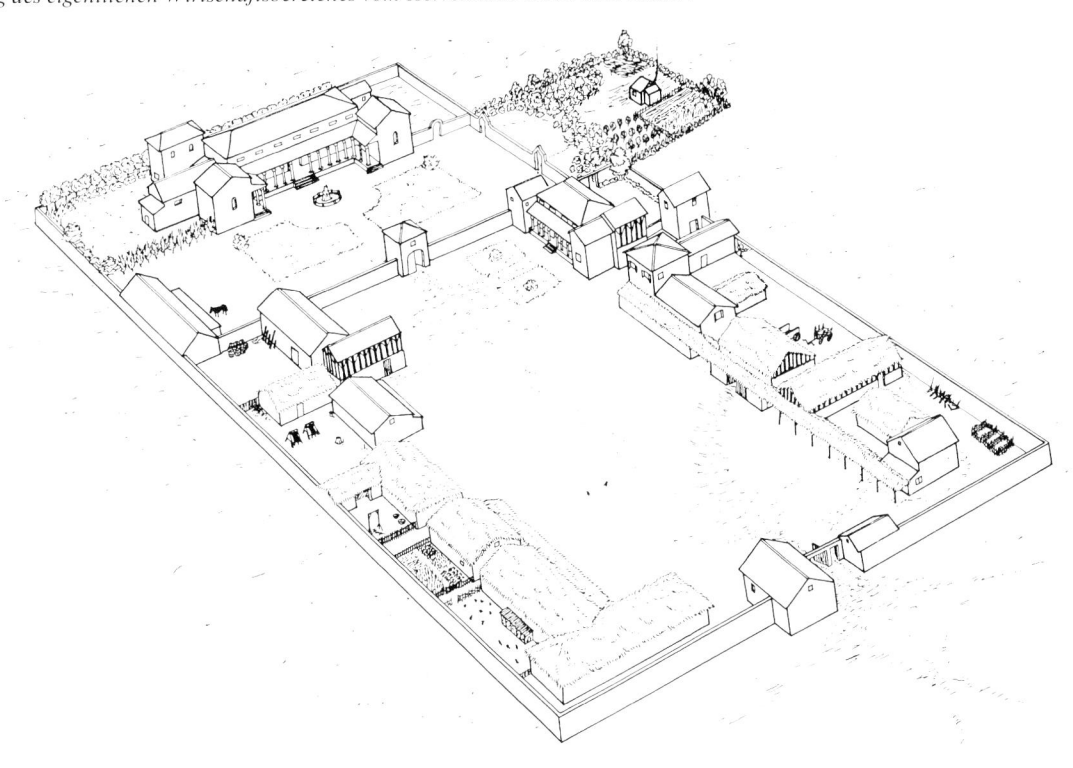

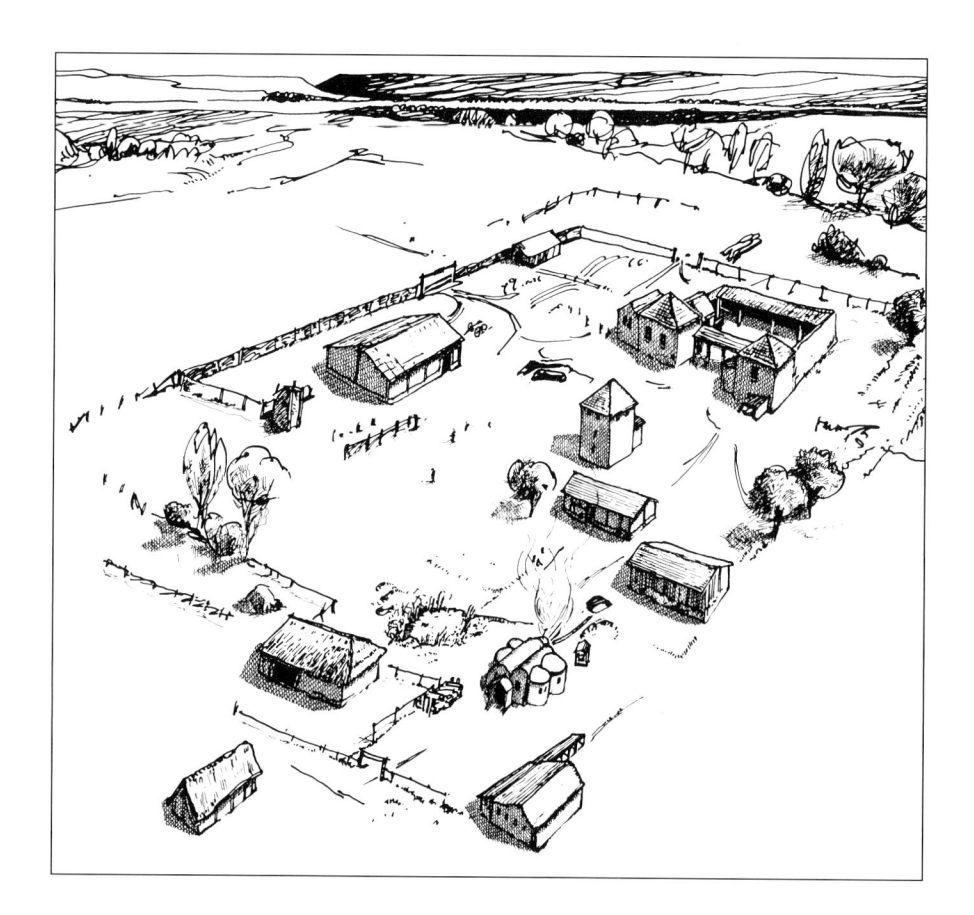

Abb. 35 Rekonstruktion der «villa rustica» von Oberndorf mit Badeanlage und Teich im unteren rechten Bereich. Kleineren Gutshöfen fehlt oft die Ummauerung; sie sind offener gestaltet.

Catos ideale *villa rustica*

Die archäologisch weniger deutlich faßbaren Nebengebäude verteilen sich auf Gesindehäuser, Stallungen, Remisen, Speicher und Keller; zuweilen ist auch in kleineren Villenanlagen wie etwa auf dem Gutshof von Oberndorf im bayerischen Landkreis Donau-Ries eine Badeanlage vorhanden, in den Funktionsbereich der Villa nicht deshalb eingebunden, um den Arbeitern eine Rekreation nach mühseligem Tagwerk zu gönnen, sondern weil hier die wassertechnischen Anschlüsse vorhanden waren: Ziehbrunnen, Sickergruben und ein Flachteich, welcher zur Viehtränke und zum Löschen benutzt werden konnte (Abb. 35).

Dem Hofareal ist unmittelbar eine Gartenanlage beigegeben; Felder, Waldgebiete und Weidegrund in unterschiedlicher Größe und Lage schließen sich an: hier greift man, wenn man so will, die regionale Variante jenes idealen Gutshofes, den der ältere Cato bereits im 2. Jh. v. Chr. gemäß seinen Voraussetzungen und Vorlieben skizziert hatte und der in der römischen Kaiserzeit den regionalen Verhältnissen und Bedürfnissen angepaßt wurde.

«Wenn du mich fragst, was für ein Gut allem voransteht, so sage ich: von aller Art Land und bestem Boden hundert *iugera*; Weinland ist das erste, wenn es guten und viel Wein trägt, an zweiter Stelle bewässertes Gartenland, an dritter Weidenpflanzung, an vierter Ölland, an fünfter Wiese, an sechster Getreidefeld, an siebter schlagfähiger Wald, an achter Baumpflanzung, an neunter Waldweide.» (für die Eichelmast der Schweine, H. Kloft; Cato, *de agricultura* I 7, Übersetzung E. Norden)

Die archäologische Forschung hat viel Mühe darauf verwandt, die Betriebsgrößen der Güter in den einzelnen Regionen zu ermitteln und dabei verschiedene Indikatoren – literarische Angaben, Dichte der Besiedlung, Landschaftsprofile – miteinander kombiniert. Großbetriebe (*fundi, latifundia*) addieren sich in der Hand der senatorischen und ritterlichen Reichselite zu teilweise beträchtlichen Größen. Die für den jüngeren Plinius erschlossene Gesamtfläche von 1700 ha mit einer jährlichen Rendite von 1,1 Mio. Sesterzen in Italien gilt als mittleres Besitztum.[63] Sechs Großgrundbesitzer sollen nach einem berühmten Ausspruch des älteren Plinius die Hälfte der landwirtschaftlichen Fläche der alten Provinz Afrika besessen haben, ehe sie Nero gewaltsam zum kaiserlichen Domänenbesitz machte. Die Sentenz des Autors – *Latifundia perdidere Italiam, iam vero provincias* (Die Latifundien haben Italien zugrunde gerichtet und sind dabei, auch die Provinzen zu zerstören [Plinius, *Naturalis historia* XVIII 35])[64] läßt sich in dieser Pauschalität nicht halten, wiewohl Konzentrationsbewegungen während der gesamten Kaiserzeit zu beobachten sind und in der Spätantike offensichtlich zunehmen. Wahrscheinlich dominierte neben dem Kleinbetrieb der mittelgroße Bauernhof, den man in Südwestdeutschland auf ca. 100 ha mit einem Gesinde von 30–50 Personen geschätzt hat[65] – ein sozialer und wirtschaftlicher Mikroorganismus, in der Terminologie Karl Büchers eine antike Hauswirtschaft, freilich mit wichtigen Beziehungen nach außen. Dies betrifft nicht alleine die Versorgung der nahegelegenen Militärlager mit Getreide und Schlachtvieh (Abb. 36) und die Vermarktung der Erzeugnisse im regionalen, bei Spitzenprodukten wie bestimmten Wein- und Ölsorten auch im überregionalen Bereich.

Naturalien als Pachtgeld

Der Gutshof ist auch eine soziale Betriebseinheit, die unterschiedliche Arbeitsleistungen bündelt. Dabei dient der Einsatz von Sklaven und Sklavinnen in der Landwirtschaft, bei der Viehzucht und im Haus den kontinuierlich anfallenden Aufgaben, die unter der Anleitung des bereits genannten *vilicus* und seiner Frau durchgeführt werden[66], während Tagelöhner und Saisonarbeiter kurzfristig, in Stoßzeiten zum Einsatz kommen. Sie fristeten ihren Lebensunterhalt in der Regel in der unmittelbaren Nachbarschaft auf einem kleinen Anwesen; in manchen Gebieten, so in Nordafrika, wurden Wanderarbeiter eingesetzt, wie es in der Landwirtschaft bis in die Neuzeit hinein üblich war.[67] Zu dieser Kombination von unfreier und freier Arbeit auf dem Hof kam als drittes wichtiges Moment die Verpachtung von Herrenland an Pächter (*coloni*), die als Gegenleistung Geld und Naturalien erhielten, zuweilen auch in beschränktem Umfang auf dem Herrenhof unentgeltliche Arbeiten zu verrichten hatten. Das Kolonen- und Pachtsystem nimmt in der Kaiserzeit an Umfang und Bedeutung zu, ein Phänomen, das man mit dem (angeblichen) Versiegen des Nachschubs an Sklaven in Verbindung gebracht hat. Andere ökonomische Gesichtspunkte dürften eine größere Rolle gespielt haben, diese bequeme und traditionelle Form der Einkünfte im Rahmen der Gutsherrschaft, die nach

Abb. 36
Römische Siedlungen, hauptsächlich «villae rusticae» in der Nachbarschaft des Limes.

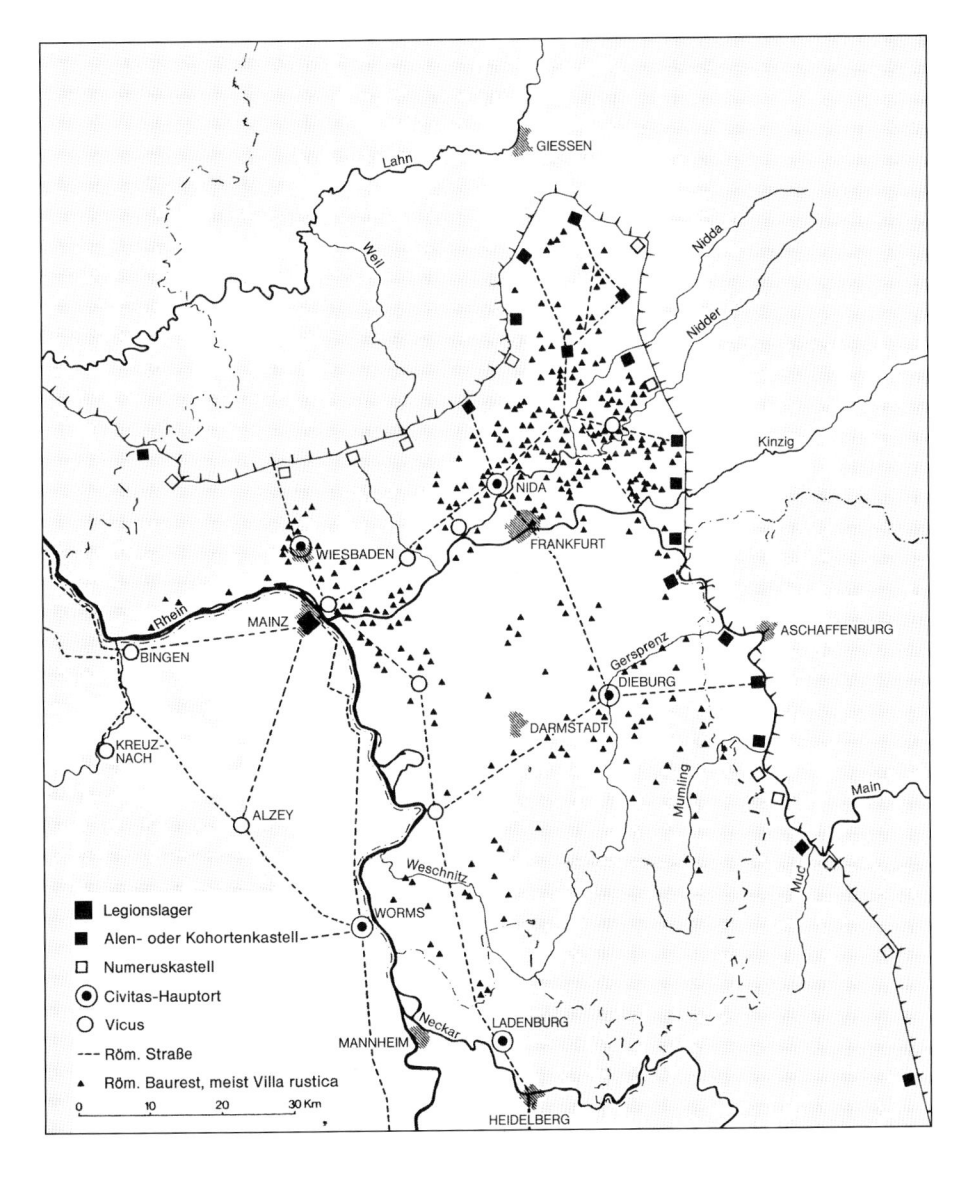

Die Landwirtschaft

a

b

Abb. 37a.b Gutsherr und Pächter. Fries auf der Igeler Säule. Die Bauern bringen ihre Naturalabgaben: Hase, Fische, Lamm, Fell, Huhn, Korb mit Früchten. Der Gutsherr, erkennbar an seiner «toga contabulata», begrüßt die Pächter, in der Linken eine Schriftrolle haltend.

wie vor auf Sklavenarbeit angewiesen war, wieder zur Geltung zu bringen.⁶⁸ Ähnlich wie beim Subunternehmer heute wird das personelle und sachliche Risiko auf die Kolonen abgeschichtet, das kostenträchtige eigene Hofpersonal kann kleingehalten werden; so bleibt der Gewinn möglicherweise bescheiden, aber er fließt doch einigermaßen stetig. Unabhängig von diesen einfachen, einleuchtenden Überlegungen barg dieses agrarische Subunternehmertum mit seinen vielen Spezifizierungen diverse Schwierigkeiten. Sie betrafen vornehmlich Art und Höhe der Bezahlung, die mit dem Status der Leute zusammenhingen: Tagelöhner, Kolone, Sklave, Pächter – die Quellen lassen vielfach klare Konturen vermissen. So trifft die Feststellung, daß es einen fließenden Übergang vom Natural- zum Geldlohn, von der freien zur unfreien Arbeit, vom Bauer zum Pächter zum Sklaven gibt, durchaus etwas Richtiges. Vor allem im kleinasiatischen Osten, wo sich

das ländliche Pachtsystem im Rahmen der Tempelwirtschaften und auf den Dörfern findet, sind die sozialen Verhältnisse alles andere als einfach. Insgesamt gab es bedeutende regionale Unterschiede, die vom Boden, vom Klima und von den Erzeugnissen abhängig waren.

«... in den letzten fünf Jahren sind die Rückstände meiner Pächter trotz großer Nachlässe angewachsen. Daher bemühen sich die meisten überhaupt nicht mehr darum, die Schulden zu vermindern, weil sie daran zweifeln, sie jemals vollständig abzahlen zu können; sie raffen auch zusammen, was auf den Feldern wächst; denn sie meinen, es doch nicht für sich zu sparen. Man muß also den zunehmenden Mißständen entgegentreten und Abhilfe schaffen. Es gibt nur ein Mittel zur Abhilfe, wenn ich nicht gegen Zahlung einer Geldsumme, sondern einen Teil des Ertrages verpachte und dann einige von meinen Leuten als Aufseher für die Arbeiten und als Wächter über die Ernte einsetze. Überhaupt gibt es keine gerechtere Art von Einkünften als die, die Erde, Wetter und die Jahreszeit hervorbringen.» (Plinius, *Epistulae* IX 37,2 f., Übersetzung H. Philips)

Aber langfristig scheint sich vor allem in den westlichen Landesteilen eine gewisse Zweiteilung herauszubilden, die den ländlichen Kernbereich der *villa rustica* in Eigenregie, hauptsächlich mit Sklaven, bewirtschaftet und die entfernteren, auch qualitativ minderwertigen Gebiete als Pachtland ausweist (Abb. 37a.b).[69] Das sog. «bipartite System» im Rahmen der frühmittelalterlichen Grundherrschaft knüpft an die hoch- und spätkaiserzeitliche Agrarverhältnisse an, entwickelt sich freilich unter anderen Rahmenbedingungen flächendeckender und möglicherweise auch effektiver als in der römischen Kaiserzeit.

Diese gewandelte Organisationsform in der Spätantike schmälert nicht die insgesamt gut funktionierende Versorgung der kaiserzeitlichen Bevölkerung mit Lebensmitteln. Gerade in den romanisierten Gebieten setzten sich die römischen Errungenschaften Villenwirtschaft, Forcierung des Gartenbaus und Verwendung hochwendiger Produkte mit der Aussicht auf Verkauf über den Markt zunehmend durch.

Weit über Eigenbedarf

Die Landwirtschaft des Imperium Romanum in den ersten zwei Jahrhunderten bietet ein vielschichtes Bild, das eine Gesamteinschätzung erschwert, aber nicht unmöglich macht. Die traditionellen Produktionsweisen und Organisationsformen – die Erzeugung von Grundnahrungsmitteln, die Viehzucht, die Transhumanz, die Existenz von Kleinbetrieben neben den umfänglichen Gutshöfen – prägen in den unterschiedlichen Reichsteilen nach wie vor diesen grundlegenden Wirtschaftszweig; aber bei aller Statik sind innovative, anders gewendet, produktive Entwicklungen unverkennbar, die der holländische Althistoriker Harry Pleket zutreffend mit der Urbanisierung, der Spezialisierung und der Kommerzialisierung der landwirtschaftlichen Produktion in Verbindung gebracht hat.[70] Eine intensivere Bodennutzung, effektivere Formen der Be- und Entwässerung, wie man sie etwa in Südgallien beobachtet hat, eine größere Variationsbreite im Anbau der Feldfrüchte kommen hinzu. Die Zunahme der Bevölkerung, Vermögen und Geschmack einer solventen Käuferschicht und der Warenaustausch auf monetärer Basis vernetzten die Landwirtschaft der Zeit zunehmend mit anderen ökonomischen Bereichen: der Geldwirtschaft, dem Handel und der gewerblichen Produktion, die sich im Umkreis der Villenwirtschaft herausbildet. Wolle, Holz, Keramik, Bodenschätze wie Sand-, Stein- oder Metallvorkommen wurden zum Teil mit dem Personal des Gutshofes ausgebeutet und verarbeitet, so daß ein eigener Handwerkerstand entstand, der über den Eigenbedarf des Gutes hinaus auf Absatz produzierte. Im Osten des Reiches bildeten sich im Umkreis der großen Villen ländliche Siedlungen, größere Weiler oder Dörfer (*choria*, *komai*)[71] heraus, die von Ferne an die ostelbischen Gutsbetriebe des 19. Jhs. mit ihrer Herrschaft über die ihnen angegliederten Dörfer erinnern. Dörfliche Siedlungen, die von Großgrundbesitzern gepachtetes Land bewirtschafteten, prägten auch das landwirtschaftliche Gesicht des römischen Ägypten.[72] Daß dieser wirtschaftliche und soziale Organismus die Tendenz besaß, der politischen Herrschaft der Zentrale und ihrem fiskalischen Druck so weit wie möglich zu entkommen, scheint nur natürlich. Damit übernahmen die großen Güter in der Hand mächtiger Magnaten, der *potentes*, die als *patroni* die Interessen verschiedenster sozialer Gruppierungen wahrnahmen und auf diese Weise persönliche Macht gewannen, wichtige Übergangsfunktionen zum frühen Mittelalter.

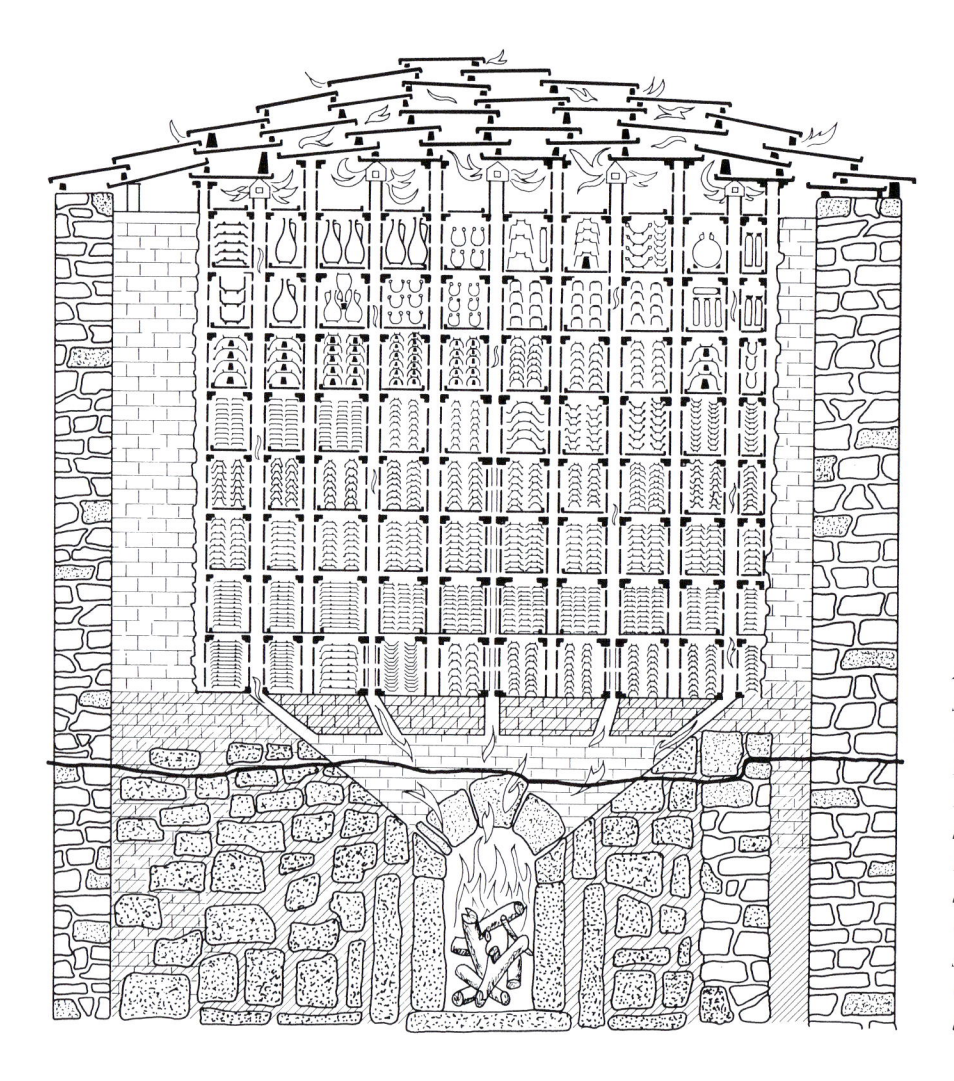

Abb. 38 Rekonstruktion eines Töpferofens von La Graufesenque. Ein solcher Ofen konnte bei einem Brennvorgang mit ca. 30 000 Gefäßen unterschiedlicher Größe und Form bestückt werden.

Handwerk und Gewerbe

Der Schöpfergott ist ein Handwerker, *demiurgos*, der den Kosmos auf kunstvolle und vollendete Weise geschaffen hat: der Philosoph Platon hat mit dieser Metapher dem handwerklichen Können seiner Zeit höchste Anerkennung gezollt (Platon, *Timaios* 29a ff.). In die entgegengesetzte Richtung zielt das Urteil seines Schülers Aristoteles. Nach ihm können Handwerker keinen Anteil am Gemeinwesen haben, denn sie sind aufgrund ihrer Tätigkeit zur Tugend und zur Politik unfähig (Aristoteles, *Politica* 1329a 20 ff.). Schaut man genau hin, dann entpuppt sich die philosophische Theorie als ein durchsichtiges und zählebiges Vorurteil, das die Werteordnung des grundbesitzenden Adels auf einen allgemeinen Begriff zu bringen sucht. Schon im alten Griechenland sah die Wirklichkeit vielfach anders aus: so bestand die attische Volksversammlung nach dem Urteil des Zeitgenossen Xenophon aus Walkern, Schustern, Zimmerleuten, Schmieden und Händlern; sie gehen nicht nur ihren spezifischen Tätigkeiten nach, sondern fällen auch politische Entscheidungen (Xenophon, *Memorabilia* III 7,6).[73]

Vom Nutzen und Nachteil gewerblicher Arbeit

Diese doppelte Erblast einer griechischen Theorie und Praxis hat sich in der römischen Welt in abgeschwächter Form durchgehalten; auch sie kennt Anerkennung der Leistung, des Werkes auf der einen, Marginalisierung der Personen auf der anderen Seite. Aber die Gewichte sind durchaus nicht mehr so einseitig verteilt. Mit der Zunahme der Bevölkerung in der Kaiserzeit und der Nachfrage nach Handwerksprodukten gewinnen auch die Produzenten einen höheren sozialen Stellenwert. Freilich läßt sich über deren Platz in der sozialen Pyramide streiten; dies ist nicht nur ein Problem der Wahrnehmung, sondern der Sache selbst.

Das Handwerk, das sich aus der frühen Hauswirtschaft im Zusammenhang mit der Entwicklung von Stadt und Markt ausdifferenziert und in Rom schon früh zu den Berufszweigen der Goldschmiede, Zimmerleute, Färber, Schuster, Gerber, Schmiede und Töpfer geführt hatte (Plutarch, *Numa* 17), begleitete den Aufschwung Roms zur Metropole und prägte die kulturelle Blüte des Imperium Romanum auf seine Weise. Der Handwerker definiert sich durch sein spezielles Können; er ist *technites* bzw. *artifex* in der Verarbeitung und Veredelung von Rohstoffen (Holz, Metall, Stein, tierische Produkte), die er mit relativ einfachen Werkzeugen bearbeitet. Der Begriff Gewerbe richtet sich auf die Tätigkeitsbereiche, die berufsmäßig und zum Zwecke des Gütererwerbs ausgeübt werden: Bautätigkeit, Herstellen von Nahrungsmitteln, von Textilien, von Metallgegenständen. Der simplen Einsicht, daß jede höhere Form gesellschaftlicher Ordnung derartige Aktivitäten nötig hat, muß die Frage nach dem ökonomischen und sozialen Stellenwert der Gewerbetätigkeit folgen, die, wie Karl Bücher meint, vor allem vom jeweiligen Betriebssystem abhängig sind. Es macht einen großen Unterschied, ob jemand Textilien im eigenen Hause herstellt (Heimwerk), ob man seine Tätigkeit – als Arzt, als Barbier, als Koch – beim jeweiligen Kunden, der die benötigten Betriebsmittel bereitstellt, gegen Bezahlung (Lohnwerk) ausübt, oder ob man eine *fabrica*, eine Werkstatt, sein Eigen nennt und Eigentümer der Arbeitsmaterialien wie der benötigten Rohstoffe ist, möglicherweise auch selbst die hergestellten Gegenstände verkaufen kann.[74] In dem Vorwalten des Lohn- und Heimwerkes sahen Nationalökonomen des 19. Jhs. eine spezifische Schwachstelle des Gewerbes in der Antike, während der selbständige, selbstbewußte und organisierte Handwerker als ein Phänomen des Mittelalters galt, dem andere Handels- und Marktformen zur Verfügung standen und der somit größere wirtschaftliche Bedeutung und größeres Ansehen besaß.

Diese großflächige Unterscheidung ist so falsch nicht; aber das Dilemma der Forschung besteht darin, daß man über die Anteile der jeweiligen Gewerbeorganisationen in der römischen Kaiserzeit zu wenig weiß und sich mit dem Aufweis der vielen Erscheinungsformen vielfach begnügen muß[75], wie wir sie hauptsächlich aus den inschriftlichen Berufsbezeichnungen kennen (Tab. 7, S. 44).

Kunstvolles und Massenware

Ohne Zweifel haben dem Handwerk die Urbanisierung und Romanisierung der Provinzen in Verbindung mit der Stationierung des Militärs kräftige Entwicklungsschübe mitgegeben, die sich nicht zuletzt in einer beträchtlichen Spezialisierung ausspricht. Dies betrifft im Grunde alle Gewerbezweige, nennen wir an erster Stelle die Ton- bzw. Kera-

*Abb. 39
Karte der Zentren der
Keramikproduktion
im Westen des Imperium
Romanum.*

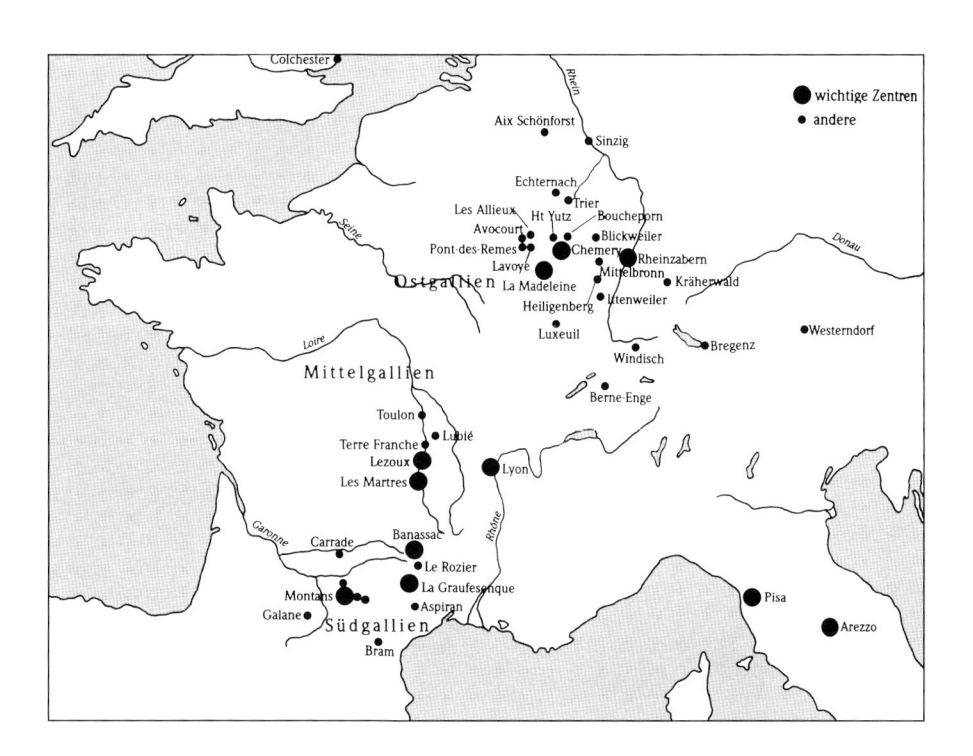

Tabelle 7

Handwerker und Berufe in der römischen Kaiserzeit

aerarius	–	Kupferschmied		
linarius	–	Leineweber		
albarius	–	Stuckarbeiter		
lorarius	–	Riemenschneider		
architectus	–	Baumeister		
marmorarius	–	Marmorarbeiter		
artifex	–	Handwerker-Künstler		
monetarius	–	Münzarbeiter		
aurarius	–	Goldschmied		
officinator	–	Werkmeister		
braccarius	–	Hersteller (und Händler) von Hosen		
pellarius	–	Kürschner		
caligarius	–	Schuhmacher		
pictor	–	Maler, Anstreicher		
carbonarius	–	Köhler oder Kohlenhändler		
pistor	–	Bäcker		
caupo	–	Schankwirt		
popinarius	–	Garkoch		
coriarius	–	Gerber		
purpurarius	–	Purpurfärber		
doliarius	–	Faßmacher (und Händler)		
sartor	–	Ausbesserungsschneider		
eborarius	–	Hersteller (und Händler)		
sericarius	–	Seidenweber (und Händler) von Gegenständen aus Elfenbein		
specularius	–	Spiegelhersteller (und Händler)		
faber	–	Handwerker		
structor	–	Maurer		
ferrarius	–	Eisenschmied		
sutor	–	Schuhmacher		
fictor	–	Bildhauer		
textor	–	Weber		
fibulus	–	Töpfer		
tignarius	–	Zimmermann		
fullo	–	Walker von Kleidern		
tonsor	–	Friseur		
infector	–	Färber		
unguentarius	–	Salbenhersteller (und Händler)		
lanarius	–	Wollhandwerker (und Händler)		
vestitor	–	Schneider		
lapidarius	–	Steinmetz		
vitrarius	–	Glashersteller		
lignarius	–	Holzarbeiter		

Auswahl aus H. von Petrikovits, Die Spezialisierung des römischen Handwerks, in: H. Jankuhn u. a., Hg., Das Handwerk in vor- und frühgeschichtlicher Zeit I, Göttingen 1981, 63 ff., weiter ZPE 43, 1981, 285 ff. Petrikovits hat insgesamt 525 lateinische Berufsbezeichnungen aufgeführt. Die Bezeichnung nach Werkstoffen – Holz, Stein, Metall, Textilien – ist vorherrschend, die Verbindung mit Handelstätigkeiten normal.

mikproduktion[76]; sie ist an das Vorkommen von geeigneter Tonerde gebunden, wie sie beispielsweise in Mittelitalien, im südlichen Frankreich und in der Rheinebene anzutreffen ist und dort zur Produktion der feinen Terra Sigillata-Waren geführt hat (Abb. 38. 39).

Kunstvolle Schalen, Töpfe, Kannen waren sehr begehrt, wie der überregionale Handel beweist. Die gewaltigen Stückzahlen (geschätzte 200 000 – 300 000 Gefäße pro Jahr in Südgallien), die mit Hilfe von Modeln bzw. Formschüsseln in gleichbleibender Qualität hergestellt wurden, lassen auf größere Betriebe schließen, die bereits in bescheidenem Umfang Arbeitsteilung praktizierten. Eine eingeritzte Töpferabrechnung aus Graufesenque listet die unterschiedlichen Gefäßtypen und die Leistungen der einzelnen Arbeiter auf, darunter die 8500 *acetabula* (Flachschüsseln) des Vorarbeiters Mansuetos, eine Gesamtsumme (*summa uxsedia*) von imposanten 33500 Stück, die nach der Fertigstellung über Gallien hinaus verkauft wurden.[77]

Massenwaren wie irdenes Gebrauchsgeschirr, Amphoren, Tonlämpchen, Ziegel jedweder Art oder tönerne Wasserröhren wurden in unterschiedlichen Betriebsformen hergestellt, teils in kleinen städtischen Werkstätten, teils in Ziegeleien im Umfeld einer *villa rustica* oder eines Militärlagers, wie wir sie etwa in der Nähe der rheinischen Stadt Neuss finden.

Neben dem Töpfer und Brenner sind auch Händler bezeugt, welche die Waren weiterverkaufen bzw. als Heereslieferanten dienen (Abb. 40).

Der Begriff des Kunsthandwerks, welches der *artifex* aus-

```
EX PRAE HORTES PAVLIN C V FIG EGNAT CLEM
      NEG VALERIO CATVLLO
```

Abb. 40 Ziegelstempel (ILS 8661 D, 2. Jh. n. Chr.). Ziegelei auf dem Landgut des Hortensius Paulinus aus dem Senatorenstand («clarissimus vir») mit Namensnennung des Töpfers («figulus») Egnatius Clemens und des Händlers («negotiator») Valerius Catullus.

*Abb. 41
Bronzeeimer als Bestattungsgefäß
für einen germanischen Krieger.
Der in Ehestorf/Vahrendorf
(Landkreis Harburg) geborgene
Eimer stammt aus einer der
Metallgießerwerkstätten von
Capua in Unteritalien. Vor seiner
Verwendung als Urne hat dieses
Metallgefäß wohl als Kochkessel im
Haus eines Germanen oder als
Mischgefäß bei einem Gelage gedient.*

übt, trifft auf die Töpfer in besonderer Weise zu, deren Produkte Massenware für den lokalen Gebrauch zu geringen Preisen ebenso umfaßt wie künstlerische Spitzenstücke, die aus anerkannten Werkstätten kommen und über weite Strecken gehandelt werden. Keramikfunde über die Grenzen des Imperium Romanum hinaus belegen die hohe Beliebtheit dieser römischen Exportwaren, die auch für andere Produkte, besonders für Metallgegenstände gilt. Das «freie Germanien» jenseits der Reichsgrenze ist dafür ein beredtes Beispiel (Abb. 41).

Metallverarbeitung bildet ohne Zweifel einen Kernbereich nicht nur des römischen Handwerkes, wie die bedeutende Stellung des Schmiedes in den Mythen vieler Kulturvölker beweist.[78] Es wird ausgeführt vom *faber*, dem «Macher» (von lat. *facere*), als *faber ferrarius, aerarius, argentarius, aurarius*, was wir normalerweise mit Eisen-, Kupfer-, Silber- und Goldschmied wiedergeben (Abb. 42a.b). Damit ist über den Umfang und die Bedeutung ihrer Tätigkeit noch nicht viel ausgesagt, und wir tun gut daran, den Berufen nicht ein modernes Profil zu unterlegen. Der heutige Goldschmied, der im

Abb. 42a.b Amoretten als Goldschmiede (Ausschnitt). Haus der Vettier, Pompeji. «Rechts der mit dem Kopf des Hephaestus geschmückte Glühofen, an dem einer mit dem Lötrohr arbeitet. Hinter dem Ofen poliert einer eine große goldene oder vergoldete Schüssel: er arbeitet mit der Rechten, während die Linke mittels eines stabartigen Gerätes die Schüssel fest an ihrem Platze hält … Weiter links hämmert einer auf einem kleinen Amboß; auch hier ist die Zartheit und Vorsicht der Arbeit trefflich zur Anschauung gebracht.» (A. Mau)

allgemeinen eine hochangesehene Profession besitzt, läßt sich mit dem römischen Vorgänger nur schwer vergleichen, der in aller Regel wohl Lohnwerker, in seltenen Fällen Handwerker im eigentlichen Sinne ist.

Der gesamten Sparte liegt naturgemäß die Verfügbarkeit über die begehrten Metalle voraus, die in Bergwerken (*metalla*) gewonnen werden. Ihre Ausbeutung[79] hatte sich auch unter kaiserlicher Direktive, die vielfach ein *procurator* vor Ort wahrnahm, nur wenig verändert. Unmittelbare Nutzung, teilweise Verpachtung, begrenzter freier Verkauf der wichtigen Rohstoffe – die große Variationsbreite

Abb. 43 Der Schmied Lucius Cornelius Atimetus und sein Freigelassener Epaphra arbeiten am Amboß. Nebenseite eines Grabaltars (CIL VI 16166).

der staatlichen Nutzung, die fiskalisch begründet war, hing auch von der Wertschätzung der Metalle ab. Metallbarren, die in unterschiedlicher Form auf uns gekommen sind, fanden über den Handel den Weg in die handwerkliche Weiterverarbeitung, die gerade im Metallbereich eine enorm weite Spezialisierung aufwies (Abb. 43): der *faber ferrarius*, der als einfacher Eisenschmied Eisenbeschläge herstellt, der Messerschmied (*cultrarius*), der seine Waren mit seinem Gehilfen in einem kleinen Laden selbst feilbietet, der *faber aciarius*, der feine Nadeln herstellt – die Liste ließe sich bequem erweitern (Abb. 44).

Abb. 44 Schlosserwerkstatt aus Aquileia. Der Schmied bei der Bearbeitung eines Eisenstückes auf dem Amboß. Zange, Hammer, Feile und Schloß als hergestellte Produkte auf der rechten, der Gehilfe mit einem Blasebalg auf der linken Seite, durch eine Schutzwand vom heißen Ofen getrennt.

Abb. 45 Das Ladenschild des Vecilius Verecundus aus Pompeji (Reg. IX 7,7). Dargestellt sind die Vorgänge der Wollkämmerei, der Färberei und schließlich des Verkaufs des fertigen Tuches durch den Ladeninhaber. Bei der aufgemalten Inschrift handelt es sich um die Wahlwerbung der Filzhersteller («quactiliarii»), die einen gewissen Vettius Firmus als Favoriten für das Amt des Ädilen nennen.

Kleindimensionierte Fachbetriebe

Wichtiger aber sind die allgemeinen Schlußfolgerungen, die sich aus diesen Beispielen herleiten: Die handwerklichen Tätigkeiten haben sich in der Kaiserzeit enorm spezialisiert; das gilt für die Metallbehandlung ebenso wie für die Leder-, Holz-, Stein- und Glasverarbeitung, für die alle eine Fülle differenzierter Berufsbezeichnungen vorliegen.

Das zweite wichtige Merkmal fassen wir in der Kombination von Produktion und Verkauf: Der Bäcker bietet seine Waren im eigenen Laden an wie der Schuster oder der Gewandschneider.

Ein bekanntes Ladenschild aus Pompeji zeigt den Ladeninhaber Marcus Vecilius Verecundus, der eine Walkerei betreibt und sich mit seinen sieben Arbeitern abbilden läßt (Abb. 45). Diese Verkaufsläden (*tabernae*) des Kleingewerbes fanden in aller Regel ihre Konzentration in bestimmten Arealen der Stadt, so wie wir auch heute noch besondere städtische Handwerksviertel ausmachen können.

In Rom waren es spezielle Stadtbereiche, *vici*, welche Handwerkerbetriebe und ihre Verkaufsbuden bündelten; zuweilen wurden die Waren in speziellen Basiliken zum Verkauf angeboten, so in Rom, wo wir eine *basilica vestilia* für Textilien oder eine *basilica argentaria* für Silberwaren kennen.[80] Hier mag es wie in anderen größeren Städten zu einer Differenzierung von Werkstatt und Verkauf gekommen sein, ohne daß dadurch das Gesamtbild wesentlich verändert wird: es herrscht der kleindimensionierte Fachbetrieb mit wenigen Hilfskräften vor, der auf manuelle Tätigkeit mit herkömmlichen Werkzeugen fußt. Nur in Ausnahmefällen kommt eine einfache Mechanik zur Anwendung, wie etwa die Säulendrehbank (Abb. 46), mit der man höchst gleichmäßige Rillen erzielen oder die Schraubenpresse in der Walkerei (Abb. 47a.b), mit deren Hilfe die Wolle verfilzt und Flüssigkeit abgepreßt werden konnte.

Freilich: was heißt in diesem Zusammenhang «klein» und was bedeutet «einfach»? Man ist zu schnell geneigt, heutige Vorstellungen und Erwartungen an vorindustrielle Produktionsweisen anzulegen und versperrt sich damit den Blick auf die spezifischen Leistungen antiker Technologie, damit auch auf den sozialen und ökonomischen Stellenwert des kaiserzeitlichen Gewerbes. Dort, wo wir wie in Pompeji und anderen Städten selbständige Handwerkerbetriebe mit eigener Werkstatt und zusätzlichen Arbeitskräften vor uns haben, wird man sehr wohl von einer städtischen Mittelschicht reden kön-

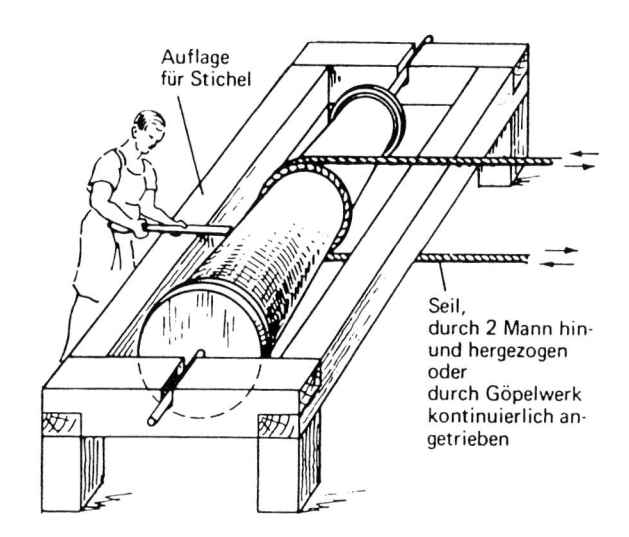

Abb. 46 Säulendrehbank, Rekonstruktion.

nen. Sie verfügte über einen bescheidenen Reichtum und ein gewisses Ansehen, wie dies vor allem die Grabmonumente nahelegen. Im bedeutenden Flottenstützpunkt Ravenna läßt sich der Schiffszimmermann Publius Longidienus beim Glätten einer Schiffsplanke darstellen (Abb. 48).

Das kleine Täfelchen mit der Aufschrift: *Publius Longidienus Publii filius ad onus properat* – Publius Longidienus, Sohn des Publius, ist eifrig bei Arbeit – unterstreicht nachdrücklich die Auffassung, daß handwerkliche Tätigkeit durchaus nichts Anrüchiges an sich hat, im Gegenteil: Sie ehrt den Mann, der sich und seine Arbeit für die Nachwelt festhält, ähnlich wie dies der Schmied, der Schuhmacher oder Seiler tut.[81] Diese Ansicht ist im handwerklichen Milieu weit verbreitet. In einer Grabinschrift aus dem rätischen Aventicum (in der Nähe des Schweizer Städtchens Thun) hält der Goldschmied Camillus Paulus die Herkunft, Kunstfertigkeit und Ehrenämter seines Vaters in der Berufsgenossenschaft der Zimmerleute fest, eines Mannes, der es als «Ausländer» und als Freigelassener in der neuen Umgebung zu etwas gebracht hatte und dies selbstbewußt demonstrierte.

«Den unterirdischen Göttern. Für Camillus Polynices, von Herkunft Lyder, vom Handwerk Goldschmied, von der Korporation der Zimmerleute, der bei ihnen alle Ehrenämter innehatte (und mit Auszeichnung geehrt worden ist), lebte 60 (+ x) Jahre, und Camillus Paulus, seinen Sohn, der denselben Beruf ausübte und derselben Korporation angehörte, der 33 Jahre lebte.» (ILS 7687, Übersetzung nach G. Walser)

Lehrlingsvertrag in der Weberlehre

Hier nun gewinnt die angebliche Kleinheit des Gewerbes festere Konturen: Die Berufsvereinigungen (*collegia, corpora*) dienten nicht allein der Geselligkeit und der gesellschaftlichen Integration, sondern vertraten offensichtlich auch wirtschaftliche Standesinteressen, sicherlich nicht mit der Nachdrücklichkeit und in der scharfen Regulierung, wie sie die mittelalterlichen Gilden bzw. Zünfte kennen.[82] Nachfolgeregelungen und damit eine gewisse gewerbliche Kontinuität sind erkennbar; diese konnte ergänzt werden durch eine qualifizierte Ausbildung, wie sie etwa für das Weberhandwerk im kaiserzeitlichen Ägypten bezeugt ist.

Aus dem ägyptischen Oxyrhynchos ist uns der Wortlaut eines Ausbildungsvertrages bekannt. Dort heißt es am Schluß: «Heraklas heißt ... dies alles gut und wird dem Lehrling das besagte Handwerk in den fünf Jahren gänzlich beibringen, wie er es selbst versteht, und die monatlichen Löhne entrichten, wie vorgesehen ab dem achten Monat des dritten Jahres.

Abb. 47a.b Tuchpresse auf einem Wandgemälde (Umzeichnung) aus Pompeji und eine erhaltene Presse in Herculaneum.

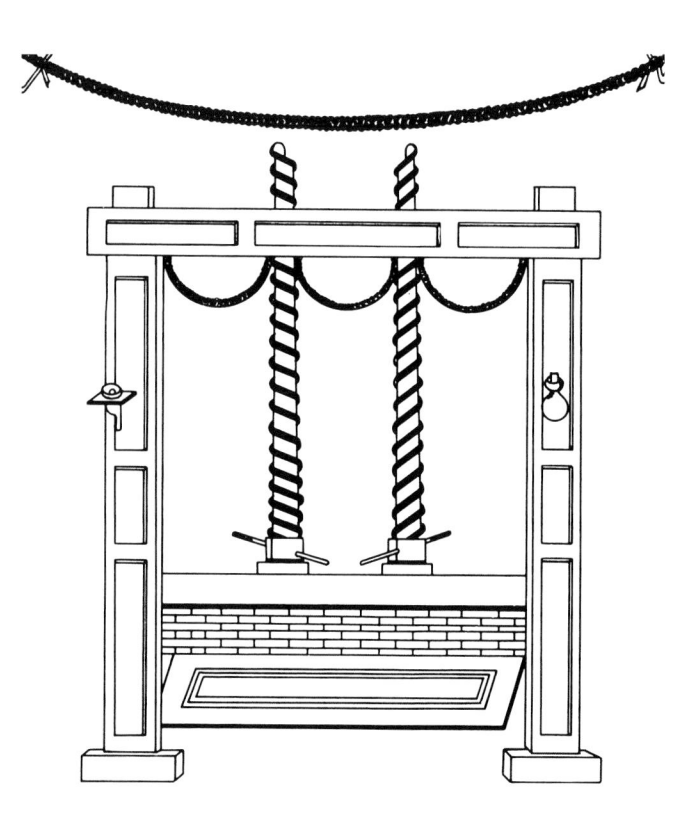

Und es soll keinem von ihnen möglich sein, gegen eine der Vereinbarungen zu verstoßen, oder der Vertragsbrüchige wird dem Vertragstreuen eine Buße von hundert Drachmen zahlen und den gleichen Betrag an die öffentliche Kasse. Der Vertrags(text) soll maßgeblich sein. Im 24. Jahr des Imperators Caesar Marcus Aurelius Commodus Antoninus Augustus Armeniacus Medicus Parthicus Sarmaticus Germanicus Maximus, am 25. Toth. (2. Hand) Ich, Heraklas, Sohn des Sarapion, der auch Leon genannt wird, habe diesen Vertrag abgeschlossen und stimme allen oben geschriebenen Vereinbarungen zu. Ich, Thonis auch Morus genannt, Sohn des Harthonis, habe für ihn geschrieben, da er nicht schreiben kann.» (P. Oxy. 4,725, 182 n. Chr.)

Die Lehrlingsverträge regeln auf einzelne Jahre verteilt die gegenseitigen Leistungen: Arbeitszeit, Freistellung, Arbeitsausfall durch Krankheit, Lohn (einschließlich «Kleidergeld»), auf der anderen Seite die Verpflichtung des Lehrherrn, sein Handwerk, die *téchne* des Webens, dem Lehrling im vollen Umfang beizubringen. Es gibt Varianten des Vertragstypes, der bezeichnenderweise auch auf Sklaven bzw. Sklavinnen Anwendung findet, die nach ihrer Fachausbildung gewinnbringend «vermietet» werden konnten.[83]

Jenseits des komplizierten juristischen Netzwerkes, welches die Gewerbeausübung in Rom und den Provinzen regulierend begleitet, wird eine hohe Professionalisierung und eine große Variabilität in der Ausnutzung der Ressourcen greifbar, welche das Material, die Werkstatt, die Personen, die Arten der Veräußerung betreffen. Dabei gewinnt das «Kleingewerbe» Anschluß an größere ökonomische Bereiche. Das Pachtsystem, das für die Terra Sigillata-Herstellung offensichtlich maßgebend gewesen ist, dürfte auch für andere Massenproduktionen Gültigkeit besessen haben (Organigramm s.u.).

Dies heißt nicht mehr und nicht weniger, daß auch die römische Oberschicht besonders in den Provinzen mittelbar an der handwerklichen Produktion und ihrer Gewinnmöglichkeit beteiligt war.[84] Einzelne Mitglieder dürften über Mittelsmänner und Verpachtung hinaus auch selbst in Gewerbeunternehmen aktiv gewesen sein. Ein anschauliches Beispiel dafür bieten die vielfältigen Szenen auf der bekannten Igeler Säule, welche Tätigkeiten und Reichtum der lokalen Großgrundbesitzerfamilie der Secundinier ins Bild setzen (Abb. 49a–d).

Mit einiger Vorsicht darf man aus dem Befund, den das Grabmal der Secundinier bietet, einige allgemeine Schlüsse ziehen. Für die heutige Forschung stellen sich die früher gern

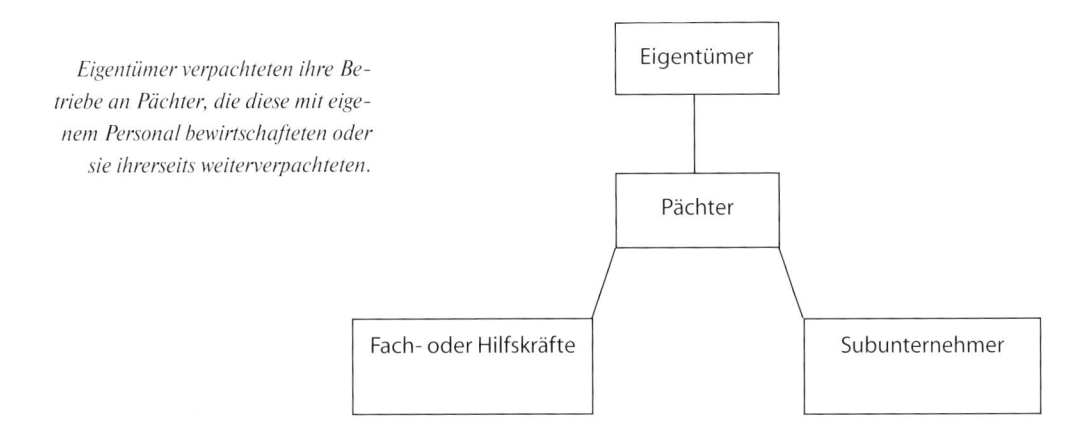

Abb. 48 Der Schiffszimmermann Publius Longidienus hatte für sich und seine Gemahlin Longidiena Stacte schon zu Lebzeiten diesen Grabstein (CIL XI 139) in Auftrag gegeben, auf dem er bei der Bearbeitung einer Spante vor einem aufgedockten Schiff zu sehen ist.

Organigramm für die Massenproduktion
(nach Drexhage 2002, 111)

Eigentümer verpachteten ihre Betriebe an Pächter, die diese mit eigenem Personal bewirtschafteten oder sie ihrerseits weiterverpachteten.

```
           Eigentümer
                |
            Pächter
            /      \
Fach- oder Hilfskräfte   Subunternehmer
```

Handwerk und Gewerbe

Abb. 49a–d Igeler Säule: Abrechnung – Verpackung – Versand. Offensichtlich geht es in der ersten Darstellung um die Prüfung und Bezahlung der Tuchprodukte, die wahrscheinlich in Heimarbeit gefertigt und sodann im Anwesen des Besitzers für den Handel und Verkauf fertiggemacht wurden. Zu Wasser und zu Lande werden sie dann außer Landes gebracht; ob Zwischenhändler oder Endabnehmer die wertvollen Waren in Empfang nahmen, läßt sich nicht mehr mit Sicherheit sagen.

als Großbetriebe apostrophierten Produktionsstätten auf dem Gebiet der Keramik, der Textilherstellung und Metallverarbeitung eher als ein Konglomerat und als eine Addition verschiedener kleinerer Arbeitseinheiten dar, die ineinander greifen und in Quantität und Qualität die Versorgung mit zum Teil hochwertigen Waren sicherten. Erst in der Spätzeit bilden sich größere staatliche Manufakturen, sog. *fabricae*, heraus, deren Arbeiter (*fabricenses*) wie Soldaten organisiert waren und vor allem für die Bedürfnisse des gewaltigen Militär- und Verwaltungsapparates Kleidung und Waffen produzierten.[85] Diese Verlagerung auf eine staatliche Wirtschaftsform mit einem erkennbaren Zwangscharakter unterscheidet sich von den ökonomischen Verhältnissen der frühen Kaiserzeit. Sie kannte zwar im Bereich der Bergwerke sehr wohl auch die staatliche Reglementierung, ließ aber daneben der freien Unternehmung sehr viel größeren Spielraum. Ein wichtiges Beispiel für eine derartige Zwischenstellung stellt die Großbäckerei eines gewissen Vergilius Eurysaces aus Rom dar, der als ehemaliger Freigelassener in der chaotischen Übergangszeit von der Republik zum Prinzipat ein erfolgreiches Versorgungsunternehmen in der Hauptstadt aufbauen konnte und sich, seine Frau und seinen Betrieb durch ein aufwendiges Grabmal zu verewigen wußte (Abb. 50). Seine Tätigkeit als Aufkäufer und als Bäcker mit staatlichen Hilfsaufgaben (ILS 7460: *pistor, redemptor, apparitor*) illustrieren die einzelnen Szenen des

Grabmals, welche die Lieferung, das Mahlen und Verbacken des Getreides festhalten, ehe es gewogen, verbucht und abtransportiert wurde.

Es waren gewiß nicht «Hunderte von Arbeitern, Sklaven und Freien», wie dies noch Michael Rostovtzeff gemeint hatte, die in derartigen Unternehmen beschäftigt waren, aber ein relativ umfänglicher und ein einträglicher Betrieb war die Bäckerei allemal, ohne daß man im einzelnen nachweisen kann, wie privater Verkauf und staatlich reglementierte Versorgung abgegrenzt waren. Wahrscheinlich ist dieser Dualismus von «freier Wirtschaft» und staatlicher Versorgung in der römischen Kaiserzeit viel weiter verbreitet gewesen, als man dies normalerweise annimmt.

Es kommt nicht von ungefähr, daß Vergilius Eurysaces, dem Cognomen nach ein Freigelassener und ehemaliger Sklave aus den östlichen Reichsteilen, seine Chance in der Metropole wahrzunehmen wußte und es zu einem ansehnlichen Gewerbebetrieb brachte. «In den römischen Freigelassenen (*liberti*) dokumentierte sich das am stärksten dynamische Element der ökonomischen und sozialen Entwicklung» (Friedrich Vittinghoff); die gesteigerten Ansprüche einer gewachsenen urbanen Bevölkerung im Hinblick auf Lebensmittelversorgung, auf Wohnung und Kleidung, wurden von dieser «Aufsteigerklasse», wie man die Freigelassenen genannt hat, gerade in den größeren Städten aufgenommen und umgesetzt, vielfach auch in Verbindung mit ihren einflußreichen Freilasserfamilien, die über ihre erfolgreichen *liberti* indirekt am gewerblichen Aufschwung partizipierten. Die Familie der Haterier, die in der frühen Kaiserzeit als Freigelassene im römischen Baugewerbe zu Reichtum und Ansehen kamen, mögen ihren Einfluß und ihre Verbindungen den senatorischen Hateriern verdankt haben, von denen es ein Mitglied zum Konsul unter dem Kaiser Claudius gebracht hatte (Abb. 51. 52).⁸⁶

Aber der ostentative Ehrgeiz dieser «Newcomer», der nicht nur im Grabkult die Usancen der Oberschicht nachahmte, darf nicht darüber hinwegtäuschen, daß Gewerbe und Handel gerade in den östlichen Reichsteilen auch von der unteren und mittleren Bürgerschicht getragen wurde, «les médiocres», wie sie Harry Pleket analog zu den Verhältnissen im Ancien régime bezeichnete. Auch wenn keine quantitativen Aussagen möglich sind, dürfen wir mit einiger Sicherheit vermuten, daß derartige Tätigkeiten weit über den Kreis der realen und ehemaligen Sklaven hinaus verbreitet waren und die kleinen Leute in Lohn und Brot setzten.

Grabinschrift eines *medicus*

«Publius Decimius Eros Merula, Freigelassener des Publius, klinischer Arzt, Chirurg, Augenarzt, Sevir Augustalis; für seine Freilassung zahlte er 50 000 Sesterzen, für das Sevirat 2000 Sesterzen an die Gemeinde(kasse); für die Aufstellung von Statuen im Tempel des Herkules stiftete er 30 000 Sesterzen, für die Pflasterung von Straßen 37 000 Sesterzen zugunsten der Gemeinde(kasse). Am Tage vor seinem Tod hinterließ er an Vermögen (mehr als) 500 000 Sesterzen ...» (ILS 7812, Übersetzung L. Schumacher)

Extensivierung, Ausdifferenzierung und Spezialisierung der Tätigkeiten, vor allem auch hohe Qualitätsstandards als Folge des handwerklichen Könnens (*téchne*, *ars*) sind prägende Elemente des kaiserzeitlichen Gewerbes, in dem nun auch die «Standortvorteile» zunehmend ökonomisches Gewicht erhielten: strapazierfähige Textilien (*saga gallica*) aus Patavium (Padua), feine Keramikwaren aus Arezzo und Südgallien, purpurgefärbte Wollgewänder aus Tyrus, Bernsteinschmuck und begehrte Metallwaren aus Aquileia. Trimalchios Meisterkoch verwendet in seiner Küche scharfe Messer aus norischem Stahl, die wahrscheinlich in einer Werkstatt zu Aquileia gefertigt wurden (Petronius 70,3). Die Reihe der Qualitätsprodukte mit einem regionalen Gütesiegel ließe sich bequem fortsetzen.[87] Den Produkten, die in einzelnen Teilen als bewundernswerte archäologische Überreste auf uns gekommen sind, sieht man in aller Regel nicht an, wieviel an gewerblichem Fleiß in ihnen gesteckt und welche Arbeitsorganisation hinter ihnen gestanden hat. Aber die Grabinschriften sprechen eine deutliche Sprache: Handwerkliche Fähigkeiten sollen öffentliche Anerkennung finden; sie sind es wert, der Nachwelt übermittelt zu werden. Dem Zimmermann (*faber tignarius*) Quintus Candidus Benignus aus dem gallischen Arelate (Arles) haben Tochter und Gattin einen ebenso aufschlußreichen wie ergreifenden Nachruf gewidmet, der Persönliches und Allgemeines in gelungener Weise vereinigt.

Abb. 50 Die Großbäckerei des M. Vergilius Eurysaces (Umzeichnung nach R. Müller, Kulturgeschichte Roms 1974, 143). Relief vom Grabmal an der Porta Maggiore in Rom. Zu sehen sind neben Verkaufs- und Kontorszenen auch Produktionsschritte wie das Mahlen des Getreides in zwei von Eseln getriebenen Rotationsmühlen (oben) der eigentliche Backvorgang (Mitte) sowie der Transport und die Verteilung der fertigen Brote (unten).

Handwerk und Gewerbe

Abb. 51 Reliefplatte vom Grabmal der Haterier an der Via Labicana in Rom (ca. 100 n. Chr., jetzt Vatikanische Museen). Ein monumentaler Grabbau und ein großer Kran verweisen auf die Leistungsstärke des Baugewerbes, in dem die Haterier tätig waren.

Handwerk und Gewerbe

Abb. 52 Umzeichnung des Hebekrans auf dem Relief vom Grabmal der Haterier (vgl. Abb. 51).

Abb. 53 Weihinschrift eines Stadtrates («decurio») und Schweinefleischhändlers («negotiator porcarius») aus Augsburg zu Ehren des göttlichen Kaiserhauses.

D. M.
Q CANDIdi BENIGNI FAB TIG C
ORP AR ARS CVI SVMMA FVIT
FABRICAE STVDIVM DOCTRIN
PVDOR QVE QVEM MAGNI
ARTIFICES SEMPER DIXSERE
MAGISTRVM DOCTIOR HOC NE
MO FVIT POTVIT QVEM VINC
ERE NEMO ORGANA QVI NOSSE
T FACERE AQVARVM AVT DVCE
RE CVRSVM HIC COVVIVA FVI
T DVLCIS NOSSET QVI PASCE
RE AMICOS INGENIO STVDIO
DOCILIS ANIMOQVE BENIG
NVS CANDIDIA QVINTINA
PATRI DVLCISSIMO ET VAL
MAXSIMINA CONIVGI KAR

«Den Göttern der Unterwelt. Quintus Candidus Benignus, Mitglied
des Kollegiums der Zimmerleute und Bauhandwerker von Arles.
Er war Bauhandwerker ersten Ranges, ein Kenner der Bautheorie
und zudem bescheiden; große Handwerker werden ihn wohl immer Meister nennen.
Keiner war gelehrter als er, keiner konnte ihn übertreffen.
Er wußte alles über Bewässerungsanlagen und Straßenbau.
Er war von milder Gemütsart und wußte seine Freunde zu unterhalten
– ein Mann von sanftem und eifrigem Charakter und ein gütiger Geist.
Candidia Quintina. Dem süßesten Vater und Valeria Maximina ihrem lieben Gatten.»[88]

Die Qualität des Gewerbes und das Profil des Menschen, die uns in diesem Zeugnis entgegentreten, sind vom einfachen Lohnwerk und vom kleinen Lohnwerker, wie dies Karl Bücher seinerzeit angenommen hatte, weit entfernt. Wir begegnen einem anerkannten Mitglied der städtischen Bürgerschaft, in dem sich handwerkliche Tüchtigkeit, gesellschaftliche Anerkennung und moralische Integrität harmonisch zusammenfanden. Nur ein virtuelles Bild, nur eine Ausnahme im sozialen und wirtschaftlichen Gefüge der Kaiserzeit? Dagegen sprechen die vielen direkten und indirekten Zeugnisse, die uns die Zivilisation der römischen Kaiserzeit erklärbar machen. Es waren Personen seines Schlages, welche der Romanisierung des Reiches von der sozialen und wirtschaftlichen Seite her die notwendige Nachhaltigkeit verliehen (Abb. 53).

Abb. 54 Schiffspassage nach Karthago auf den Mosaiken der Piazza delle Corporazioni in Ostia. Die Bauten boten Räume für Händler und Schiffsbesitzer («navicularii»); die Böden vor und in den Räumen waren mit Bodenmosaiken ausgestattet, deren Motive und Inschriften gewissermaßen als Ladenschilder dienten.

Handel und Händler

Er habe sich nie vor Männern gefürchtet, die in der Mitte ihrer Stadt Plätze anlegen, auf denen sie sich versammeln, um Eide zu schwören und sich dabei betrügen» – mit diesen verächtlichen Worten soll sich der große Kyros über die Spartaner geäußert haben, womit er laut Herodot eine auffällige Besonderheit der Hellenen auf den Begriff brachte und vom Perservolk abhob: Jene besitzen einen Markt und sind versiert im Kaufen und Verkaufen, ein Austausch, der den Persern völlig unbekannt ist (Herodot 1,153).

Trimalchio als «negotiator»

Das Händlervolk der Griechen steht in einer langen antiken Tradition, die von den Phönikern über Griechen und Italiker bis ins Römische Reich mit seinen unterschiedlichen Landschaften und Volksgruppen reichte. Sie alle versuchten, untereinander Güter auszutauschen und im Einzelfall auch auf dem Wege des Fernhandels über Luxuswaren und durch ge-

Abb. 55 Auf diesem Mosaik aus Ostia haben sich über der Darstellung eines Segelschiffes und des Leuchtturms am Hafen die «navicularii» verewigt, die mit Narbo (Narbonne) in Gallien handeln.

55

wagte Spekulation Gewinn zu machen. Es sind vor allem italische Händler (*negotiatores*), die gegen Ende der Republik den Handelsaustausch mit den östlichen Provinzen organisierten und begehrte Waren nach Italien und Rom brachten: Wein, Öl, Fisch, Holz ebenso wie Metalle und Edelsteine. Diese Handelstätigkeit nimmt durch die *Pax Romana* unter Augustus einen enormen Aufschwung. Als Prototyp eines risikofreudigen Unternehmens in der Kaiserzeit gilt der Freigelassene Trimalchio, dem der Dichter Petronius ein herrliches zeitgenössisches Denkmal gesetzt hat. Trimalchio erleidet mit seinen Geschäften zwar zunächst Schiffbruch, läßt sich aber durch den Rückschlag nicht beirren, kommt durch Handel zu Reichtum und investiert in einen umfänglichen landwirtschaftlichen Betrieb, der ihm ein aufwendiges Luxusleben ermöglicht.[89]

Abb. 56 Ein weiteres Mosaik von der Piazza delle Corporazioni (statio 25) zeigt die Umladung von Amphoren im Schiffstransport.

«Aber keiner hat nie genug. Ich habe zu Handelsgeschäften Lust bekommen. Um euch nicht lange aufzuhalten: Fünf Schiffe habe ich gebaut, Wein geladen – und damals wog er Gold auf –, nach Rom geschickt. Es war, als hätte ich es bestellt: Alle Schiffe sind gekentert, Tatsache, kein Gerede. An einem Tag hat Neptun 30 Millionen geschluckt. Denkt ihr, ich hätte schlapp gemacht? Weiß Gott, mir ist dieser Schaden egal gewesen, so wie gar nicht geschehen. Ich habe andere machen lassen, größer, und besser und einträglicher, so daß jeder mich einen dynamischen Typ (*vir fortis*) nannte. Ihr wißt, ein großes Schiff kann Großes leisten, ich habe wieder Wein geladen, Speck, Bohnen, Parfum, Sklavenware. An diesem Punkt hat Fortunata ein gutes Werk getan; nämlich ihren ganzen Schmuck, die ganze Garderobe hat sie verkauft und mir hundert Goldstücke in die Hand gedrückt. Das war die Hefe für mein Vermögen. Schnell kommt, was die Götter wollen. Mit einer einzigen Fahrt habe ich 10 Millionen zusammengehamstert. Sofort habe ich alle Grundstücke eingelöst, die meinem früheren Herrn gehört hatten. Ich baue ein Haus, kaufe Sklaven ein, Packtiere; was ich anfaßte, setzt alles an wie eine Wabe.» (Petronius 76, Übersetzung W. Ehlers)

Die satirenhafte Übertreibung darf nicht davon ablenken, daß es derartige Figuren in der Realität, daß es große Gewinnmöglichkeiten – und natürlich auch Kritik am Handel und am Händler gegeben hat.[90] Ciceros berühmtes und vielzitiertes Dictum, daß der Kleinhandel – ähnlich wie das Gewerbe – als schmutzig zu gelten hat (*mercatura, si tenuis est, sordida putanda est*) und nur der Großhandel (*mercatura magna et copiosa*) in die Lage versetzt, auf ehrenvolle und standesgemäße Weise Geld zu verdienen (Cicero, *de officiis* 1,150 f.)[91], formuliert die Vorbehalte vom philosophischen und aristokratischen Standpunkt aus. Wie repräsentativ ist das eine und das andere? Welche Schlüsse lassen sich aus den auf den ersten Blick so unterschiedlichen Quellen ziehen?

Der Handel als Austausch von Gütern mit der Aussicht auf Gewinn – nicht umsonst spricht Cicero von *mercatura*, dem die Begriffe *merces* (Ware, Verdienst) und das Verb *mereri* (verdienen, erwerben) zugrunde liegen – gilt als eine anthropologische Grundkonstante, die einfache wie entwickelte Gesellschaftsformen prägt, durchaus nicht auf den Markt beschränkt ist und ganz unterschiedlichen Leistungen, ökonomische, soziale und personale, zu transportieren vermag.[92] Wie bedeutend und umfassend diese im Verhältnis zur Landwirtschaft und zum Gewerbe waren, die Frage also nach dem ökonomischen und sozialen Stellenwert, wird man mit letzter Sicherheit nie klären können; wohl aber lassen sich anhand signifikanter Beispiele Sondierungen und Vorklärungen anstellen, die das diffuse Bild aufzuhellen vermögen.

Es leuchtet ein, daß die Stadt mit ihrer arbeitsteiligen Bevölkerung auf Warenaustausch fundamental angewiesen war und dieser sich nach Größe und Lage unterschiedlich ausprägte. Die kleinen Landstädtchen konnten den Handel mit der ländlichen Umgebung über Wochenmärkte, *nundinae*, abwickeln, die in aller Regel der behördlichen Genehmigung bedurften (Abb. 57).

Exemplarisch belegt dies das Edikt des Prokonsuls Quintus Caecilius Secundus Servilianus mit der Gewährung von Markttagen für das Dorf Mandragoreis in Kleinasien aus dem Jahre 209 n. Chr.: «Quintus Caecilius Secundus Servilianus, Prokonsul, hat verkündet: Ich wurde vorn auf dem Tribunal von Leuten, die für das Dorf von Mandragoreis Sorge tragen, angegangen. Sie baten mich, dem Ort den sog. «Markttag» dreimal für jeden Monat zu gewähren, und zwar für den 9. zu Anfang des Monats, für den 19. und 30. Sie versicherten, daß dieses Begehren niemandem Schaden brächte und auch nicht die Termine der in anderen Orten abgehaltenen Märkte beeinträchtigt würden. Weil ich auf die Fortuna unserer hochheiligen Herrscher achte, die ja wollen, daß ihr ganzer Erdkreis noch weiter befördert wird, tue ich mit diesem meinem Edikt kund, daß ich die vorhin genannten Tage zur Abhaltung von Markt und Handelstagen in Mandragoreis gewährt habe. Zum Ausklang! Es ist mein Wille.» (Nollé 1982, Nr. 1, Übersetzung nach J. Nollé 1982, 14)

Sich auf dem Markt umtun

Es waren im wahrsten Sinne des Wortes Gemischtwarenveranstaltungen, die vielen Bedürfnissen Rechnung trugen. Die Landbevölkerung konnte dort sich mit den notwendigen Haushaltsgegenständen eindecken, frische Lebensmittel, Käse, Geflügel, Gewürze kamen zum Verkauf; es gab also einen geregelten und berechenbaren, auf freier Preisgestaltung beruhenden Austausch zwischen Stadt und Land[93], wobei die dörflichen Märkte, wie sie im Osten bezeugt sind, eine Art Zwischenstellung einnehmen. Die Verbindung mit regelmäßigen Gerichtsterminen, mehr noch mit religiösen Festen, wie dies auch im Mittelalter die Regel war, machten aus den Markttagen für die Bevölkerung ein ganz besonderes Ereignis.

«Ferner finden bei euch jedes zweite Jahr die Gerichtsverhandlungen statt und locken eine unübersehbare Menschenmenge herbei, Prozessierende, Richter, Redner, leitende Beamte, Diener, Sklaven, Kuppler, Maultiertreiber, Händler, Dirnen, Handwerker. So können die Besitzer ihre Waren um einen recht hohen Preis an den Markt bringen, und nichts in der Stadt ist unbeschäftigt, weder die Zugtiere noch die Häuser noch die Frauen – und das ist kein geringer Beitrag zum allgemeinen Wohlstand. Wo nämlich die größte Menschenmenge zusammenkommt, da muß auch das meiste Geld zusammenfließen, und man kann erwarten, daß der Ort gedeiht.» (Dion Chrysostomos XXXV, 15f., Übersetzung W. Elliger)

Das *agorazein* – sich auf und im Markt umtun, Markt «machen», wie die griechische Sprache es unnachahmlich auszudrücken verstand – zielt als Medium menschlicher Kommunikation weit über den ökonomischen Austausch hinaus und prägt in dieser umfassenden Form die antike Stadt in ganz besonderer Weise. Der Markt bildet immer wieder neue Sozialverhältnisse aus, verwandelt sie in Handelsbeziehungen und schafft umgekehrt aus Handels- auch wieder Sozialbeziehungen.[94] In den Metamorphosen des Apuleius (2. Jh. n. Chr.) führen den Romanhelden Lucius seine Geschichten und Abenteuer auch auf die Märkte im hellenistischen Osten. Sein Kneipgenosse Aristomenes handelt auf griechischen Märkten mit Käse, Honig und anderen Zutaten für Wirtshäuser; im thessalischen Hypata macht ihm der Großhändler (*negotiator magnarius*) Lupus alle Gewinnaussichten zunichte (Apuleius, *Metamorphosen* I 5,2 ff.). Lucius ersteht auf dem Forum der Stadt prächtige Fische für 20 Denare und trifft einen Jugendfreund wieder, der die Marktaufsicht führt (Apuleius, *Metamorphosen* I 24,2 ff.). Er selbst steht nach seiner jämmerlichen Verwandlung in einen Esel auf dem Viehmarkt zum Verkauf, der ihn zum Eigentum schmieriger Bettelpriester der Kybele macht und ihn weiteren Abenteuern entgegenführt (Apuleius, *Metamorphosen* VIII 23,3 ff.). Der Markt als Ort der Vergesellschaftung, wie dies Max Weber formuliert hat, findet in den prächtigen Kulturskizzen des Romans eine anschauliche Bestätigung, er führt, in der Ter-

Abb. 57
Verzeichnis der Wochenmärkte in der Umgebung von Pompeji (CIL IV, 8863 an der Westwand des Geschirrladens des Zosimus).

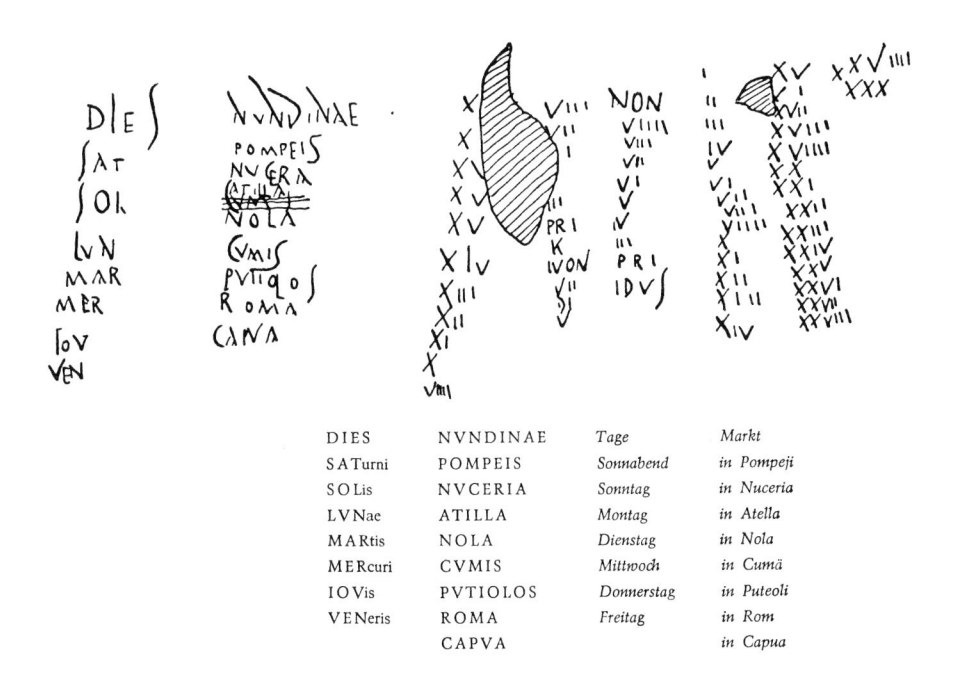

DIES	NVNDINAE	Tage	Markt
SATurni	POMPEIS	Sonnabend	in Pompeji
SOLis	NVCERIA	Sonntag	in Nuceria
LVNae	ATILLA	Montag	in Atella
MARtis	NOLA	Dienstag	in Nola
MERcuri	CVMIS	Mittwoch	in Cumä
IOVis	PVTIOLOS	Donnerstag	in Puteoli
VENeris	ROMA	Freitag	in Rom
	CAPVA		in Capua

minologie von Weber, die «Tauschreflektanten» vor, er macht mit den vielfältigen Produkten vertraut, der Markt funktioniert nicht zuletzt deshalb, weil politische Institutionen und ein rechtliches Regelwerk den Austausch kontrollier- und berechenbar machen.

Eine weitere Dimension nimmt das Marktgeschehen an, wenn sich der Handel mit der Schiffahrt verbindet und Güter wie Dienstleistungen weit über den engen nachbarschaftlichen Rahmen hinaus gehandelt werden. Hafenstädte sind von ihrer Anlage her Knotenpunkte des Handelsaustausches mit einer erheblich breiteren Infrastruktur, die nicht allein die unmittelbaren Hafenanlagen umfaßt. Ostia, sein Hafen und seine repräsentativen Handelsbüros auf der zentralen «Piazza delle Corporazioni» sind dafür eines der eindruckvollsten Beispiele, das die römische Kaiserzeit zu bieten hat (Abb. 54–56).

Ostienser Brot

Die Schiffseigner und Händler (*navicularii et negotiantes*, CIL XIV 4549, 21) besitzen ihre Verbindungen nach Afrika (Karthago, Abb. 55), nach Gallien (Narbo, Abb. 55), nach Sardinien, die Bodenmosaiken verweisen auf den Import von Getreide, von Holz, von Wein und Dattelpalmen, wie im Falle von Caesarea in Mauretanien. Den eindrucksvollen – und zur Zeit ein wenig verkommenen – Kolonnadenumgang, der mit seinen Mosaiken «a wide diversity of trades and traders» (Russell Meiggs) belegt, muß man zusammen sehen mit den gewaltigen Speicheranlagen (*horrea*), in denen nicht allein Getreide gelagert und gehandelt wurde. Die großflächigen Bauten wurden unterhalten von Berufsverbänden (*collegia*) der Händler und Gewerbetreibenden, für die der Hafen und seine vielfältigen Verbindungen die Lebensgrundlage abgab. Die «hochangesehene Körperschaft der Importeure und Weinhändler» (*corpus splendissimum importantium et negotiantium vinariorum*) besaß in Ostia ein eigenes Forum und einen Auktionator (*praeco*)[95], der die eingeführten Waren meistbietend an den Mann zu bringen hatte. Das begehrte Salz, weiterhin Öl, Fisch, Gemüse, Brot fanden über den Detailhandel ihre Abnehmer, wobei die gut erhaltenen Bäckereien den Zusammenhang von Produktion und Handel nachdrücklich unterstreichen. Sie haben ungewöhnliche Ausmaße, möglicherweise ein Hinweis darauf, daß auch nach Rom geliefert wurde, wo *panis Ostiensis*, Brot aus Ostia, im 4. Jh. n. Chr. bekannt war und seinen festen Preis hatte (Codex Theodosianus XII 19,1).

Der Handelsplatz Ostia besitzt seine Besonderheiten, die aus seiner Lage und seiner Funktion herrühren: wie an anderen zentralen Orten übernehmen Kleinhändler die Versorgung der städtischen Einwohner, regeln über Lokalmärkte den Austausch mit der ländlichen Bevölkerung. Aber der Hafen (Abb. 58) und die Versorgung der Hauptstadt mit Getreide sichern der altehrwürdigen Kolonie Roms eine überragende ökonomische Bedeutung, die sich in den Lokalitäten, dem Personal und der Umschlagsmenge der Waren mit großer Eindringlichkeit ausspricht. Nicht zuletzt war den römischen

Abb. 58
Stilisierte Ansicht des Hafens von Ostia auf einem Sesterz des Nero, 64–68 n. Chr. Oben Leuchtturm mit Neptunstatue, unten der personifizierte Tiber, im Halbkreis angeordnet die Hafenmolen mit verschiedenen Schiffstypen. Die Legende: POR(tus) OST(iensis) S(enatus) C(onsulto) AUGUSTI weist Ostia als kaiserlichen Hafen aus.

Abb. 59 Abbildung eines Getreideschiffes. Das Getreideschiff, die Isis Geminiana, wird mit Korn beladen; auf dem Heck der Kapitän Farnaces («magister»), von links Sackträger, in der Mitte mit dem Namen Abascantus wahrscheinlich der Schiffseigner («navicularius»). Fresko aus einem Grabmonument in Ostia (jetzt Vatikanische Museen, Rom).

Kaisern der Handelsplatz Ostia enorm wichtig, auf dem die Lebensmittelversorgung Roms zu einem beträchtlichen Teil ruhte.

Die *mercatores frumentarii*, die den Getreidehandel unterhielten, waren keine kleinen Leute, sie hatten wichtige städtische Ämter inne, nahmen als *patroni* die Interessen von Berufsverbänden wahr und gehörten unterschiedlichen Priesterschaften an.[96] Sie waren als Handelsleute geachtete und einflußreiche Angehörige der städtischen Oberschicht, ganz sicher ein Reflex der überragenden wirtschaftlichen und politischen Bedeutung, welche die Getreideversorgung der Hauptstadt besaß. Daß sie sich bei der konkreten Abwicklung der Handelsgeschäfte ihrer Sklaven und Freigelassenen bedient haben dürften, entspricht der zeitgenössischen Arbeitsteilung.

In diese gewaltige Wirtschaftsunternehmung, wie sie die *frumentatio* darstellt, waren nicht allein die getreideproduzierenden Länder Ägypten, Nordafrika, Sizilien mit ihrem gewaltigen Aufkommen eingebunden. Die Transportunternehmer brachten das Getreide nach Italien (Ostia und Puteoli), überwiegend auf Segelfrachtern mit einem normalen Fassungsvermögen von ca. 300–400 t (Abb. 59).

Die Betreiber der großen Speicher nahmen die Waren in Empfang und lagerten sie, um sie nach einiger Zeit weiterzuverkaufen. Die Besitzer der flachen Flußschiffe (*naves codicariae*) und der kleinen Barkassen (*lenunculi*) übernahmen den Transport über den Tiber bis zu den gewaltigen Hafenanlagen des kaiserzeitlichen Rom, dem Emporium mit seinen ausgedehnten Lagermöglichkeiten und Magazinen (Abb. 60a.b), den Horrea Galbana, Anicia und Lolliana[97], die neben Getreide auch andere Waren aufnahmen und deren Betrieb eine Vielzahl unterschiedlicher Arbeiter erforderten: *saccarii*, welche die Säcke schleppten, *horrearii* und *operarii*, gewöhnliche Speicherarbeiter, daneben die *negotiatores*, unter denen eine Fischhändlerin, die Freigelassene Aurelia Náis, (*piscatrix de horreis Galbae*), besondere Aufmerksamkeit verdient (CIL VI 9801); sie bot im Auftrag ihres Patrons an den galbanischen Getreidespeichern ihre Waren feil. In den Detailhandel waren, hier wie überall in den Städten der Antike, besonders die einfachen Frauen eingebunden.

Mit den kleinstädtischen Wochenmärkten in Kampanien, dem bedeutenden Importumschlag der Hafenstadt Ostia und dem Handelsgeschehen der Metropole Rom am Tiber lassen sich drei Dimensionen kaiserzeitlicher Ökonomie veranschaulichen, konzentrische Wirtschaftskreise, die sich in der Qualität, vor allem aber in der Quantität voneinander abhoben und die Versorgung mit Gütern und Dienstleistern zu gewährleisten versuchten. Welches Leben und Treiben muß in dieser Handels- und Versorgungszentrale der Millionenstadt geherrscht haben, von denen die stummen archäologischen Überreste nur einen unzulänglichen Eindruck zu geben vermögen! Man ist schnell bereit, der Millionenstadt Rom im ökonomischen Bereich eine singuläre Deutung zuzuerkennen. Handelsvolumen, Warenangebot, Dienstleistungen und

Handel und Händler

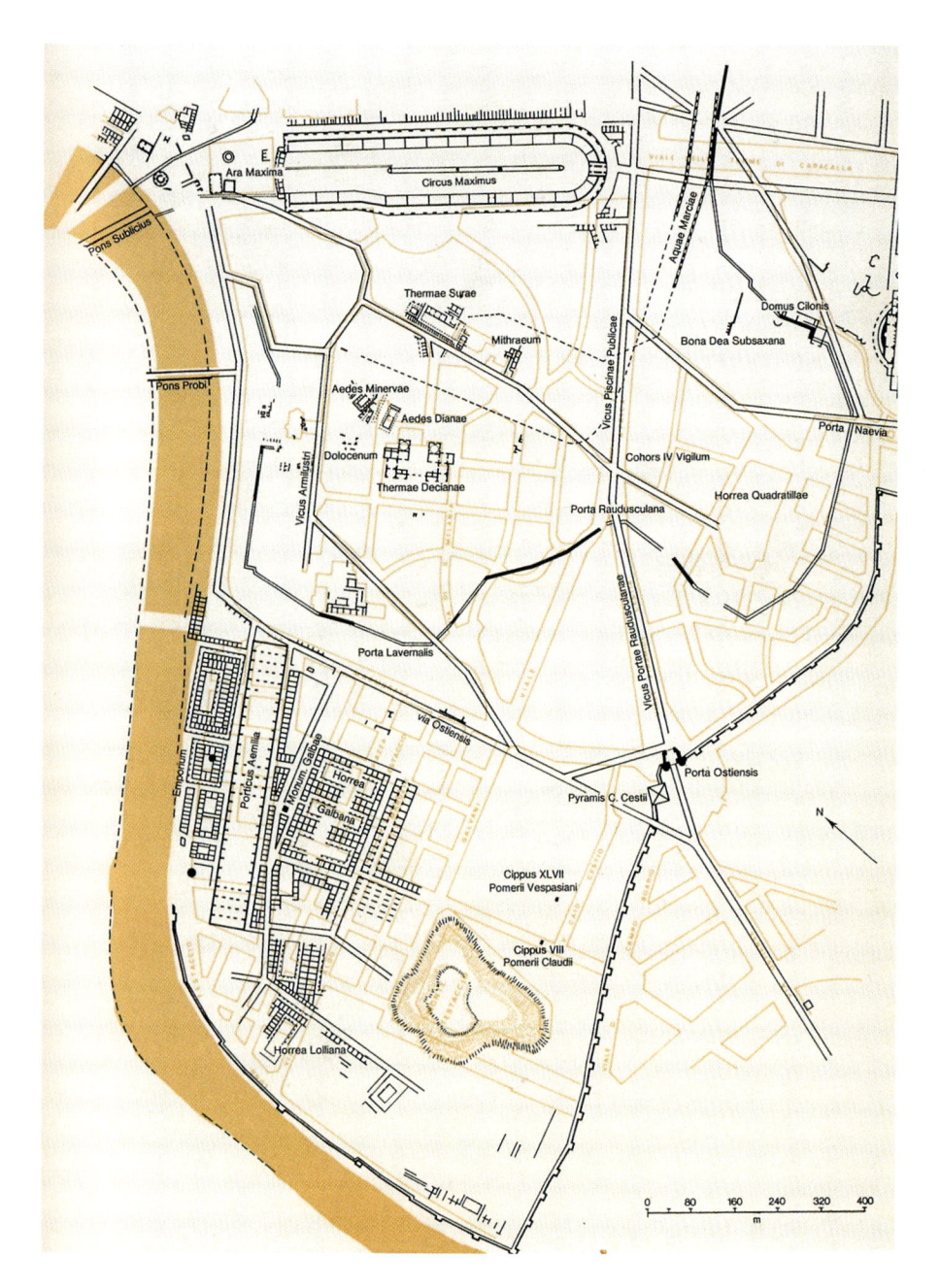

Abb. 60a   Emporium am Tiber zu Rom. Direkt in Zusammenhang mit der Hafenanlage des Emporiums mit seinen integrierten Lagerhallen sind die östlich anschließende Porticus Aemilia und verschiedene Getreidespeicher (u. a. «horrea Galbana, Lolliana») zu sehen.

Abb. 60b   Hafenanlagen des Emporiums am Tiber nördlich des Ponte Aventino. In der neuzeitlichen Ufermauer sind Eingänge zu zwei Lagerräumen und ein Treppenaufgang zu sehen.

Abb. 61 Verkaufstheke eines Gemüsehändlers auf einem Relief aus Ostia. Zwischen den Tischböcken ist ein Korb zur Aufbewahrung von Geflügel zu erkennen. Auf dem Tisch und in den Regalen ist das Warenangebot drapiert.

Geldumlauf begegnen in einer so konzentrierten Form wie sonst kaum mehr im Imperium. Dies unterstreichen neben den imponierenden Hafenanlagen die vielen Spezialmärkte, an denen die Hauptstadt so reich war (Abb. 61) und die ihren Namen von den ursprünglichen Verkaufsgütern hatten: der Rinder-, Gemüse- und Brotmarkt (*forum boarium, holitorium, pistorium*) in unmittelbarer Nähe des Tiber, der Fisch-, Schweine- und Weinmarkt (*forum piscarium, suarium, vinarium*), die sich naturgemäß bald auch anderen Waren öffneten. Die Dedikation der Geldwechsler und Händler für Septimius Severus am *forum boarium* faßt alle mit dem Handel befaßten Personen an dieser Lokalität zusammen (Abb. 62).

Verkaufsareal für Waren aller Art

Ein derartig differenziertes Warenangebot findet sich auch in anderen Städten des Imperiums, vielleicht nicht in der Dimension wie in der Hauptstadt, aber doch auch durchaus ansehnlich, wenn man die archäologischen Überreste von Städten wie Ephesos, Pergamon, Milet in Betracht zieht und an den notwendigen Warenumschlag denkt, den die Versorgung der Großstädte vom Schlage Antiocheias oder Alexandrias benötigte. Alexandria als Handelstor Ägyptens zum Mittelmeer dürfte an wirtschaftlicher Bedeutung der Hauptstadt Rom kaum nahegestanden haben.[98] Dabei haben derartige bedeutende Handelsplätze in der Kaiserzeit ihr schlichtes ursprüngliches Aussehen weit hinter sich gelassen. Die Märkte, die ihnen vielfach angeschlossenen Markthallen (*macella*) und Basiliken werden zunehmend zu Objekten architektonischer und künstlerischer Gestaltung, nicht zuletzt in Verbindung mit kommunalen und religiösen Bauwerken, wie dies das Forum in Pompeji eindrucksvoll beweist (Abb. 63).

In Rom stellen die Traiansmärkte (*mercati Traianei*) einen aufwendigen Gebäudekomplex im Anschluß an das Traianforum dar, der auf drei Stockwerken über 150 *tabernae* beher-

Abb. 62   Der sog. Argentarierbogen in einer Zeichnung aus dem frühen 17. Jh. Diesen Zugang zum Viehmarkt, dem Forum Boarium, hatten die lokalen Bankiers und Händler («argentarii et negotiantes boari huiusque loci») im Jahre 204 n. Chr. dem Kaiser Septimius Severus und seinen Familienangehörigen geweiht.

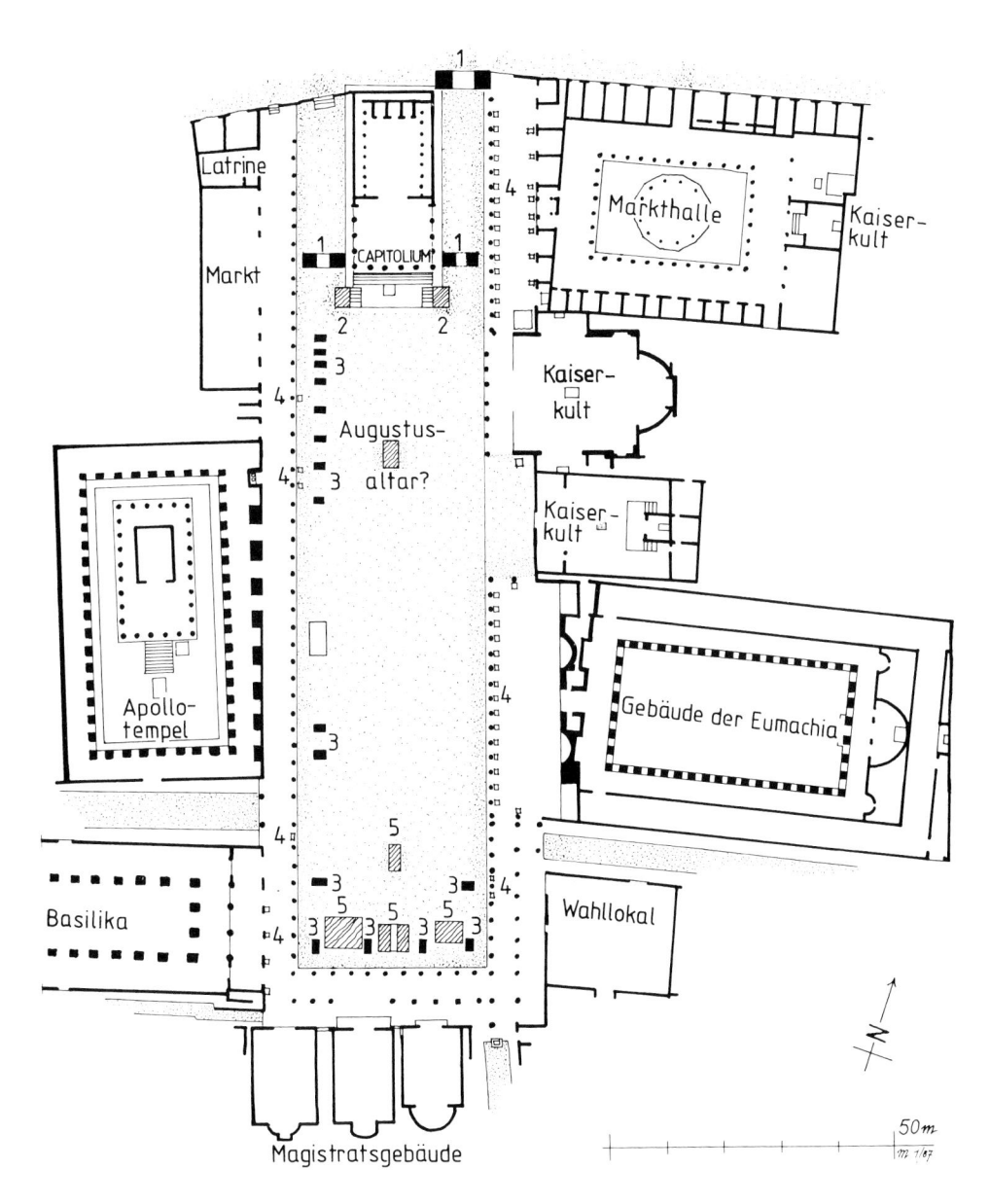

Abb. 63 Plan des Forums von Pompeji. Um das Forum herum lagen zahlreiche Bauwerke, die religiösen, ökonomischen und politischen Zwecken dienten.

bergte, daneben große Hallen, Räume mit Wasserbecken für den Verkauf von Fischen, vor allem auch Läden für Spezialgüter wie Gewürze und Tuche (Abb. 64. 65). Die mittelalterliche Straßenbezeichnung *Via biberatica* (Pfefferstraße) hat diese Funktion noch bewahrt (Abb. 66. 67).

So bildeten die Märkte ein gewaltiges Verkaufsareal für Waren aller Art; sie wurden daneben auch genutzt von kaiserlichen Kassenbeamten in der Wirtschaftsverwaltung, den *arcarii Caesariani*, welche offensichtlich die Aufgabe besaßen, die Preise für Wein-, Öl- und Getreideimport aus den Provinzen zu regulieren.[99]

Es war die Versorgung mit diesen Massengütern, die Rom zu einem Zentrum des Handels in der Alten Welt machten. Bezogen auf eine rund eine Million zählende Einwohner-

Auf der folgenden Doppelseite:

Abb. 64 Die mercati Traianei mit der nordöstlichen Exedra des Forum Traiani im Vordergrund. Diese Anfang des 2. Jhs. n. Chr. erbauten Märkte füllten den Zwischenraum zwischen den Ausläufern des Quirinals und dem eigentlichen Forum mit der Traianssäule.

schaft haben wir mit einem Import von jährlich etwa 250 000 t Getreide, 200 000 hl Öl und 1,5 Mio. hl Wein zu rechnen[100], wobei man Gemüse, Fisch und Fleisch als Handelsgüter hinzurechnen muß. Sie kamen in der Regel aus der unmittelbaren Umgebung, wurden aber auch als Delikatessen aus bestimm-

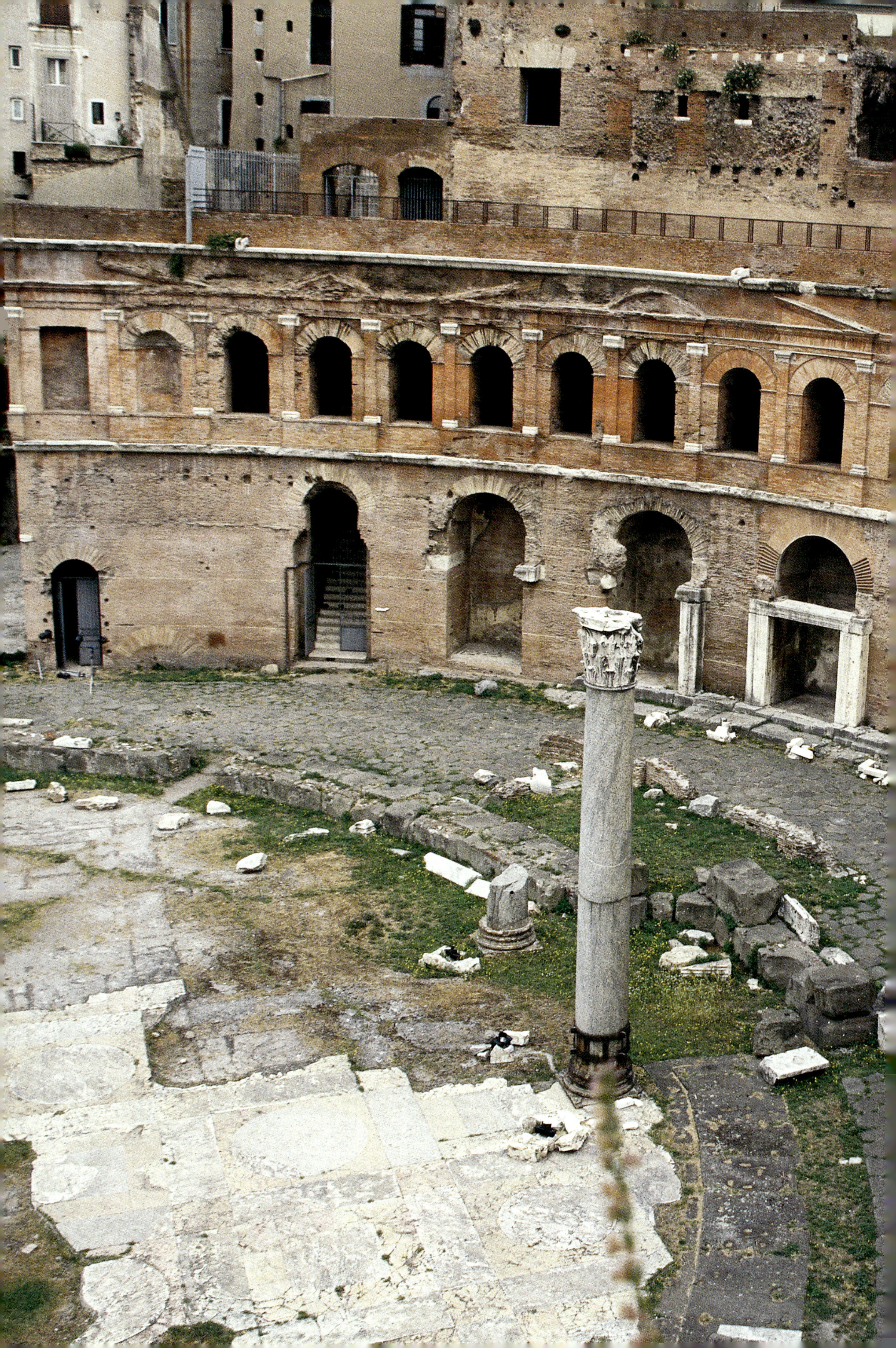

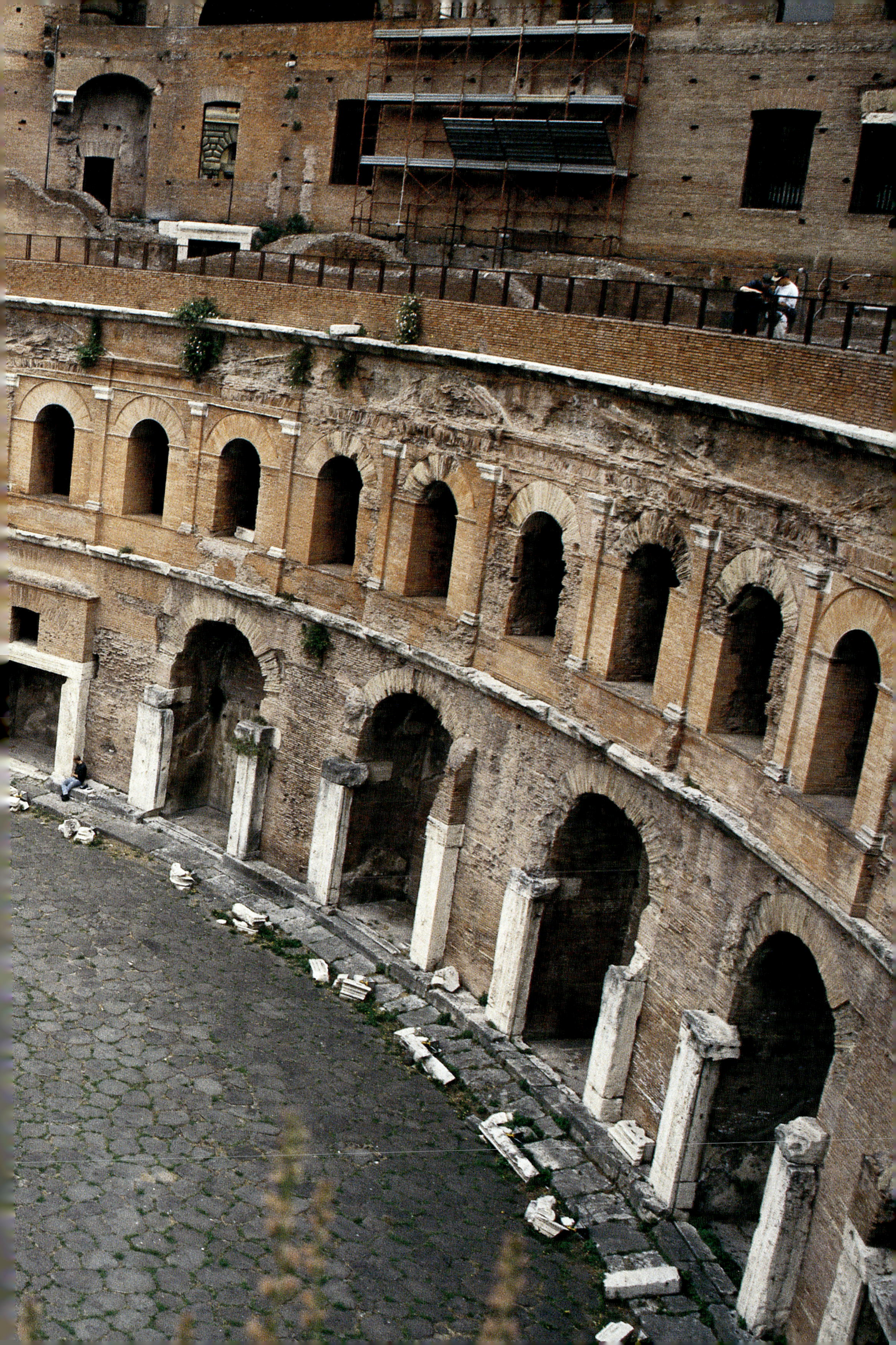

Handel und Händler

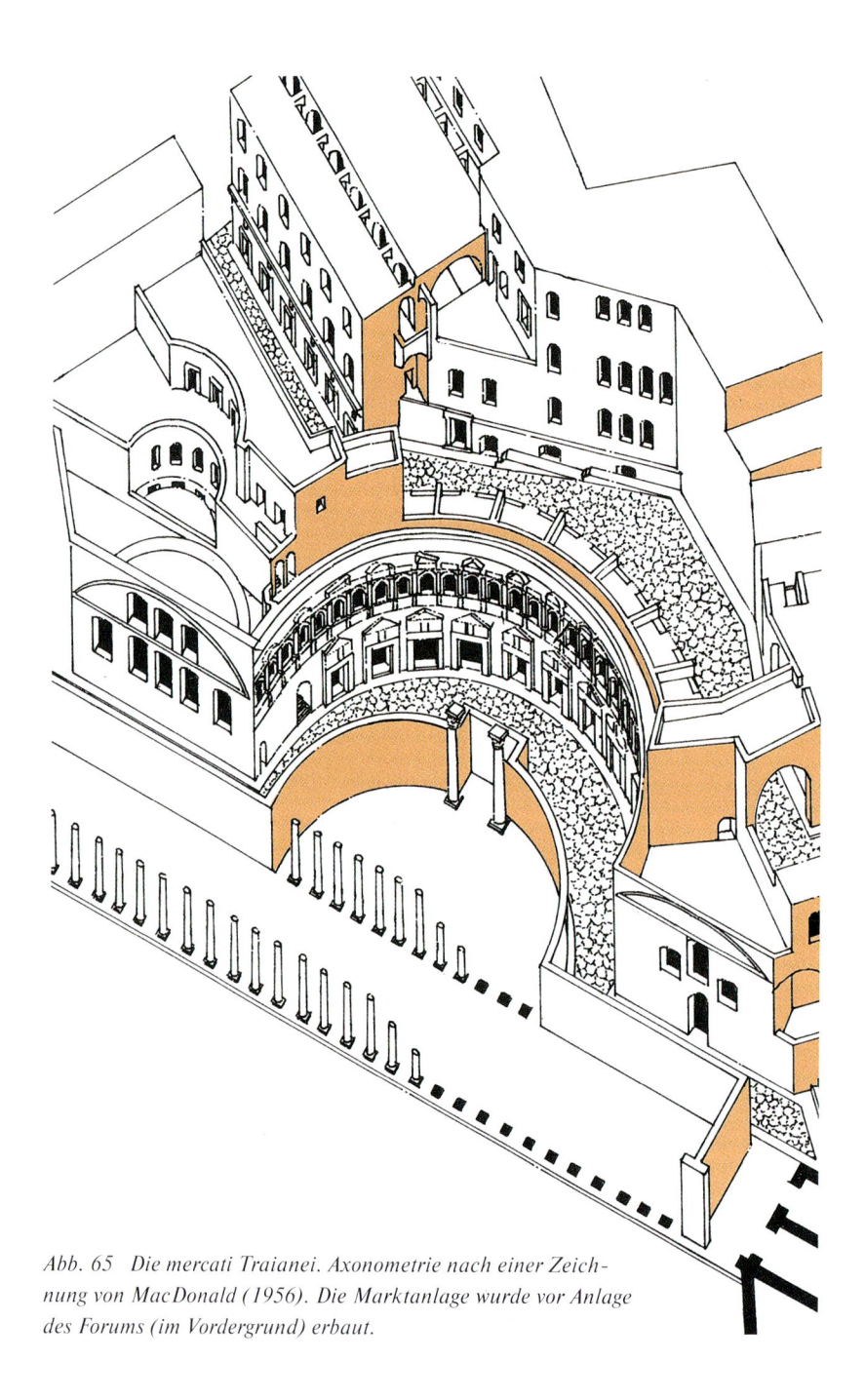

Abb. 65 Die mercati Traianei. Axonometrie nach einer Zeichnung von MacDonald (1956). Die Marktanlage wurde vor Anlage des Forums (im Vordergrund) erbaut.

ten Regionen des Imperiums herbeigeschafft. Weiße Gänse aus der Provinz Germanien waren in Rom wegen der Gänseleber und wegen ihres Federkleides geschätzt – die Daunen erzielten nach Plinius auf dem Markt 5 Denare pro Pfund (Plinius, *Naturalis historia* X 53 f.). Hinter derartigen Angaben verbergen sich ein umfangreiches Händlernetz, Transport-, Lager- und Verkaufskapazitäten, die sich in ihrem Umfang und in ihrer urbanen Verteilung nur annähernd erfassen lassen.

Zu den Massengütern gesellen sich in bescheidenerem Umfang die sog. Luxuswaren, die in der Diskussion um das Profil der kaiserzeitlichen Wirtschaft vielfach unterschätzt werden. Geringere Quantitäten, nur eine schmale Oberschicht als Konsumenten, komplizierte und gefahrvolle Transportmöglichkeiten, die den Fernhandel besonders in kriegerischen Zeiten erschweren oder gar zum Erliegen bringen – diese unterschiedlichen Einschränkungen sollen in ihrer Addition den geringen Stellenwert des Luxushandels erklären. Die Handelsgüter selbst, ihre archäologische und literarische Bezeugung, vor allem ihre hohe Wertschätzung, die sich in zum Teil astronomischen Preisen niederschlug, sprechen eine ganz andere Sprache. «Die Geschichte des Luxus ist ein wichtiger Theil der Wirtschaftsgeschichte», so hat es bereits der große Altertumswissenschaftler August Boeckh (1785–1867) gesehen.[101] Diese Erkenntnis läßt sich heute mit größerer Bestimmtheit vertreten und präzisieren.

Spitzenöl aus Italien

Dabei ist eine saubere Unterscheidung, was den Luxuswaren zuzurechnen ist und was nicht, alles andere als einfach. Luxus meint, wie dies der Nationalökonom Werner Sombart eindringlich vorgeführt hat, einen Relationsbegriff mit unvermeindlichen Unschärfen an den Rändern: Luxus ist das, was über das «Notwendige» in Qualität bzw. Qualität hinausgeht; dies kann auf römische Verhältnisse bezogen heißen: eine in die Hunderte gehende Sklavenschaft, wo vielleicht zehn genügen; erlesene Weine, kostbare Öle, teures Tafelgeschirr, die dem normalen Koch- und Essensvorgang eine besondere Bedeutung und eine luxuriöse Dimension geben.[102] Sowohl die Unschärfe wie auch die allmähliche Metamorphose vom Gebrauchs- zum Luxusgut, die «Demokratisierung des Luxus» (Max Weber) sind für die wirtschaftliche Entwicklung der römischen Kaiserzeit von erheblicher Wirkung gewesen. Wir kennen diesen Vorgang auch heute, wenn wir an die Verbreitung des Kaffees, des Champagners, der ausländischen Qualitätsweine denken, die wie viele andere Produkte den Weg zum Konsumgut gegangen sind, ohne ihre elitäre Herkunft ganz verloren zu haben. Wein, der aus bevorzugten Anbaugebieten Italiens und den Provinzen, besonders von den griechischen Inseln (Chios, Rhodos, Lesbos, Kreta) kam, wurde als Besonderheit hoch bezahlt. Die erste Pressung des Olivenöls aus Venafrum und Picenum in Italien, aus Istrien und der spanischen Baetica besaß in der römischen Küche eine hohe Wertschätzung, der Vertrieb der teuren Ware lag in den Händen von *olearii*, unter denen es respektable Großhändler gab.

«Auch durch dieses Gut hat Italien den Vorrang über den ganzen Erdkreis eingenommen, besonders auf dem Gebiet

Abb. 66 Via biberatica, allgemein als Gewürzstraße verstanden; möglich ist aber auch die Ableitung vom spätantiken «biber» (Getränk), also Getränkestraße innerhalb der mercati Traianei.

*Abb. 67
Grundriß der mercati Traianei.
1 Fassade der Märkte, eine der Exedren (Halbrundnischen) der Umfassung des Forums (7);
2 Tabernen (Läden) im Obergeschoß; 3 Gang mit angeschlossenen Läden; 4 Via biberatica;
5 Markthalle; 6 Verwaltung (?).*

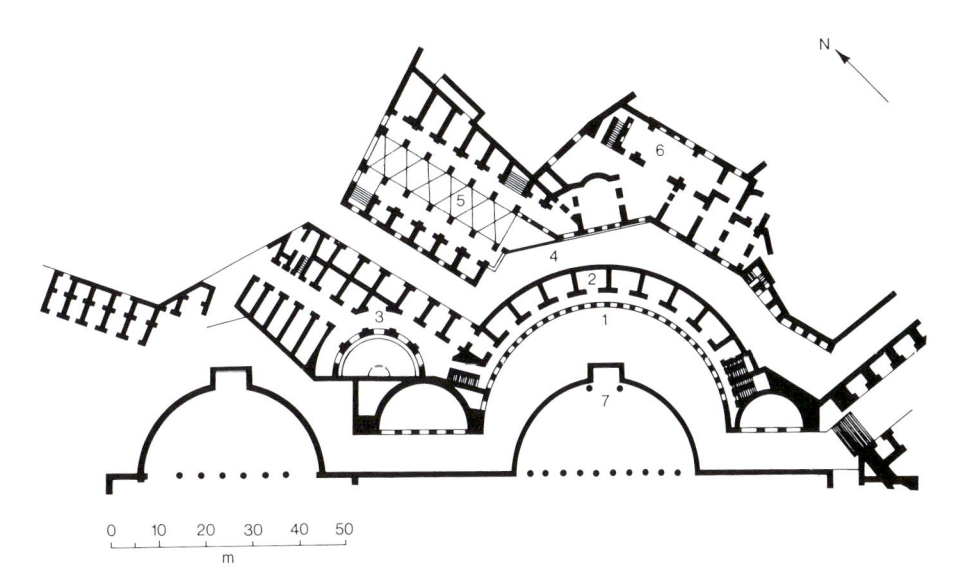

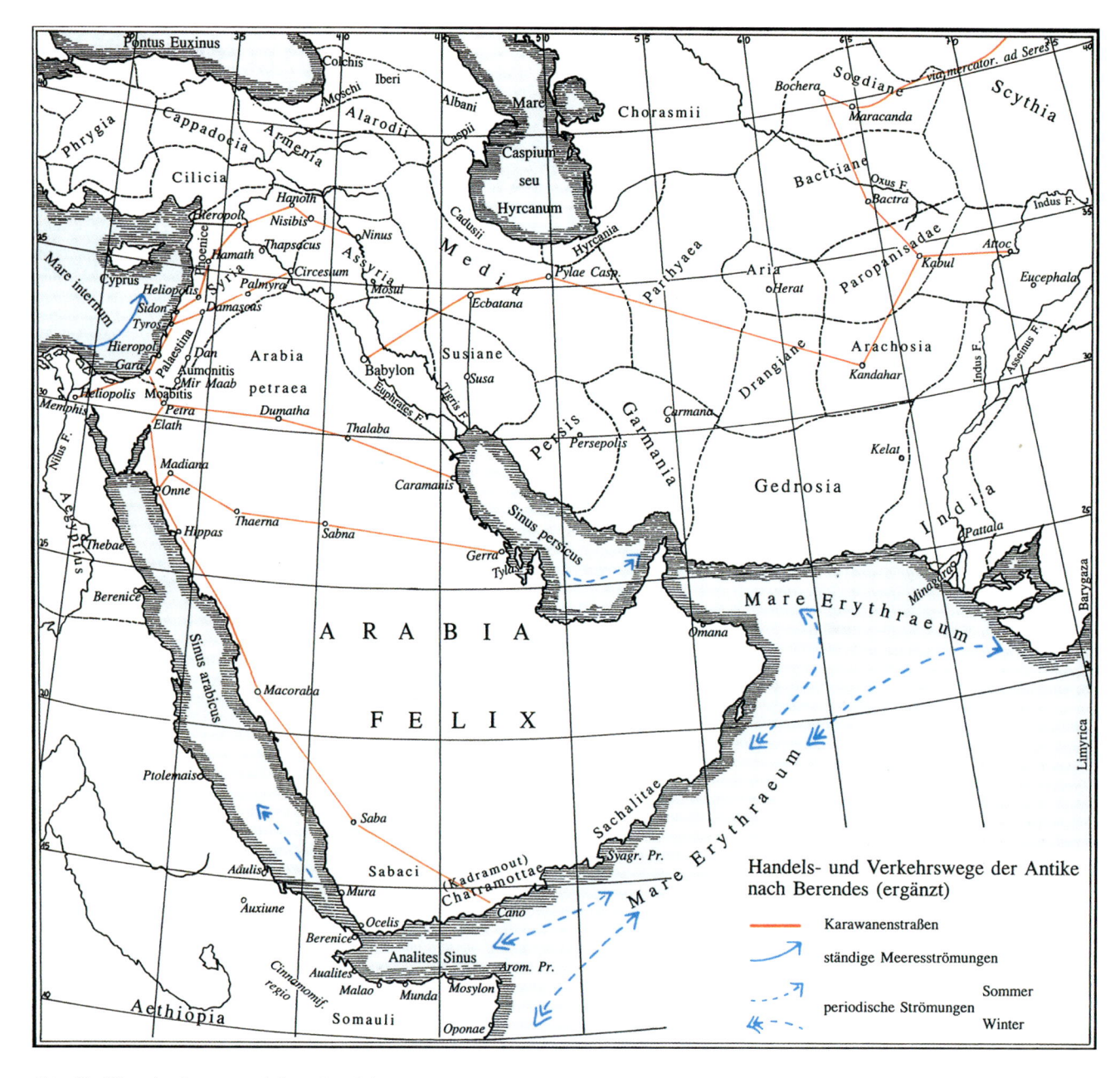

Abb. 68 Wege des Luxus- und Orienthandels.

von Venafrum und den Teil davon, der das licinianische Öl in reicher Fülle hervorbringt, weshalb auch die licianische Olive besonders geschätzt ist. Diesen Vorzug verschafften ihr die Salben, für welche ihr Duft besonders geeignet ist, und ebenso verlieh ihn der Gaumen durch sein feines Urteil.» (Plinius, *Naturali historia* XV 8, Übersetzung R. König)»

Die Tendenz zur Qualitätssteigerung und zum Luxus im Bereich der einfachen Nahrungsmittel hat geschmackliche und sozialpsychologische Hintergründe, auf die hier nicht näher einzugehen ist; sie setzt im allgemeinen eine städtische Käuferschicht voraus, die sich die Luxuswaren auch leisten konnte. Dies betrifft nun besonders die begehrten Gewürze und Aromata aus Arabien, nicht zuletzt Seidentücher und Seide als kostbarste Naturfaser der Antike. Sie kamen über die Seidenstraße aus China und fanden über Palmyra als wichtige Zwischenstation den Weg ins Imperium Romanum (Abb. 68).

Seide von betuchten Händlern

Neben Palmyra haben Berenike am Roten Meer und Petra, die Hauptstadt des Nabataerreiches und die «Königin der Weihrauchstraße»[103] als Drehscheibe des Ost-West-Handels überragende Bedeutung besessen. Dies bedeutet aber auch, daß nicht nur Luxuswaren über den beschwerlichen Landweg, vielfach mit Kamelen importiert und umgeschlagen, sondern im begrenzten Umfang auch wertvolle und kunstvolle Waren exportiert wurden: edle Weine, Gläser und feine Keramikwaren. Hinter dieser knappen Feststellung stecken tiefgehende Probleme, die aufgrund einer komplizierten Quellenlage, nicht zuletzt auf archäologischem Gebiet, leichter benannt als gelöst werden können. Sie laufen in etwa auf das hinaus, was wir heute als Problem einer ausgeglichenen Handelsbilanz ansprechen würden. Hier dürften die Verhältnisse ziemlich ungleichgewichtig gewesen sein. Verhältnismäßig deutlich greifbar dagegen ist das Profil und die Qualität der Importgüter, die in der Regel den Charakter von Rohware nicht überschritten.

Seide wurde von oft betuchten *negotiatores sericarii* (vgl. ILS 5449) in den Großstädten vertrieben; sie fand ihre Weiterverarbeitung zu Bettdecken, Polsterbezügen und vor allem zu luftigen, durchsichtigen Kleidern. Sie erfreuten sich als *Coae vestes*, als koische Seidengewänder, gerade in der römischen Halbwelt großer Beliebtheit und gewannen immens an Wert, wenn sie mit dem kostbaren Purpur gefärbt waren. Der Handel mit Purpur, dem Statussymbol der reichen Oberschicht, war ein einträgliches Geschäft (Abb. 69); ein Pfund des kostbaren Farbstoffes aus Tyros kam laut Plinius auf 1000 Denare (Plinius, *Naturalis historia* IX 137 nach Cornelius Nepos), ein Spitzenpreis der spätrepublikanischen Epoche, der in der Folgezeit aufgrund des Untermischens anderer Farbingredienzien und anderer Herkunftsorte[104] enorm unter Druck geriet. Ein spezialisierter Händler (*negotiator artis purpurariae*) findet sich im römischen Augsburg, der Hauptstadt der Provinz Raetien (ILS 7598), ein Beweis dafür, daß auch in den Gegenden weit ab vom Mittelmeer der Purpur geschätzt und gehandelt wurde.

Auch die Purpurfarbe, die erst in der Spätantike zum Vorrecht und zum Statussymbol des Kaiserhauses wurde, erfuhr in den urbanen Zentren der Kaiserzeit eine gewisse «Demokratisierung» und wurde über den Markt gehandelt. Eine ähnliche Entwicklung haben andere Pretiosen in der Kaiserzeit genommen. Weihrauch, der Harz des in Südarabien, Nordafrika und Vorderindien wachsenden Weihrauchbaumes, wegen seines mystischen Aromas hoch geschätzt im Götterkult, im Bestattungswesen und in der Medizin[105] kostete trotz schwierigen Karawanenhandels und Zollabgaben laut Plinius sechs, fünf und drei Denare das Pfund je nach Güte. Weihrauch ist damit auch für die kleinen Leute erschwinglich, wobei es nicht ausbleiben konnte, daß hier wie in anderen Fällen der reine Stoff durch minderwertige Surrogate von geschäftstüchtigen *turarii* gestreckt wurde (Plinius, *Naturalis historia* XII 65). In Rom hatten diese Händler ihre Niederlassung im tuskischen Quartier (*vicus Tuscus*) nahe dem Forum Romanum, der als *vicus turarius* Verkaufszentrum für Gewürze, vor allem auch für Pfeffer war, wie der Dichter Horaz berichtet (*Epoden* II 1, 269 f.).

Aus dem Kochbuch des Apicius

Pfeffer, dessen beste Sorten aus Indien kamen, war als Gewürz wie als Heilmittel hoch geschätzt, er durfte in der römischen Küche nicht fehlen, wie die Rezeptvorschläge im Kochbuch des Apicius beweisen. Auch hier ist der ältere Plinius unser wichtigster Gewährsmann für Qualitätsabstufungen und Preise des «Scharfmachers», der sich mit Speisen aller Geschmacksrichtungen verbinden ließ. «Pfeffer, Liebstöckel, Majoran, Raute, Silphium, Zwiebel werden mit Wein, Most, Honig, Essig und etwas Öl durchgearbeitet, durch ein Tuch getrieben und mit diesem Saft übergießt man das gekochte Fleisch.

Oder du verreibst im Mörser Pfeffer, Petersilie, Zwiebeln, Nelken mit Lake und Essig, etwas Öl und gibst heiße Brühe dazu.

Oder du verreibst Pfeffer, trockene Raute, Fenchelsamen, Zwiebel, Nelke mit Lake und Öl.» (Apicius 7, 272–274, Übersetzung W. Gollmer.)

Die Eigenschaften und Preise des Pfeffers beschreibt Plinius der Ältere folgendermaßen:

«Der lange Pfeffer wird sehr leicht mit alexandrinischem

Abb. 69 Grabstein des Purpurhändlers Gaius Pupius Amicus aus Parma. Die untere Bildhälfte zeigt links eine Spartel («spatha») zum Umrühren des Purpursaftes, verschiedene Flaschenformen, eine Waage und Schneckenpanzer.

Senf verfälscht. Man kauft das Pfund zu 15, den weißen zu sieben, den schwarzen zu vier Denaren.

Erstaunlich ist es, daß man an seiner Verwendung so sehr Gefallen gefunden hat. Denn bei einigen Gewürzen gefiel der angenehme Geschmack, bei anderen verlockte das Aussehen; der Pfeffer empfiehlt sich aber weder als Baumfrucht noch als Beere. Allein seine Schärfe gefällt und weil man ihn von den Indern herbeigeschafft! Wer war der erste, der ihn in Speisen erproben wollte, oder wem genügte nicht der Hunger, um den Appetit anzuregen? Beide Pflanzen wachsen wild in ihrer Heimat und dennoch werden sie, wie Gold oder Silber, nach dem Gewicht gekauft.» (Plinius, *Naturalis historia* XII 29, Übersetzung R. König)

Schon in republikanischer Zeit gab es für dieses Gewürz am Forum Romanum eigene Geschäftsräume, die *horrea piperataria*. Das läßt auf große Beliebtheit und auf großen Konsum schließen, der Pfeffer zu einer der begehrtesten indischen Handelswaren in der römischen Kaiserzeit machte. Bei der Belagerung Roms durch die Westgoten im Jahre 408 n. Chr. legte Alarich der Stadt eine Kontribution von 3000 Pfund indischen Pfeffers auf[106], eine gewaltige Menge, die auch als Beweis für bestehende Importmöglichkeiten und Handelswege in der Spätantike gelten darf.

Kosten des Luxus

Man muß den Handel mit Luxuswaren um wichtige Güter ergänzen, die ein prosperierendes Gewerbe nach sich zogen und gewaltige Geldsummen banden. Elfenbein, gewonnen aus den Stoßzähnen afrikanischer und indischer Elefanten, wurde an den Hafenstädten des Roten Meeres von Spezialhändlern, den *eborarii*, aufgekauft und in Werkstätten (vor allem in Alexandria) zu Schmuckkästchen, kostbaren Tischfüßen, kleine Dosen (*pyxides*), Messer- und Spiegelgriffen verarbeitet, ein Kunsthandwerk, das zur Zeit der Spätantike in den wertvollen Elfenbeindiptycha einen eindrucksvollen Höhepunkt gewinnt (Abb. 70).

Der Handel mit Elfenbein ging zuweilen einher mit dem Import von wertvollem Zitrusholz (ILS 7214) aus dem nordafrikanischen Atlasgebirge, das man in der römischen Kaiserzeit vor allem zu Luxustischen verarbeitete, deren Spitzenstücke gesucht und mit über einer Million Sesterzen gehandelt wurden. Ihr Preis entspricht damit, wie Seneca bemerkt, dem senatorischen Zensus (Seneca, *de beneficiis* VII 9,2). Der unsinnige Aufwand mit kostbaren Tischen, die *mensarum insania*, kennzeichnet den Luxusspleen der reichen Männer in Rom, dem Plinius die weibliche Sucht nach Perlen an die Seite stellt (Plinius, *Naturalis historia* XIII 91ff.; Abb. 71. 72).[107]

«Gewiß aber noch glücklicher ist das Meer Arabiens: denn es stiftet uns die Perlen und nach der niedrigsten Schätzung rauben Indien, die Seidenleute und jene Halbinseln unserem Reiche alle Jahre 100 Mio. Sesterzen. Soviel kosten uns Luxus und Frauen.» (*tanti nobis deliciae et feminae constant*, Plinius, *Naturalis historia* XII 84, Übersetzung R. König)

Perlen sind in vielen Kulturen beliebte, kostbare und faszinierende Schmuckstücke gewesen, die ihre eigentliche Verbreitung in Rom am Ende der Republik und in der frühen Kaiserzeit vor allem unter den Frauen der römischen Oberschicht gewannen (Abb. 74).[108] Die gesuchtesten Exemplare kamen über den Osthandel, über Palmyra, Petra oder Alexandria in die urbanen Zentren des Reiches, wo sie das kostbare Material für ein städtisches Kunsthandwerk und den lokalen Verkauf abgaben, die beide von den *margaritarii* betrieben wurden. Ein römischer Perlenhändler mit Namen Valerius Primus findet seine letzte Ruhestätte in Aquileia, wohin ihn seine Geschäfte geführt haben dürften (Abb. 73).

In Aquileia gewinnt auch der von den Küsten der Nord- und Ostsee stammende Bernstein seine kunstvolle Verarbeitung, ein Schmuck, der besonders im nördlichen Italien beliebt war (Abb. 75a–c). Wundersame Heilkräfte schrieb man ihm zu, und um seine Herkunft rankten sich viele Legenden: Tränen des Heliossohnes Phaeton sollen die Harzabsonderungen ursprünglich gewesen sein. So ist dem Schmuck Religiöses und Magisches nicht fremd.

Die Schattenseite

In Rom selbst war die zentrale *Via Sacra* mit der *Porticus Margaritaria* eine der bevorzugten Lokalitäten für den Schmuckhandel, wie viele epigraphische Zeugnisse beweisen. Unter ihnen ist die Grabinschrift eines gewissen Gaius Atilius Euhodus besonders aufschlußreich: Er kommt aus dem Stande der Freigelassenen, findet seine letzte Ruhestätte an der Via Appia und wird wegen seiner Barmherzigkeit, seiner Liebe für die Armen gerühmt (ILS 7602).[109] Dies sind ganz ungewöhnliche Tugenden im Umkreis der paganen, aristokratisch geprägten Wohltätigkeit, welche die Mittel vornehmlich auf Prestigeobjekte und nicht auf die Armenpflege verwandte. In dem Bereich der Sklaven- und Kinderarbeit führt uns das Grabgedicht auf einen zwölfjährigen Jungen, der sich auf die Herstellung von Goldringen und von Goldfassungen für Perlen hervorragend verstand und «die Freude seines Herrn, die willkommene Hoffnung seiner Eltern» war (*deliciumque fuit domini, spes grata parentium*, ILS 7710). Hier stößt man auf die Schattenseiten des kostbaren Luxusschmuckes, der in der Öffentlichkeit als Inkarnation eines gewaltigen Vermögens bestaunt und von Moralisten verdammt wurde. Seneca spricht entrüstet von *bina ac terna patrimonia* («zweifachen und dreifachen Erbgütern»), die an den Ohren der Frauen hängen (Seneca, *de beneficiis* VII 9,4). Die legendäre Perle, die Kleopatra in Essig auflöste, um eine *cena* mit dem mächtigen Tri-

Handel und Händler

Abb. 70   Konsulardyptichon aus Elfenbein des Kaisers Anastasius I., 517 n. Chr. Der Konsul ist links bei Tragödienspielen und rechts bei Circusspielen dargestellt. Diese Art der Dyptichen waren ein Geschenk, daß der Konsul bei Amtsantritt hochstehenden Freunden machte. Paris, Bibliothèque Nationale.

Abb. 71 Tische als Prestigeobjekte. Auf diesem pompeianischen Fresko des 1. Jhs. n. Chr. ist eine freizügige Gelageszene dargestellt. Während der Mann ein Trinkhorn in die Höhe hält, sind weitere Trinkutensilien auf einem Tisch vor der Kline abgestellt. Die Frau trägt ein beinahe durchsichtiges Seidengewand und als Kopfputz ein von Goldfäden durchwirktes Haarnetz.

Abb. 72 Nachbau eines Abstelltischchens aus der Kaiserzeit, wie es sich vielfach bei Gelageszenen findet. Die künstlerische Gestaltung der Füße aus edlem Holz oder Metall erhöht den Wert des Accessoires.

umvirn Mark Anton teuer zu machen, soll einen Wert von 10 Mio. Sesterzen gehabt haben, der Perlenschmuck der Lollia Paulina, zeitweise Gattin des exaltierten Kaisers Caligula, wurde auf 40 Mio. Sesterzen taxiert (Plinius, *Naturalis historia* IX 117 ff.) Hier laufen, wie die antiken Autoren nahelegen, nicht allein die Preise «aus dem Ruder», sondern vor allem die altrömischen Tugendvorstellungen – Einfachheit, Sparsamkeit, persönliche Bescheidenheit –, die Rom einst großgemacht haben.

Man muß freilich diese vorherrschende Sehweise der Quellen ergänzen. Derartige exzeptionelle Spitzenstücke wollen ökonomisch wie die Gipfel eines Gebirges gewertet werden: Für sich allein genommen sind sie eher Kuriosa und Beleg, was die reiche Oberschicht in Luxuswaren zu investieren bereit war. Aber sie ruhen auf einem breiten wirtschaftlichen Fundament, stimulieren den Fernhandel, ermöglichen staatliche Zolleinnahmen, wie dies der berühmte Tarif des Hafens von Alexandria aus hadrianischer Zeit für östliche Importwaren festhält. Mit der *tetarte* (25 %) werden u. a. Pfeffer, Spezereien, Baumwollgewebe, Pelzwaren, indisches Eisen, Edelsteine, Opiate, Seide, Purpur belegt (Digesten 39,4; 16,7).[110] Ein reiches Kunsthandwerk entwickelt sich vor Ort, das dort, wo die teuren Originalmaterialien nicht zur Verfügung stehen, preiswertere Imitationen bzw. Surrogate herstellt. Der Seide wird Leinen untergemischt, statt des Zitrusholzes findet das ähnlich gemaserte Wacholderholz Verwendung, statt der teuren, großen und glänzenden Perlen aus Arabien und Indien greift man auf minderwertige kleinere Exemplare, auf Glimmer und Fischschuppen zurück. Der Vorgang läßt sich mit den Begriffen Täuschung und Betrug nicht hinlänglich erfassen. Die teuren Luxuswaren ziehen vielmehr eine sekundäre Kunstproduktion nach sich, die in einem gewissen Umfang auch den Tatbestand der Demokratisierung des Luxus erfüllen, wie dies Max Weber und Werner Sombart gemeint haben.[111] Bäuerinnen in der Transpadana (Norditalien) trugen Bernsteinschmuck. Dienstmädchen benutzten Silberspiegel (Plinius, *Naturalis historia* XXXVII 44 und XXXIV 160). «Früher war Seide nur bei den Vornehmen im Gebrauch, doch jetzt verwenden sie auch ohne Unterschied die niederen Schichten» stellt der spätantike Autor Ammianus Marcellinus (XXIII 6,67) fest.

Nun sind dies lediglich Trendaussagen, die sich sozial und wirtschaftlich nicht genau festmachen lassen, aber doch wichtige Folgerungen ermöglichen. Es ist keine Frage, daß sich der Begriff des Warenluxus bequem erweitern ließe, auf wertvolle Gläser, auf Gegenstände aus Bronze, Silber und Gold, besonders aus dem gesuchten und geheimnisvollen *Corinthium aes*, offenbar einer Speziallegierung aus Edelmetallen (Abb. 76. 77), auf kostbare Teppiche (Plinius, *Naturalis historia* VIII 196) und Luxussklaven, ferner auf kostbare Ausstattungen wie Marmor- oder Mosaikböden, auf Holzverzierungen und vieles andere mehr.

Offensichtlich eröffnete die Zivilisation der römischen Kaiserzeit enorme Möglichkeiten des Luxus und der Qualitätssteigerung und machte auf vielen Gebieten erfinderisch. Sie verbreitete nicht allein in den oberen Klassen den Hang, sich mit wertvollen und teuren Accessoires zu schmücken und sich dadurch auszuzeichnen. Dieser demonstrative Konsum, *conspicuous consumption*, wie dies Thorstein Veblen vor gut 100 Jahren im Hinblick auf die amerikanische Oberschicht formulierte, hat einen florierenden Handel, ein fähiges und differenziertes Gewerbe, die in den Städten ihre festen Quartiere besaßen, und nicht zuletzt die Verfügung über bedeutende Kapitalien zur Voraussetzung. Dabei dürfte sich erst in der Kaiserzeit im Osthandel die Bezahlung mit Metallgeld anstelle des Naturaltausches durchgesetzt haben, und die Klage des älteren Plinius über den Export des Edelmetalls und den Import von in seinen Augen überflüssigen Luxuswaren

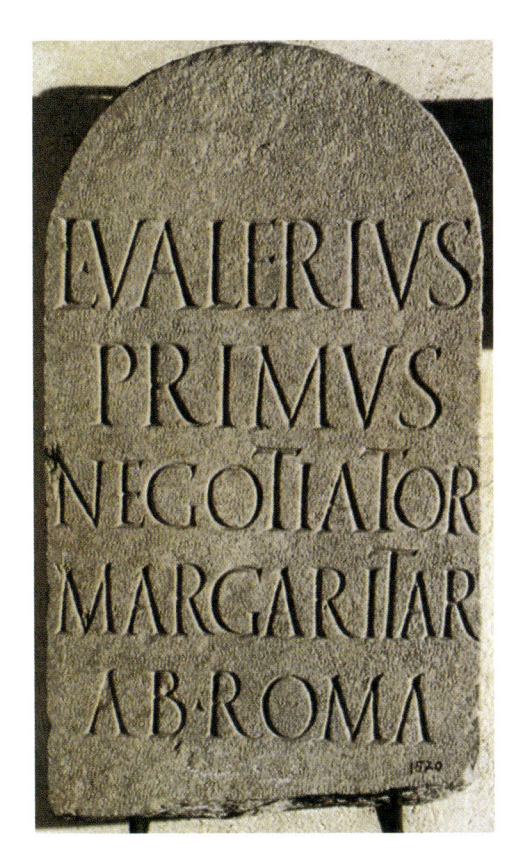

Abb. 73 Grabstein des Perlenhändlers Valerius Primus im Archäologischen Nationalmuseum von Aquileia.

Abb. 74 Mumienporträt eines Mädchens unbekannter Herkunft (Anfang des 3. Jhs. n. Chr.). Der Kranz aus Weinlaub, der die Melonenfrisur ziert, ist aus Blattgold und in Goldmalerei, ebenso wie die Schmuckbesätze ausgeführt. Bonn, Akademisches Kunstmuseum; Inv.-Nr. D 804.

Handel und Händler

a

b

c

Abb. 75a–c Bernsteinschmuck aus dem 1./2. Jh. n. Chr.: Spiegel mit Amor und Psyche auf der Rückseite (a.b) und Bernsteinblätter mit Inschriften (c). Archäologisches Nationalmuseum Aquileia.

(Plinius, *Naturalis historia* VI 26 und XII 41) erschöpft den wirtschaftlichen Tatbestand keineswegs.[112] Aber daß gewaltige Geldmengen durch den Luxushandel auf ganz unterschiedlichen Ebenen aktiviert wurden, daran kann kein Zweifel sein. Römische Münzen in Indien und entlang der Seidenstraße sind dafür ein sprechender Beleg. Eine auf Papyrus erhaltene Waren- und Zolldeklaration aus dem 2. Jh. n. Chr. führt Waren aus Indien, u. a. Narde, Elfenbein und kostbare Stoffe im Wert von 1154 Silbertalenten und 2852 Silberdrachmen auf, die nach Alexandria verschifft wurden, knapp 7 Mio. Sester-

Handel und Händler

Abb. 76 Römische Plakette aus «corinthium aes», dem «schwarzen Gold der Alchimisten» mit dekorativer Goldeinlage: Vier spielende Eroten sind von einem umlaufenden Musterband umgeben.

Handel und Händler

*Abb. 77
Zwei Bettstützen («fulcra»)
mit Satyr- und Maultierköpfen
an den Enden. Die eingelegten
kleinen Platten aus korinthischer
Bronze zeigen zwei gegenläufige
Olivenzweige.*

zen für eine einzige Schiffsladung.[113] Die zufällige Überlieferung läßt erahnen, daß der Luxusimport aus dem Osten den Wert von 100 Mio. Sesterzen, wie sie Plinius erwähnt, bei weitem übertroffen haben dürfte.

Auch ein Käufer

Luxuswaren förderten ein Handelsgeschäft auf hohem Niveau, das sich an zentralen Plätzen in der Hauptstadt etablierte und dort vielfach von Freigelassenen und Mittelsmännern betrieben wurde (ILS 7695). Die *Via Sacra* bildete, wie bereits angedeutet, ein solches Zentrum für das Gewerbe und den Handel mit Gold- und Silberwaren, mit Perlen und Gemmenschmuck. Unter den Flaviern entwickelt sich die *Saepta*, in republikanischer Zeit eine Versammlungsstätte für die Komitien auf dem Marsfeld, zu einem eleganten Basar für Luxuswaren. Die Charakteristik eines den Reichtum lediglich simulierenden Subjektes mit Namen Mamurra aus der Feder des Epigrammatikers Martial zeigt anschaulich, was in der *Saepta* alles feilgeboten wird: Junge und schöne Sklaven,

Zitrustische, Bronzen, Elfenbein- und Glasarbeiten, Perlen und Edelsteine, alles Dinge, die ein Vermögen kosten, aber von Mamurra verschmäht werden, der sich für zwei billige Becher im Wert von 12 Assen (= 3 Sesterzen) entscheidet.

«Lang und viel spazierte Mamurra umher in der Saepta,
wo das goldene Rom all seine Schätze vertreibt,
schaute die zarten Knaben sich an und verschlang sie mit Blicken,
nicht die ganz vorn zum Verkauf offen im Laden gezeigt,
nein, die in dem verborgnen Verschlag die Bude verwahrte,
welche die Masse nicht sieht oder so Leute wie ich.
War er's satt, so enthüllt' er die Platten der Tische, nach oben
wünscht er den Elfenbeinfuß glänzend vom Öle, gestellt,
maß auch das Sofa zum Tisch viermal, das belegt mit dem Schildpatt,
seufzte, für seinen Tisch sei's nicht geräumig genug,
legte die Nas an die Bronzen, ob man Korinth darin röche,
schmähte die Statuen dort, auch, Polyklet, die von dir,
klagte dann, wie das Kristall entstellt durch ein winziges Glasstück,
wählte aus Flußspat zehn Vasen und stellt' sie beiseit,

prüfte antikes Geschirr und wenn sich Kelche dort fanden,
die man überall rühmt, weil sie ein Mentor gemacht,
zählte die edelen Steine, gefaßt in Gold, das sie zieren,
und was am schneeigen Ohr klimpert mit seinem Gewicht,
suchte an jeglichem Tisch sich aus, wo ein echter Sardonyx,
für die Iaspis, die groß, setzt' er die Preise auch fest.
Ging er in elfter Stunde dann müde nach Haus, so erstand er
Für zwölf Groschen sich zwei – Töpfe und trug sie auch
selbst.» (Martial IX 59, Übersetzung R. Helm)[114]

Der Nichtsnutz und Flaneur Mamurra, der seine Zeit in den römischen Luxusläden totschlägt, ist eine Karikatur des kaiserzeitlichen Dichters, die kritisch auf den Zwiespalt von Anspruch und Wirklichkeit zielt, wobei nicht auszuschließen ist, daß es derartige Typen wirklich gegeben hat. Viel gravierender sind die Widerstände gegen den Luxus, das Gewerbe und den Handel, die im Namen altrömischer Einfachheit oder philosophisch geprägter Natürlichkeit gegen vermeintliche oder reale «Entartungen» in der römischen Gesellschaft vorgebracht werden. Daß Rom an seinem Luxus zugrunde geht, führt im Satyricon des Petronius ausgerechnet der neureiche Parvenue Trimalchio aus, der durch seinen enormen Ausstattungs- und Tafelluxus ganz offensichtlich in Konkurrenz zu den etablierten römischen Führungsschichten treten will.

Abb. 78. 79 Kostbare Gläser der Kaiserzeit, die ihren besonderen Wert durch aufgelegte farbliche Noppen und Spiralfäden bzw. durch eine besonders exquisite Farbigkeit des Glases erhalten, wie im Falle der eleganten Henkelkanne rechts. Sie stellen als Endprodukte begehrte Handelswaren dar, die vielfach aus Kleinasien, Ägypten und Italien in die germanischen Provinzen kamen.

«Rom zerbirst im breiten Schlund des Luxus.
Für deinen Gaumen zieht man im Gehege
den goldgeschweiften Pfau aus Morgenland,
für dich, für dich nur Perlhuhn und Kapaun;
…
Was brauchst du Indiens teure Perlenkugeln?
Damit im Meergeschmeid die Frau und Mutter
auf fremdem Lager frech die Beine hebt?
Wozu denn kostbares Smaragdkristall?
Was willst Du mit Karchedons Flimmersteinen?
Daß aus Rubinen Anstand blitzen soll!
Schickt sich für Ehefraun ein Hauch von Kleid,
nach feiler Dirnen Art ein Florkostüm?»
            (Petronius 55,6, Übersetzung W. Ehlers)

Luxus korrumpiert die guten Sitten, er verführt die Menschen zur Habgier; die Sucht, kostbare Dinge erwerben zu wollen, läßt sie die größten Gefahren gering achten und die bedenklichsten Wagnisse eingehen. In dem «elenden und verachteten Händler mit stinkendem Sack» (*perditus ac vilis sacci mercator olentis*, Juvenal 14,269), der kostbare Weine aus Kreta importiert, den Widrigkeiten der See trotzt und mit vollem Geldbeutel heimkehrt, sieht die zeitgenössische Kritik die Verkörperung der *avaritia*[115] der Habsucht, seit jeher ein altes Grundübel der Römer, das nun in der Kaiserzeit eine globale Dimension erhält. Und so stehen sich eine mentale Grunddisposition, die auf altrömische Einfachheit und Sparsamkeit hält, und ein an Verfeinerung, Aufwand und demonstrativem Luxus orientierter Lebensstil gegenüber, dessen Bedürfnissen sich das zeitgenössische Gewerbe und der Fernhandel annehmen. Der Historiker Tacitus hat diesen Gegensatz in einer großen Rede, die er zum Jahre 22 n. Chr. dem Kaiser Tiberius in den Mund legt, thematisiert und dabei nicht allein wichtige Verständnishilfen angeboten, sondern vor allem deutlich gemacht, daß staatliche Verbote und Auflage letztlich unwirksam bleiben (Tacitus, *Annales* III, 52–55).

«Was soll ich denn als erstes zu verhindern oder auf das in der alten Zeit übliche Maß zurückzuführen versuchen? Die grenzenlose Ausdehnung der Landgüter? Die Unzahl und das völkische Gemenge der Dienerschaften? Die Masse des Silber- und Goldgeschirrs? Die Wunderwerke aus Erz und Tafelbilder? Die von Männern und Frauen ohne Unterschied getragene Kleidung und jene besonderen Wünsche der Frauen, die dazu führen, daß um der Edelsteine willen unser Geld zu fremden oder gar feindlichen Völkern abwandert?
            (Tacitus, *Annales* III 53,4, Übersetzung E. Heller)

Folgen der Übersättigung

Die Ausdehnung Roms vom Stadtstaat zum Weltreich, die mangelnde wirtschaftliche Autarkie Italiens, das Bedürfnis, sich durch auffälligen Luxus gesellschaftlich zu profilieren, dies sind politische und soziale Entwicklungen, die das überkommene Tugendideal obsolet erscheinen lassen. Zumindest haben sich, wie dies Tacitus scharfsichtig bemerkt hat, die politischen und ökonomischen Rahmenbedingungen entscheidend gewandelt. Was Werner Sombart im Rückgriff auf einen französischen Autor des 18. Jh. über den wirtschaftlichen Stellenwert des Luxus vorgebracht hat, darf mit gewissen Einschränkungen auch für die Verhältnisse der römischen Kaiserzeit gelten:

«Der Luxus ähnelt dem Feuer, das erwärmt und verbrennt. Wenn er die reichen Häuser verschlingt, unterhält er unser Gewerbe. Wenn er das Vermögen eines Prassers aufsaugt, ernährt er unsere Arbeiter. Wenn er die Reichtümer der Wenigen verringert, vervielfacht er das Einkommen der Massen. Wenn man unsere Lyoneser Stoffe, unsere Goldwaren, unsere Teppiche, Spitzen, Spiegel, Kleinodien, Equipagen, unsere eleganten Möbel, unseren Tischluxus verachten würde, sehe ich sogleich Millionen von Händen untätig sinken; und gleichzeitig hörte ich Stimmen, die nach Brot verlangen …»[116]

Nun sind es im Imperium Romanum keine Millionen, die an den Luxuswaren ihren Lebensunterhalt verdienen, aber doch ein beträchtlicher Teil der kleinen Leute in den größeren Städten, wobei die Händler in den Provinzen häufig der gehobenen städtischen Mittelschicht zuzurechnen sind. Mit den gesundheitlichen Folgen der Übersättigung und des Essensluxus haben vor allem die Ärzte zu tun, wie Seneca bitter berichtet (Seneca, *Epistulae morales* 95,15 ff.) Es waren in erster Linie die begüterten Kreise, die den Luxusgebrauch forcierten und vielfach als Geldgeber hinter den Handelsgeschäften standen. Darüber hinaus fand der Luxus auch in einem begrenzten Maße Nachahmung und Verbreitung in den unteren Schichten; den Surrogaten und Imitationen kommt in diesem Zusammenhang eine große Bedeutung zu. Die importierten Rohstoffe wurden vor Ort veredelt, die stetige Nachfrage konnte im Einzelfall auch durchaus bedenkliche Züge annehmen: Das begehrte Zitrusholz, aus welchem die Luxustische verfertigt wurden und die Droge Silphion aus der Kyrenaika waren in der römischen Kaiserzeit kaum mehr zu haben. Daß die Geldwirtschaft von der Luxusproduktion in besonderer Weise profitierte, davon legen die Quellen ein beredtes und durchaus kontroverses Zeugnis ab: auf der einen Seite der Abfluß des Edelmetalls über die Grenzen des Imperium Romanum hinaus, auf der anderen Seite die privaten Verdienstmöglichkeiten der Händler und Handwerker, nicht zuletzt die staatlichen Einnahmen über Hafen- und Marktgebühren. Der 25%ige Einfuhrzoll im Hafen von Alexandria erbrachte, wie bereits gesagt, 1,7 Mio. Sesterzen, für eine einzige Schiffsladung eine ganz beträchtliche Summe. Ohne Frage war der Hafen von Alexandria als *megiston emporion*, als «größter Handelsplatz» des Erdkreises (Strabon XVII 1,3) und als Drehscheibe des ägyptischen Getreidehandels einer der bedeutendsten staatlichen Einnahmequellen in der Zeit

Abb. 80   Ein Meisterstück römischer Glaskunst, hergestellt in Köln, 3. Jh. n. Chr. Flachbauchige Flasche mit buntfarbigem Fadendekor, im Zentrum vier ornamentale Blätter, kreuzweise aufgelegt, mit schraffiertem, vergoldeten Blattrand. «Die Technik des Fadendekors dieser Glasflasche ist nicht mehr übertroffen worden, sie gilt zurecht als das beste Produkt dieser Gattung.» (Hansgerd Hellenkemper)

des Prinzipates[117], die man für ganz Ägypten auf jährlich ca. 250 – 300 Mio. Sesterzen geschätzt hat. Zweifellos hat der Luxushandel an diesen Einnahmen einen bedeutenden Anteil und damit einen nicht zu unterschätzenden Stellenwert im Rahmen der Gesamtwirtschaft.

So besitzt der Austausch im römischen Kaiserreich vielfältige, wichtige Funktionen: die Vernetzung von Gütern und Dienstleistungen in der Stadt, die Verbindung von Stadt und Land über die Wochenmärkte, die Versorgung mit begehrten Gütern und Luxuswaren auf dem Wege des Fernhandels. Es entstehen spezifische Händlertypen und – in Ansätzen – auch eine Händlerschicht, die über einen bescheidenen Wohlstand verfügt und dies selbstbewußt kundtut. Und nicht zuletzt begleitet den Handel, besonders den Handel mit Luxuswaren ein moralischer Diskurs, der sich an dem Verfall der alten Sitten reibt und die Frage nach einem angemessenen und glücklichen Leben angesichts enorm gewachsener Versorgungsmöglichkeiten, die das Imperium Romanum bietet, stellt. Auf diese Weise ist der Handel als wirtschaftliches Phänomen eingebunden in den politischen, sozialen und moralischen Kontext der Zeit, von dort empfängt er seine Impulse, dorthin wirkt er in seiner Weise zurück.

Abb. 81   Jesus und die Steuermünze in einem Gemälde von B. Schedoni, La moneta del fariseo, 1605 (Dom-Museum Bremen).

Geld und Geldwirtschaft

Eine erhebliche und weitreichende Bedeutung kommt der Episode um die Steuermünze in den permanenten Auseinandersetzungen zwischen dem Rabbi Jesu von Nazareth und den Pharisäern zu, über welche das Neue Testament berichtet (Abb. 81). Die bekannte Geschichte überliefern alle Synoptiker (Mt 22, 15 ff.; Lk 20,20 ff.; Mk 12,13 ff.) und lautet bei Markus folgendermaßen. Die Pharisäer, die den Rabbi in die Enge treiben wollen, stellen die Frage: ‹Ist es erlaubt, dem Kaiser Steuern zu zahlen oder nicht?› und Jesus antwortet: ‹Bringt mir einen Denar her, daß ich ihn sehe.› Da brachten sie einen. Er sprach zu ihnen: ‹Wessen ist dieses Bild und die Aufschrift?›, sie antworteten ihm: ‹Des Kaisers.› Da erwiderte Jesus: ‹Gebt dem Kaiser, was des Kaisers, und Gott, was Gottes ist.›

Reichtum und Armut

Der theologische und politische Aspekt dieses – so Leopold von Ranke – wichtigsten und folgenreichsten Jesuswortes muß hier auf sich beruhen bleiben. Für die Geldgeschichte der römischen Kaiserzeit ist es in mehrerer Hinsicht höchst aufschlußreich: Es existieren provinziale Verpflichtungen in Münzgeld, die dem Kaiser zu zahlen waren, und in denen sich die Anerkennung der römischen Herrschaft manifestierte (weshalb die Steuerakzeptanz im Judentum höchst umstritten war); die Tribute wurden in der gängigen Reichswährung, hier in der Form des Silberdenars entrichtet, der als normales Geld in der Bevölkerung kursierte; das Münzbild, das Porträt des römischen Kaisers, Symbol der politischen Autorität ist ein Garant für den Wert der Münze und verweist in einem ganz simplen Sinne darauf, wohin und wem das Geld eigentlich gehört: dem Kaiser zu Rom.[118]

Von Geld ist in den kaiserzeitlichen Quellen, wie wir gesehen haben, häufig die Rede. Die Münzen selbst sind beredte Zeugnisse der Geldwirtschaft, die in unseren Überlegungen zu den Rahmenbedingungen, zur Landwirtschaft, zu Gewerbe und Handel immer wieder angesprochen und als Medium des ökonomischen Austausches, der ökonomischen und sozialen Vernetzung zu Wort kamen. Die oft gezogene Folgerung, daß die Geldwirtschaft ein Hauptfaktor der kaiserlichen Ökonomie darstelle, übergeht in dieser pauschalisierten Form die Schwierigkeiten, das Profil und die Reichweite des Geldes – mit seinen starken zeitlichen und regionalen Schwankungen – zu bestimmen und der Monetarisierung[119], dem Entwicklungsstand der kaiserzeitlichen Geldwirtschaft, spezifische Konturen zu geben.

Es ist unbestritten, daß dabei dem Prinzipat eine entscheidende Rolle zukommt. Mit Augustus und der durch ihn repräsentierten Pax Romana beginnt das römische Währungssystem sich im gesamten Reich durchzusetzen (Abb. 82); besonders der Silberdenar gewinnt den Charakter einer faktischen Leitwährung[120], an dem sich auch die lokalen Prägungen in den Provinzen ausrichten. Einheit in Vielfalt, Flexibilität und Entwicklung machen das Profil des kaiserzeitlichen Währungssystems aus und sind Ursache für das im großen und ganzen gute Funktionieren der Geldwirtschaft.

Hinter Gold, Silber, Kupfer (bzw. Bronze und Messing) stehen nicht allein halbwegs konstante Metallwerte (etwa im Verhältnis 1:10/12:50), welche die Valenz des Münzgeldes an die Quantität und Qualität des jeweiligen Edelmetalles knüpfen, zwar nicht ausschließlich, aber doch in seinem überwie-

Abb. 82
Das römische Währungssystem im 1.–3. Jh. n. Chr.

	Gold	Silber	Messing	Messing	Kupfer	Kupfer
	aureus	denarius	sestertius	dupondius	as	quadrans
	1 =	25	100	200	400	1600
		1 =	4	8	16	64
			1 =	2	4	16
				1 =	2	8
					1 =	4

Geld und Geldwirtschaft

Abb. 83a.b Cistophor aus dem kleinasiatischen Osten, 19/18 v. Chr. mit Bild des Imperator Augustus und einem Tempel der Göttin Roma und des Kaisers Augustus auf der Rückseite.

genden Teil[121]; es ist die Orientierung am Metallwert, welche die Voraussetzung dafür bildet, daß man die globale Reichswährung und die vielfachen lokalen Prägungen, die vor allem in den kleinasiatischen Städten kursierten, gegeneinander aufrechnen konnte: der kleinasiatische Cistophor (Abb. 83a.b) zu drei Drachmen, die ägyptische Drachme zu einem römischen Sesterz, die Bronzemünze aus Pergamon (Abb. 84a.b), die auf einen römischen Sesterz gesetzt wurde. Denn das Vertrauen der Bevölkerung, daß die durch den Kaiser autorisierten Münzen in Gewicht und Feingehalt auch wirklich das darstellen, für was sie ausgegeben wurden – diese *fiducia* macht einen wesentlichen Teil der Akzeptanz des römischen Geldes aus und kompensiert bis zu einem gewissen Grade die unvermeintlichen Abweichungen (Untergewichte, Absenkung des Feingehaltes), die sich im Verlauf der Entwicklung einstellten.

In vielen Fällen büßte die Lokalprägung zudem bei der Umrechnung gegenüber der Reichsprägung an Wert ein, was wiederum für die Stärke der politischen Zentrale spricht.

Monetärer Vertrauensverlust

Diese scheinbar so festen Äquivalenzen zwischen den geprägten Edelmetallen und zwischen Reichs- und Lokalprägungen sind von verschiedenen Faktoren abhängig, von denen wir an dieser Stelle nur den einen zentralen hervorheben wollen: die Verfügung über die notwendigen Edelmetalle. Sie wurden zum einen aus den kaiserlichen Bergwerken gewonnen, den *metalla*, in Spanien und Gallien, in Noricum, Pannonien, in Britannien und vor allem seit Traian in Dakien, das über ergiebige Goldminen verfügte.[122] Es ist bezeichnend, daß die zeitweiligen Überangebote, insbesondere von Gold, den Geldmarkt zwar kurzfristig durcheinanderbrachten, die ursprünglichen Verhältnisse sich aber bald wieder einpendelten. Nach der Eroberung Galliens fiel dem Diktator Caesar so viel Gold in die Hände, daß er das Pfund für 3000 Sesterzen verkaufen ließ, ein Viertel unter dem normalen Preis. Das änderte sich bald nach der Einführung des Aureus, der auf 4000 Sesterzen taxiert wurde (Sueton, *Caesar* 54,2; Plinius, *Naturalis historia* XXXIII 47).[123] Der Staatsschatz der Ptolemäer, der im Jahre 30 v. Chr. dem Oktavian nach der Eroberung Alexandrias als Beute zufiel, vermehrte die Geldmenge in Rom enorm, verteuerte die Grundstücke und setzte den Zinsfuß für Kredite von 12 % auf 4 % (Sueton, *Augustus* 41).[124] Sueton wertet dies als persönliche Freigiebigkeit (*liberalitas*), die im Verbund mit anderen Ausgaben den Prinzeps und seine Alleinherrschaft sichern und akzeptabel machen sollte. Aber diese Politik «*of extreme openhandedness*» (Richard Duncan-Jones) tangierte nicht das Währungssystem als solches, ähnlich wie auch der Geldüberfluß anläßlich der Belagerung und der Eroberung Jerusalems im Jahre 70 n. Chr., durch den der Wert des Aureus auf gut die Hälfte fiel (statt 25 nur 12 Denare, Flavius Josephus, *Antiquitates Iudicae* V 13,4) und eher eine regionale Turbulenz darstellt. Und auch die enorme

Abb. 84a.b Pergamenische Bronze, 214–217 n. Chr. Anlaß war die Verleihung der dritten Neokorie, eines städtischen Ehrentitels im Dienste des Kaiserkultes (Umzeichnung nach Nollé 1994, 35).

Ausgabe von Aurei durch Traian nach der Übernahme der dakischen Goldminen bewegt sich im großen und ganzen noch innerhalb der gezogenen Währungsgrenzen (Abb. 85. 86).[125] Erst die inflationäre Entwicklung des 3. Jhs. n. Chr., die ihren drastischen Ausdruck in der Abwertung des Silbergeldes (der Denar und seit Caracalla der sog. Antoninianus, das 2- bzw. 1-Denarstück) fand (Abb. 87), und, verbunden damit, die Gewichtsreduktion des Aureus, geben dem Geldsystem des Prinzipates den Todesstoß, dem durch Diokletian und Konstantin im Übergang vom 3. zum 4. Jh. n. Chr. ein erneuertes Fundament gegeben wird. Diese realen Abwertungen provozieren einen monetären Vertrauensverlust im späten 3. Jh. n. Chr., der mit der Herrschaftskrise im Zeichen der Soldatenkaiser in einem untergründigen Zusammenhang steht. Geldwirtschaft und Politik stützen und schwächen sich gegenseitig – für diese Interdependenz bietet die römische Kaiserzeit ein anschauliches Zeugnis.

«Gebt dem Kaiser, was des Kaisers ist» – das Jesuwort läßt sich für unsere Zwecke erweitern auf die Einkünfte generell, die dem römischen Prinzeps nicht nur aus den Provinzen zuflossen. Jeder Kenner der Materie kennt die Schwierigkeiten, die sich hinter dem Vorhaben auftürmen, Einnahmen und Ausgaben des römischen Prinzipates, das, was man modern den Staatshaushalt nennt, einigermaßen zutreffend darzustellen und angemessen zu interpretieren.[126] Was man anhand der Überlieferung greift, ist ein Flickenteppich mit vielen Löchern und der prinzipiellen Unsicherheit, wie groß die einzelnen Flicken denn wirklich sind. Daß die Provinzen als römische Eroberungen regelmäßige Abgaben zu zahlen hatten, die als Grund- und Personensteuern unter wechselnden Bezeichnungen (*stipendia, tributa, vectigalia*) zu entrichten waren, bedeutete seit republikanischen Tagen eine generelle Erwartung und ein Faktum, welches sich bei der konkreten Durchführung von Provinz zu Provinz zwar erheblich unterscheiden konnte, aber als solches nicht strittig war. Die Höhe der Belastungen konnte für die Provinzialen ein Problem werden; dies beweist das bekannte Bonmot des Kaisers Tiberius, der den Provinzialstatthaltern, die auf eine Erhöhung der Tribute drängten, den Bescheid gab, es sei die Aufgabe eines guten Hirten, die Schafe zu scheren, ihnen aber nicht das Fell über die Ohren zu ziehen (*boni pastoris esse, tondere pecus, non deglubere*, Sueton, *Tiberius* 32,2).

«Geschenke» an den Kaiser

Dieses bemerkenswerte Bekenntnis zum Maßhalten im Hinblick auf die provinziale Ausbeutung darf man sicher nicht verallgemeinern. Es verträgt sich sehr wohl mit einer kontinuierlichen Erweiterung der Einnahmen, die Zollabgaben, Marktgebühren, Erbschafts-, Freilassungs- und Verkaufssteuern umfassen und einen effektiven Verwaltungsapparat erforderten. Von besonderer Bedeutung waren die Einnahmen von den kaiserlichen Domanialgütern und den Bergwer-

Geld und Geldwirtschaft

Abb. 85a.b
Denar und Aureus Traians: Die Eroberung Dakiens und Parthiens. Die neuen Eroberungen römischer Kaiser wurden in der Münzpropaganda aufgegriffen, um die Sieghaftigkeit des Kaisers zu betonen. Dieser Denar Traians thematisiert die Einnahme Dakiens. Die Beischrift DAC(ia) CAP(ta) wird durch eine gefesselte Gestalt, die personifizierte Dacia, illustriert, die auf erbeuteten Waffen lagert.

Abb. 86a.b
Auf diesem Aureus Traians sind besiegte Parther unter einem «tropaion» dargestellt, ergänzt durch die Legende PARTHIA CAPTA.

ken, den Steinbrüchen und Grundbesitzungen, die zum Teil verpachtet waren. Hinzu kamen Zuwendungen an den Prinzeps und außerordentliche Geldgeschenke (*aurum coronarium*) der Städte, die später den Charakter einer Zwangsabgabe annahmen.

«Merkwürdig ist allein bei diesen Gruben, daß sie sich, wenn sie aufgelassen wurden, reichlicher wieder erholen. Anscheinend wird dies von der in die erweiterten Luftlöcher bis zur Sättigung einströmenden Luft bewirkt, gleich wie auch Fehlgeburten manche Frauen fruchtbarer zu machen scheint. Kürzlich hat man dies in der Baetica in der samariensischen Grube festgestellt, die gewöhnlich zu 200 000 Denaren pro Jahr verpachtet war, nachdem sie stillgelegt war,

aber zu 255 000 Denaren verpachtet wurde. Auf ähnliche Weise erreichte die antonianische Grube in derselben Provinz von einer gleichen Pacht 400 000 Sesterzen Einkünfte.» (Plinius, *Naturalis historia* XXXIV 164 f., Übersetzung R. König)

All diese «Geschenke» zielten in erster Linie nicht auf den Staat. Neben dem Prinzeps als öffentlicher Instanz, als *persona publica*, fungierte der Herrscher gleichsam als Privatperson mit eigenen Einkünften und einem speziellen Konto (dem sog. *patrimonium Caesaris*), das neben den staatlichen Kassen (*aerarium* und *fiscus*) existierte und die persönlichen Gelder verwaltetete. Wo der Staatsmann aufhörte und der Privatmann anfing, wenn es um Einnehmen und um Bezahlen ging – das war gerade zu Beginn des Prinzipates eine delikate Frage, die im Einzelfall weitreichende Folgen nach sich ziehen konnte. Augustus gibt sich in seinem großen Tatenbericht den Anschein, daß die bedeutenden Geldgeschenke aus seinem Privatvermögen stammen. Tiberius erläßt im Jahre 17 n. Chr. den durch Erdbeben geschädigten Städten Asiens auf 5 Jahre die Steuern, die an die staatlichen Kassen (*fiscus* und *aerarium*) zu zahlen waren und legt 10 Mio. Sesterzen dazu, was Tacitus als persönliche Freigebigkeit des Kaisers wertet (Tacitus, *Annales* II 47,2).[127] In dem Maße, in dem der Prinzipat im Verlaufe des 1. Jhs. n. Chr. festere Konturen erhält, wuchs jenseits aller feinen juristischen und politischen Unterschiede in der Öffentlichkeit die Überzeugung, daß der Kaiser letztlich über alle Kassen und Einkünfte verfügen konnte.[128] Wie gewaltig diese Summen waren, die jährlich zur Verfügung standen, lehren die Schätzungen, die der amerikanische Wirt-

Die Zahlen sind wahrscheinlich zu hoch gegriffen, während die überschlägige Berechnung von Richard Duncan-Jones eher zu niedrig erscheint. In beiden Fällen aber bekommt die nebulöse Vorstellung, der Kaiser in Rom verfügte über gewaltige Geldsummen, festere Konturen[129]; zugleich wird das Profil der kaiserzeitlichen Geldwirtschaft plastischer. Denn zum einen müssen die Abgaben in den Provinzen erwirtschaftet werden, muß Finanzvermögen in den Städten und in den Händen einzelner vorhanden gewesen sein, ehe es den Weg in die kaiserlichen Kassen nahm; zum anderen werden die Gelder nach bestimmten Interessensgesichtspunkten wieder um- bzw. «zurückverteilt», so daß die Akteure über diese Redistribution ihrerseits in den Geldkreislauf eingebunden wurden. Dies ist ein erster wichtiger Hinweis auf den Grad der Monetarisierung im Imperium Romanum.

Der Begriff der Redistribution ist vor allem durch den Öko-

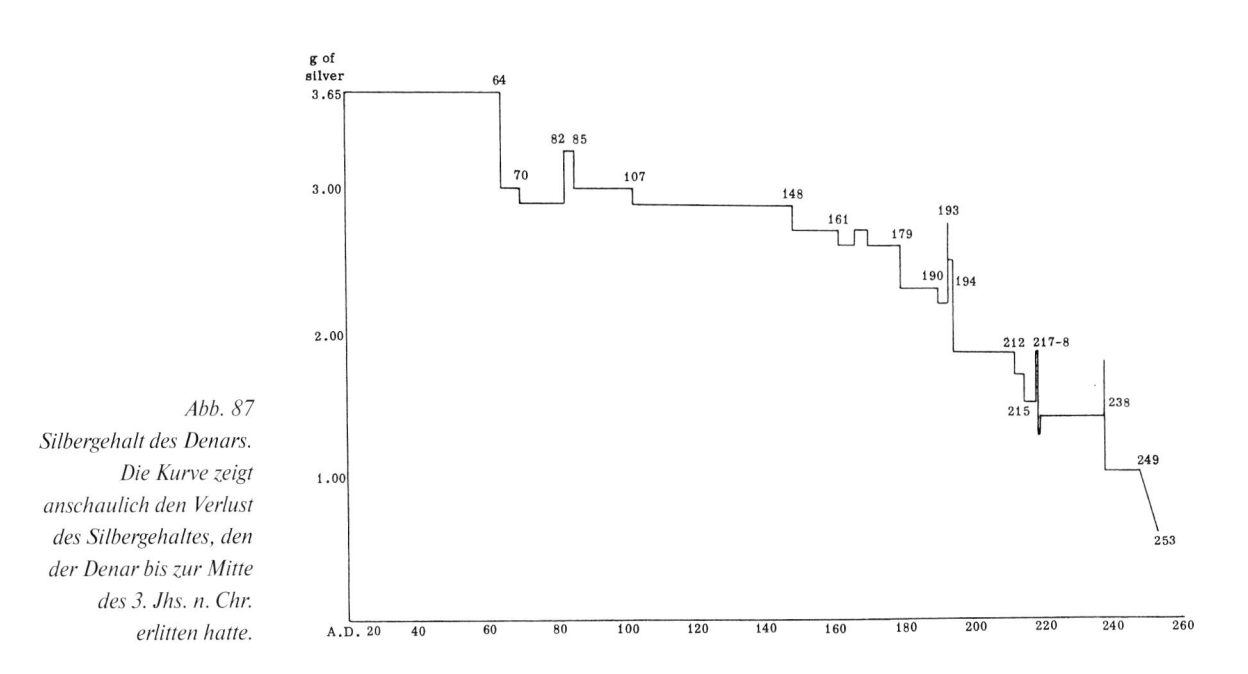

*Abb. 87
Silbergehalt des Denars.
Die Kurve zeigt
anschaulich den Verlust
des Silbergehaltes, den
der Denar bis zur Mitte
des 3. Jhs. n. Chr.
erlitten hatte.*

schaftshistoriker Tenny Frank vor rund 70 Jahren für die Zeit des Vespasian angestellt hat. Er bezifferte die Einnahmen auf über 1,2 Milliarden Sesterzen.

Ägypten	500 000 000 Sesterzen
Gallien	300 000 000 Sesterzen
Syrien	200 000 000 Sesterzen
Africa	100 000 000 Sesterzen
Spanien	50 000 000 Sesterzen
Balkan und Griechenland	60 000 000 Sesterzen
Provinzen in Asien	70 000 000 Sesterzen
Indirekte Steuern	100 000 000 Sesterzen

(Kloft 1992, 233 nach Frank, Economic Survey of Ancient Rome 5,53 f.)

nomen und Anthropologen Karl Polanyi (1886–1964) populär geworden, der damit die Verteilungsmechanismen von Gütern in archaischen Gesellschaften durch eine zentrale Autorität (Häuptling, Despot, Tempelhierarchie) nach den Leitlinien der Tradition und der Herrschaftssicherung zu fassen suchte.[130] Der Zweck der Verteilung: nämlich Stabilisierung der Herrschaft, das Knüpfen sozialer Bindungen und die Aufrechterhaltung des gesellschaftlichen Gefüges – diese Intentionen lassen sich mit der Ausgabenpolitik der römischen Kaiser ebenso sinnvoll verbinden wie mit der staatlichen Sozialpolitik von heute. Auch sie ist in gewisser Weise ein zentrales Verteilungsmodell nach der Maßgabe bestimmter Interessen und vorhandener Mittel. Was die Verhältnisse in Rom betrifft, so dürften die Militärausgaben über drei Viertel des ge-

Geld und Geldwirtschaft

Abb. 88 Die Villa Hadriana im Modell.

samten Haushaltes verschlungen haben; relativ gering sind im 1. und 2. Jh. n. Chr. noch die Kosten der Zivilverwaltung; die Summen für Bauvorhaben variieren unter den Kaisern stark. Wenn Vespasian im Jahre 69 n. Chr. ein Defizit von geschätzten 4 Milliarden Sesterzen in den Staatskassen beklagte, dann hatte die Bauwut Neros daran ihren nicht zu unterschätzenden Anteil (Sueton, *Vespasian* 16,3).[131]

Das finanzielle Vermächtnis

Wichtiger als die prinzipiellen Unwägbarkeiten und Unsicherheiten ist allerdings die Tatsache, daß im Hinblick auf Einnahmen und Ausgaben eine Balance, ein auf Berechnung beruhender Ausgleich zumindest versucht wurde, so daß man von einer geordneten Haushaltsführung als Ziel durchaus sprechen kann. Das schriftliche Vermächtnis, das der erste Prinzeps Augustus selbst verfaßt hatte und das nach seinem Ende im Senat vorgelesen wurde, enthält neben anderen einen Überblick über staatliche Ein- und Ausgaben, insbesondere über die Schenkungen (*largitiones*) an das römische Volk. Das hatte verpflichtenden Charakter für den Nachfolger ebenso wie der Rat zu einer defensiven Außenpolitik, die der Historiker Tacitus auf seine Weise zu kommentieren wußte.

«Da ließ er (sc. Tiberius) ein Schriftstück holen und verlesen. Es war eine Darlegung der Machtmittel des Reiches und enthielt Angaben über die Stärke der Bürger und Bundesgenossentruppen und der Flotten, die Zahl der Königreiche und Provinzen, die Zölle und Steuern, ferner auch die notwendigen Staatsausgaben und die Schenkungen. All diese Angaben hatte Augustus eigenhändig niedergeschrieben und am Schluß den Zusatz gemacht, er gebe den Rat, das Reich innerhalb seiner jetzigen Grenzen zu belassen, – ob aus wirklicher Besorgnis oder aus Neid, läßt sich nicht entscheiden.» (Tacitus, *Annales* I 11,4, Übersetzung A. Horneffer)

«Dem römischen Volk als Ganzem vermachte er 40 Mio. Sesterzen, den städtischen Tribus 3 $^1/_2$ Mio., jedem Prätorianer 1000, jedem Soldaten der städtischen Kohorten 500 und jedem Legionssoldaten 300 Sesterzen. Die ganze Summe sollte sofort in bar ausbezahlt werden; denn er hatte sie zu diesem Zweck in seiner Kasse stets besonders aufbewahrt ... ferner bekannte er ganz offen, daß auf seine Erben nur 150 Mio. kommen würden, obwohl er im Laufe der letzten 20 Jahre 1400 Mio. durch die Vermächtnisse seiner Freunde empfan-

*Abb. 89
Das Amphitheatrum Flavium, bekannt als Kolosseum, wurde zum großen Teil mit den Beutegeldern aus dem Jüdischen Krieg erbaut.*

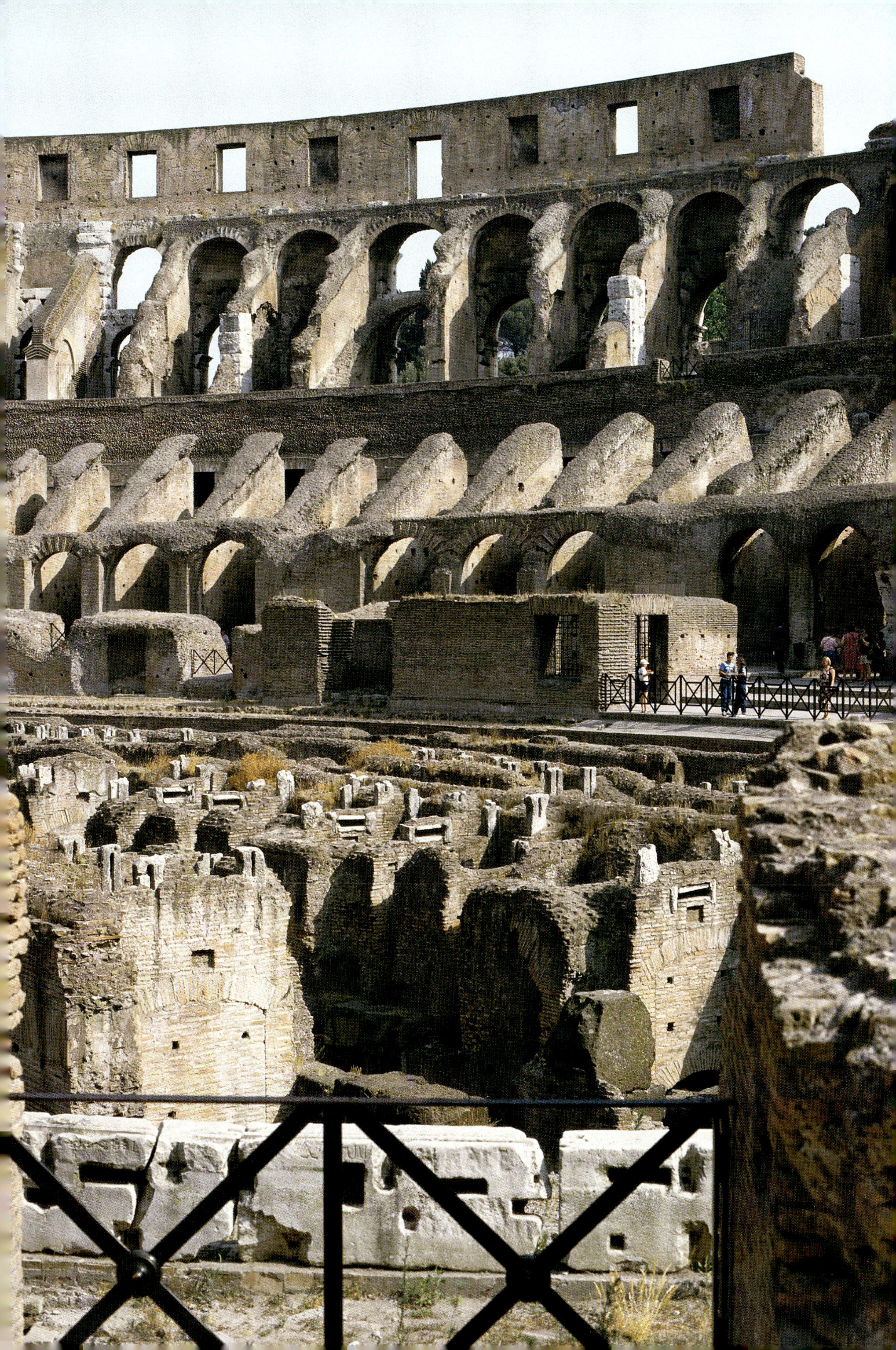

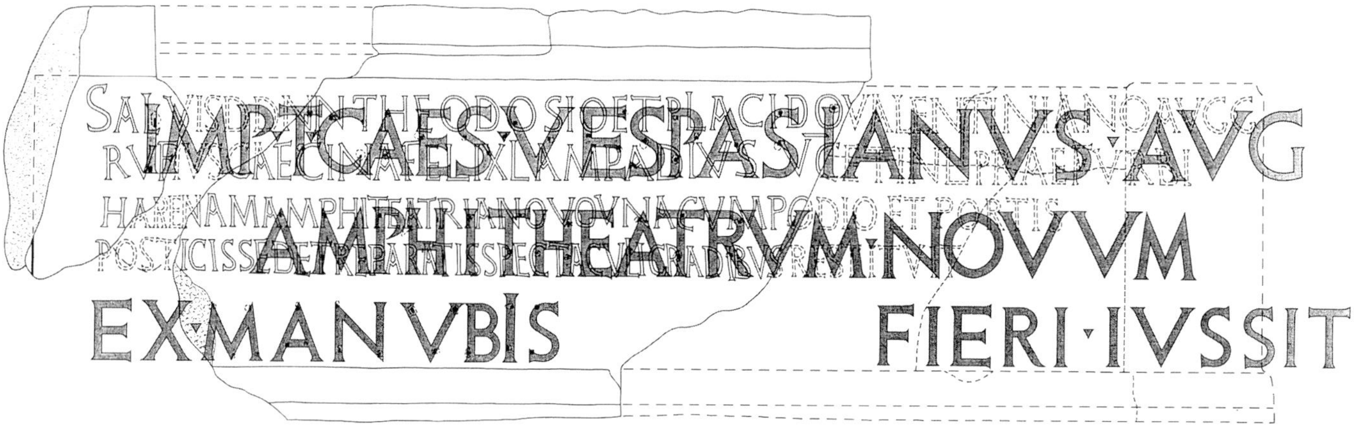

Abb. 90 Die von Géza Alföldy rekonstruierte ursprüngliche Bauinschrift des «amphitheatrum Flavium», ein «Neubau» («novum»), den die Beutegelder («manubiae») finanzieren halfen.

gen hätte; doch hätte er diese Summe fast ganz wie seine beiden väterlichen und noch einige weitere Erbschaften zum Wohle des Staates verwandt.» (Sueton, *Augustus* 101,4, Übersetzung R. Till)

Die gewaltigen Geldsummen, die auf diese Weise zur Auszahlung gelangten, sind an anderer Stelle spezifiziert (vgl. S. 10), und die Quellen, die darüber berichten, sind für uns nicht nur deshalb wichtig, weil sie das Gefälle der kaiserlichen Ausgaben einigermaßen deutlich hervortreten lassen. Sie illustrieren den Prinzipat als eine pekuniäre Verteilungsinstanz, welche die Herrschaft sichern und legitimieren soll, ohne in diesen Zweck ganz aufzugehen.

Ausgaben zum Wohle des Staates – unter diesen Posten konnte man mit geschickter Propaganda praktisch alles unterbringen. Darunter fielen nicht zuletzt die steigenden Zahlungen an die nördlichen und östlichen Nachbarstämme und Völker des Imperium, «Stillhaltegelder» (Reinhard Wolters), welche die militärische Auseinandersetzung zunehmend ergänzen, zum Teil auch ersetzen sollten und im Einzelfall die erhebliche Summe von 200 Mio. Sesterzen annehmen können.[132] Zu diesen mehr oder weniger «fixen» Kosten treten die Aufwendungen für die Spiele, die Festivitäten, die Luxusausstattung und Bankette am Kaiserhof, die je nach Eigenart des Herrschers verschwenderisch ausfielen. Caligula und Nero waren für ihren Aufwand berüchtigt, von dem ephemeren Vitellius weiß Tacitus zu berichten, daß er innerhalb weniger Monate 9 Mio. Sesterzen mit seinen Gelagen durchgebracht hatte. (Tacitus, *Historiae* II 95,3)[133] Das sind lediglich Schlaglichter, die sich nicht weiter quantifizieren und interpretieren lassen, aber im weiteren Sinne doch auch zur Inszenierung des Kaisertums gehörten. In weit größerem Maße trugen die repräsentativen Kaiservillen dazu bei, von denen die Villa Hadriana vor den Toren Roms vielleicht als die eindrucksvollste und anspruchsvollste gelten kann (Abb. 88).

Eine umfassende Analyse dieser kaiserlichen Großbauten – man mag die Wasserleitungen, die Thermen, die Tempelbauten, das gewaltige Kolosseum (Abb. 89. 90) hinzunehmen – belehrt den Wirtschaftshistoriker rasch, daß die Gelder des römischen Prinzeps auch als eine Art «Wirtschaftsförderungsprogramm» verstanden werden können, welches eine gewaltige Zahl von Gewerbetreibenden, von Händlern, Handwerkern, Tagelöhnern in Lohn und Brot setzte. Für die Stadt Rom schätzt Frank Kolb die Zahl der Personen, die im späten 1. und im 2. Jh. n. Chr. ihren Lebensunterhalt der Bautätigkeit verdankten, auf 100 000 – 150 000[134]; es kann keinen Zweifel sein, daß der überwiegende Teil der Gelder auf das Konto der kaiserlichen *munificentia* gingen, eine «Tugend», die ihre Prestigeobjekte vornehmlich in der Hauptstadt zu realisieren wußte. Von derartigen Großaufträgen profitierten wie heute auch die beteiligten Unternehmen und deren Arbeiter, mag ihr Lohn auch noch so gering gewesen sein.

Den gesamten Erdkreis bereichern

Es ist bezeichnend, daß in den Quellen dort, wo von den ordentlichen wie außerordentlichen Ausgaben gesprochen wird, wertgeladene Begriffe gebraucht werden: *munificentia* für die Großzügigkeit bei Bauten und bei der Ausrichtung von Spielen (Abb. 91a.b); *liberalitas* für die Verteilung der Geldspenden (*congiaria*) an das römische Volk (Abb. 92a.b. 93a.b); ganz allgemein *euergesia* (lat. *beneficentia*) als herrscherliche Wohltätigkeit, die der Intention nach global ist und über die materiellen Geschenke hinaus jegliche Form des Wohltuns umgreift.[135] Man kann die außerordentlichen Geldgeschenke des Prinzeps an die Soldaten hinzufügen, die *donativa*[136], die sich schon im Namen als kaiserliche Gaben zu erkennen ge-

Geld und Geldwirtschaft

*Abb. 91a.b
Kaiserliche
Großzügigkeit
bei den Spielen.
Bronzemedaillon
Gordians III.*

*Abb. 92a.b
Der Kaiser als
Wohltäter. Geld-
spenden («con-
giarium») unter
Nerva 79 n. Chr.*

*Abb. 93a.b
Kaiser Pertinax
als Wohltäter;
die Geldspende
auf der Rückseite
ist durch den Termi-
nus «LIB(eralitas)
AVG(usti)» hervorgehoben.*

89

Tabelle 8
Die Geldgeschenke an das römische Volk von Cäsar bis Septimius Severus

(Nach Marquardt, Staatsverwaltung II, 138 f., ergänzend und präzisierend Duncan-Jones 1994, 249, Drexhage 2002, 54)
Die Summen variierten nach der jeweiligen Haushaltslage. Eine Steigerung im 2. und im 3. Jh. n. Chr. ist unverkennbar, wahrscheinlich eine Angleichung an die inflationäre Entwicklung der Zeit.

		Betrag in Denaren	Zahl der Empfänger	Summe der Ausgabe in Denaren
Caesar	708 = 46	100	320 000	32 000 000
Augustus	710 = 44	75	250 000	48 750 000
	725 = 29	100	–	25 000 000
	730 = 24	100	–	25 000 000
	742 = 12	100	–	25 000 000
	749 = 5	60	320 000	19 200 000
	752 = 2	60	200 000	12 000 000
Tiberius		75	–	15 000 000
Caligula		75	–	15 000 000
		75	–	15 000 000
		75	–	15 000 000
Claudius		75	–	15 000 000
Nero		100	–	20 000 000
Vespasian		75	–	15 000 000
Domitian		75	–	15 000 000
		75	–	15 000 000
		75	–	15 000 000
Nerva		75	–	15 000 000
		62	–	12 500 000
Traian		650	–	130 000 000
Hadrian		1000	–	200 000 000
Antoninus Pius		800	–	160 000 000
Lucius Verus		400	–	80 000 000
Mark Aurel		850	200 000	170 000 000
Commodus		850	–	170 000 000
Pertinax		150	–	30 000 000
Septimius Severus		1100	–	220 000 000

ben. Sie werden zu besonderen Anlässen ausgeschüttet und sind auf das Wohlwollen der Soldaten als des wichtigsten Machtfaktors im Prinzipat ausgerichtet. Die Geldgeschenke an das Militär im Testament des Augustus, haben erkennbar auch die Absicht, für die neue Staatsform zu werben und den Übergang der Herrschaft auf Tiberius akzeptabel zu machen.

Ein Sesterz, geprägt um etwa 120 n. Chr., apostrophiert den Kaiser Hadrian als *locupletator orbis terrarum* (BMC III 415): Der Kaiser bereichert den gesamten Erdkreis. Die ideologische Steigerung gilt der dritten Geldspende an das römische Volk, genauer an die 200 000 Berechtigten, die zur sog. *plebs frumentaria* gehören und ebenfalls Anspruch auf eine monatliche unentgeltliche Getreidezuwendung haben. Diese außerordentlichen Geldgeschenke, von denen Augustus insgesamt fünf, Tiberius vier, Nero nur eines ausgegeben hatten, schlugen mit rund 25 Mio. Denaren zu Buche, je nach der Summe, welche die Empfänger erhielten (Tab. 8).

Zwei Aspekte sind in diesem Zusammenhang wichtig: Zum einen bedeuteten alle Geldspenden ein höchstwillkommenes monetäres Zubrot für die römische Stadtbevölkerung und verbreiteten, zumindest sporadisch, die Basis der Geldwirtschaft. Die kleinen Leute konnten die Gratifikation nach ihrem Gutdünken einsetzen: Lebensmittel, Hausrat, Amüsement und vieles andere mehr. Zum anderen unterschlug in der Darstellungsform die konsequente propagandistische Ausrichtung auf die Person des edlen Spenders den gewaltigen

Apparat und die Logistik, die notwendig wurden, um Geld und Getreidespenden ordnungsgemäß an die Empfänger zu bringen.[137] Auf den Münzen ist dies nur eben angedeutet. Der Sesterz mit der Congiariumszene unter Nerva postiert den Kaiser auf einer *sella curulis*, ein römischer *togatus* steigt mit ausgestreckter Hand eine Leiter zum kaiserlichen Gehilfen empor, der das Geld ausgibt und verbucht, die Göttin Minerva steht hinter ihm, während die personifizierte kaiserliche Freigebigkeit, die *liberalitas Augusti*, dem Herrscher durch Blickkontakt zugeordnet ist. Sie trägt ein kleines Täfelchen, das zur Verteilung der Münzen benutzt wird (Abb. 93b).[138] Daß man sich hinter der Verteilung einen größeren Verwaltungsrat, Büros und eine Beamtenschaft vorstellen muß, welche die Verteilung organisiert und die Ausgaben aufzeichnet, zeigt die bekannte Congiariumszene auf dem Konstantinsbogen, welche die Geldverteilung des Kaisers zum 1. Januar 313 n. Chr. anläßlich seines dritten Konsulates festhält (Abb. 94. 95).

Die zentrale Szene stellt den Kaiser, der mit der geschmückten Toga, dem Bürgergewand, bekleidet ist, in den Mittelpunkt; er schüttet mit Hilfe eines Zähltäfelchens (*abacus* bzw. *tabella*) eine größere Geldspende in den Bausch der senatorischen Toga, während in den Nachbarbüros die normale Verteilung an den römischen Bürger dokumentiert wird. Wir müssen dieses einzigartige Zeugnis kaiserlicher *liberalitas* nicht weiter kommentieren: die Szene unterstreicht nachdrücklich die Kontinuität der Spenden, die von Augustus bis Konstantin und darüber hinaus reichen, sie lenkt die Aufmerksamkeit auf den Apparat und die Logistik, sie zentriert die Aufmerksamkeit auf den Herrscher als das Medium der Distribution und der Diffusion von Geld.

Abb. 94 Geldgeschenke des Kaisers Konstantin. Zentrale Austeilung und Geldausgaben an römische Bürger. Szene vom Konstantinsbogen in Rom; Verwaltungsbeamte notieren ausgegebene Beträge.

Abb. 95 Über einem der seitlichen Durchgänge des Konstantinsbogens in Rom befindet sich die Darstellung der Geldverleihung vom 1. Januar 313 n. Chr. In der Mitte thront der Kaiser umgeben von Senatoren, im unteren Register warten die Empfänger auf die Verteilung des Geldes, während im oberen Register in einzelnen Büros diese Verteilung von Verwaltungsbeamten schriftlich festgehalten wird.

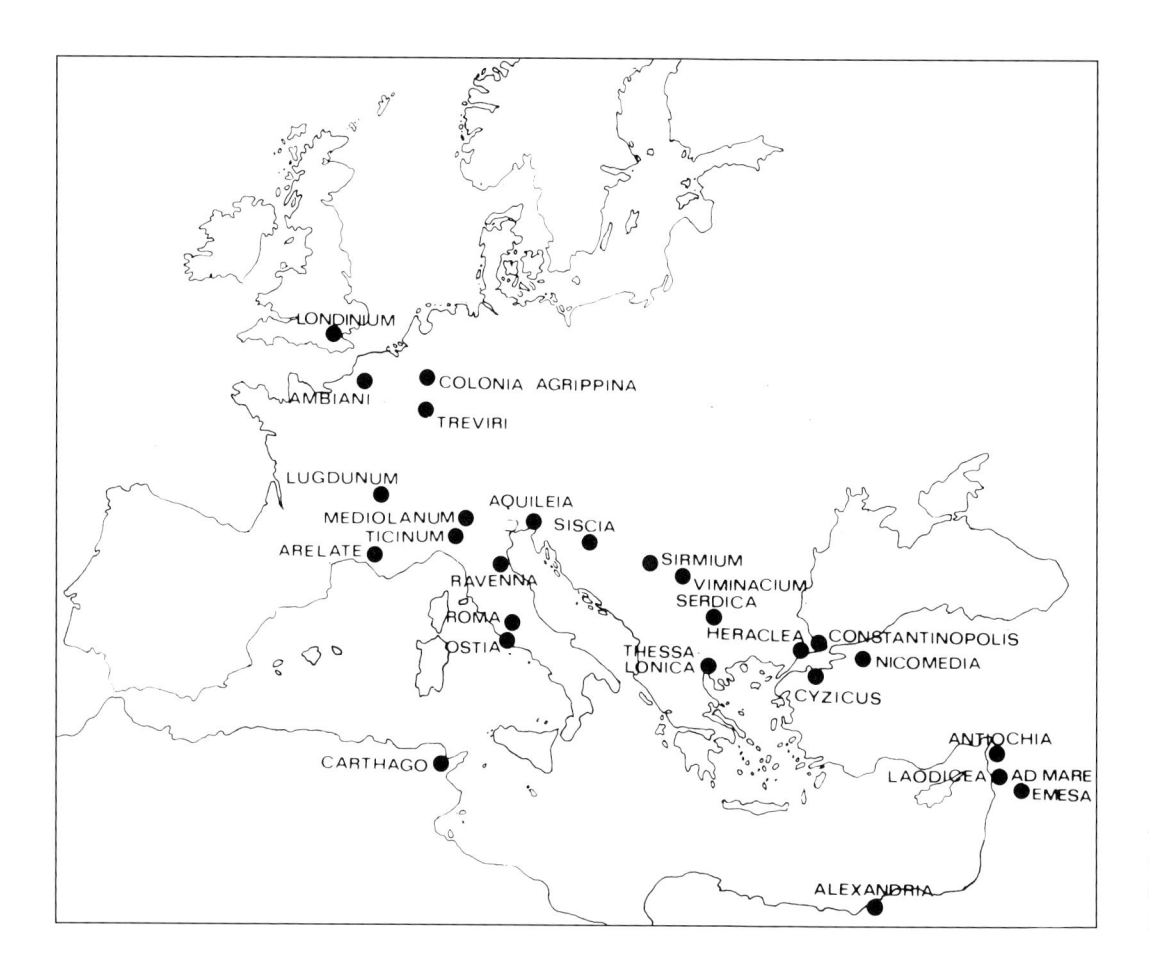

Abb. 96 Die wichtigsten Münzstätten des Römischen Reiches.

Großzügigkeit als Modell

Dieser Umsetzung von Reichtum in Wohlwollen und Akzeptanz, ein Zusammenhang, den die antiken Quellen sehr wohl gesehen haben, lassen sich nahezu unzählige andere Belege an die Seite stellen, die den *largitor civium* (CIL VI 958 zu Hadrian) und seine Großzügigkeit gegenüber einzelnen Personen, gegenüber der Urbs Roma, den Provinzen und ihren Städten unter Beweis stellen.[139]

IMP CAESAR FLAV CONSTANTINUS MAX
AVG SEMPITERNVS DIVI CONSTANTI AVG PII
FILIVS
TOTO ORBE VICTORIIS SVIS SEMPER AC
FELICITER CELEBRANDVS
THERMAS FISCI SVI SVMPTV A FVNDAMENTIS
COEPTAS AC PERACTAS
CIVITATI SVAE REMORVM PRO SOLITA LIBERALI-
TATE LARGITVS EST

Imperator Caesar Flavius Constantinus Maximus
Augustus auf ewig, Sohn des vergöttlichten frommen
Constantius Augustus
auf dem ganzen Erdkreis aufgrund seiner Siege immer
glücklich zu preisen
hat Thermen mit Mitteln aus seinem Vermögen
von Grund auf begonnen und vollendet
und seinem Gemeinwesen der Remer (=Reims)
entsprechend
seiner gewohnten Großzügigkeit geschenkt.

(CIL XIII 3255)

Gepriesen wird die *liberalitas* des Kaisers Konstantin, der die Thermen von Reims aus seinem Fond errichtet und der Stadt Reims entsprechend seiner gewohnten Großzügigkeit geschenkt hat.

Ohne Frage stößt man bei der Ausgabenpolitik der römischen Kaiser auf gewaltige Unterschiede, die nicht nur die einzelnen Herrscher betreffen: Militärausgaben, Verwaltung, Ausstattung der Hauptstadt, Versorgung der stadtrömischen Bevölkerung. All dies läßt sich im Bilde des antiken Euergetismus beschreiben: als ein gesellschaftliches und zugleich politisches Verteilungsmodell, das auf Gegenseitigkeit aufgebaut ist und der Herrschaftssicherung dient. Aber diese Sicht der Dinge reicht nicht aus. Zumindest lassen sich Ansätze einer Finanz- und auch einer Sozialpolitik erkennen, die freilich nicht mit modernen Maßstäben gemessen werden dürfen. Dies will mit wenigen Überlegungen erläutert sein.

Der Prinzipat hat ein im großen und ganzen gut funktionierendes Währungssystem geschaffen und nahezu über zwei Jahrhunderte hinweg garantieren können, mit einem differenzierten Angebot von Gold-, Silber-, Bronze-, Kupfermünzen. Dieses bildete die monetäre Voraussetzung für Gewerbe und Handel, für Löhne und Preise, war Gradmesser für Vermögen und für soziale Reputation im Imperium Romanum. Der Kaiser zeichnete für die Münzversorgung verantwortlich, für die Beschaffung der Edelmetalle und die Prägung in den verschiedenen Münzstätten des Imperiums, die ihre Existenz und Bedeutung bestimmten Zeiten und bestimmten historischen Konstellationen verdankten (Abb. 96).

Engpässe und «Sozialpolitik»

Es ist nicht verwunderlich, daß dabei Engpässe auftraten. Spärliche Ausbeute des Edelmetalls, geringer Umlauf von Kleinmünzen (besonders in den Provinzen), Knappheit der größeren Nominale[140], insgesamt ein größerer Bedarf an Münzgeld – mit all diesen Problemen hatte sich eine kaiserliche Geldpolitik auseinanderzusetzen und sie zu lösen versucht. Der Aufgabe haben sich die einzelnen Kaiser mit unterschiedlichem Nachdruck und Erfolg gestellt. Es gibt ein berühmtes Beispiel aus der frühen Kaiserzeit: Als es im Jahre 33 n. Chr. aufgrund alter Kreditvorschriften zu Turbulenzen auf dem Geld- und Grundstücksmarkt kam, das Geld knapp (*inopia rei nummariae*) wurde und die Grundstückspreise aufgrund des Überangebotes in den Keller gingen, überwies der Kaiser Tiberius eine Finanzspritze von 100 Mio. Sesterzen an die Wechselbanken, so daß die Finanz- und Eigentumsverhältnisse sich wieder beruhigen konnten. Kredit und Vertrauen wurden wieder hergestellt (*refecta fides*), wie Tacitus bemerkt (Tacitus, *Annales* VI 16 f.).[141] Die noch aus der Republik stammende Obergrenze von 12 % per annum als Zinsmaximum, die *usura legitima*, ist dann auch in der Kaiserzeit eingehalten und durch kaiserliche Konstitutionen bekräftigt

Abb. 97 Die Porticus Minucia (MINICIA) auf dem südlichen Marsfeld und in unmittelbarer Nähe die Saepta Iulia, der elegante Einkaufsbasar, dargestellt auf der Forma Urbis, einem marmornen Stadtplan Roms, vermutlich aus der Zeit des Septimius Severus (ausgehendes 2./Beginn des 3. Jhs. n. Chr.).

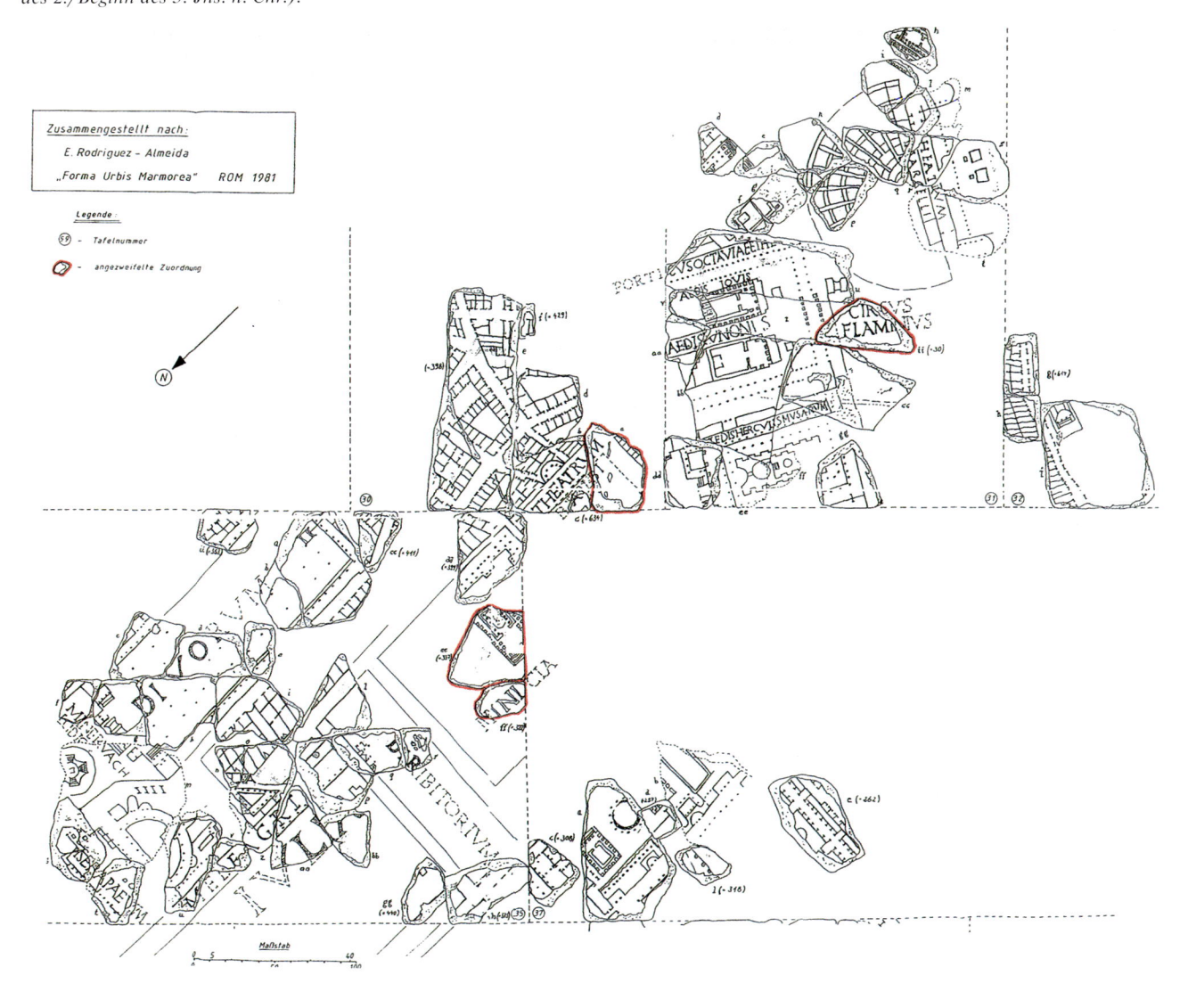

*Abb. 98a.b   Getreideversorgung («annona») unter Nero. Sesterz 64–66 n. Chr. Die personifizierte Annona links hält ein Füllhorn
(«cornucopia») in ihrer linken Hand, rechts die sitzende Ceres, die Getreidegöttin, mit Fackel und Kornähren in den Händen; ein
geschmücktes Tischchen in der Mitte trägt den «modius», das Getreidemaß.*

worden, was im Einzelfall höhere Risikozinsen, gar Wucherzinsen, aber auch geringere Demargen von 4–6 % nicht ausschloß.[142]

Zu diesen gesetzlichen Rahmenbedingungen darf man auch die Regelungen über die Geldäquivalenzen in den Provinzen zählen, wie sie uns in einem kaiserlichen Erlaß, wahrscheinlich von Hadrian, für Pergamon bezeugt sind.

«Wenn jedoch Lebensmittel im Kleinhandel nach Gewicht verkauft werden und deren Wert von den Marktmeistern (Agoranomen) taxiert wurde und falls einige sogar mehrere Minen kauften, so stimmten wir zu, daß die Käufer den Preis in Kleingeld zahlen, damit die Einkünfte der Stadt vom Wechseln erhalten werden. In gleicher Weise, wenn mehrere Käufer sich zusammenschließen und sich entschließen, für Silberdenare zu kaufen und dann (den Gewinn) unter sich teilen, dann sollen auch sie dem Lebensmittelhändler eine Bronzemünze (*assarion*) zahlen, damit er sie zur Bank bringt. Sie sollen (den Denar) zu 17 Bronzemünzen verkaufen, da der Gewinn beim Umtausch nur Handwerker zu betreffen scheint» (OGIS 484, Übersetzung nach H. Freis)

Generell lassen sich Markt- und Zollgesetze, nicht zuletzt die diversen Steuervorschriften in einem weiteren Sinne als Elemente einer effektiven Geldpolitik verstehen, welche die Mittel für den Haushalt und die zentralen Ausgaben bereitzustellen helfen. All diese Maßnahmen zusammengenommen sind weit mehr als lediglich Elemente einer Fiskalpolitik, die angeblich nur auf die Optimierung der Einnahmen ausgerichtet ist; sie bilden ein nicht zu entbehrendes Ordnungssystem für die Wirtschaft der Zeit und ihre monetären Ausprägungen; mit anderen Worten: Der heutige Betrachter darf nicht nur nach den vordergründigen Entscheidungen und Absichten, die hinter der kaiserlichen Geldpolitik stehen, fragen, sondern nach den Leistungen und den Effekten, die das Geldsystem insgesamt zuwege gebracht hat.

Zu diesen Leistungen gehören nicht zuletzt die Ausgaben, die der Kaiser im Rahmen seiner Verpflichtungen zum allgemeinen Wohltun, als *koinos euergetes*, gegenüber verschiedenen Personen und Gruppen leistet, die unserem Begriff von «Sozialpolitik» nahekommen.[143] Die stadtrömische Bevölkerung, der Kreis der *plebs frumentaria* ist über die Geldspenden hinaus auch Empfänger der monatlichen unentgeltlichen Getreideversorgung[144], die fünf *modii* Getreide (etwas über 30 kg) pro Person betrugen und in einem aufwendigen Verfahren ausgegeben und protokolliert wurden. Der Berechtigte hatte sich mit einer Kontrollmarke (*tessara frumentaria*) auszuweisen und erhielt seinen Teil an einem der 45 Ausgabeschalter der *Porticus Minucia* (nahe des heutigen Largo Argentina), einem weitläufigen Speichergelände mit Büros und Magazinen (Abb. 97).

Die 12 Mio. *modii* (etwa 70 000 t) Getreide, die jährlich zur Verteilung kamen und als provinziale Naturalsteuer hauptsächlich aus Ägypten und Nordafrika geliefert wurden, stellten einen Gegenwert von 40–50 Mio. Sesterzen dar, die der Prinzeps für den Unterhalt der Bevölkerung beisteuerte. Aber diese Mengen bilden nur einen Teil der allgemeinen Lebensmittelversorgung, der *cura annonae*, für die der Kaiser Sorge trug und die man auf etwa 40 Mio. *modii* (ca. 250 000 t) berechnet hat. Seit den Tagen der Republik hatte sich beim

Abb. 99a.b   Sesterz des Nero, 64–66 n. Chr. Der Kaiser verteilt eine Geldspende an römische Bürger. Nero sitzt auf einem kleinen Podest, zu dem die Empfänger auf einer Leiter hinaufsteigen. Im Hintergrund die personifizierte Freigebigkeit (Liberalitas) (BMC I 261).

Volk von Rom die Ansicht verfestigt, daß man auf diese Versorgung ein Anrecht und der Kaiser für die Bereitstellung des Getreides zu garantieren habe.

«Einmal war wegen andauernder Mißernten das Brot sehr knapp geworden. Infolge dessen wurde Claudius von der Menge mitten auf dem Forum angehalten, mit Schimpfworten überhäuft und zugleich mit Stücken Brot so heftig bombardiert, daß er nur mit genauer Not durch eine Hinterpforte sich in seinen Palast zu retten vermochte. Darauf traf er alle erdenklichen Vorkehrungen, um die Kornzufuhr auch für die Zeit der Winterstürme zu sichern. So stellte er zum Beispiel den Kornhändlern große Vorteile in sicherer Aussicht und übernahm den Verlust, wenn einem in der stürmischen Jahreszeit mit seinen Schiffen ein Unglück zustieß.» (Sueton, *Claudius* 18, Übersetzung R. Till)

In der Münzpropaganda wird diese stadtrömische Versorgung ins Allgemeine gewendet und mit einem religiösen Nimbus versehen. Es ist die Getreidegöttin Ceres, die unter Tiberius und Claudius auf die Kornverteilung hinweist und unter Nero mit der personifizierten Annona zu einem eindrucksvollen Gruppenbild kombiniert wird, in dessen Zentrum ein kleines Tischchen mit einem Getreidemaß (*modius*) steht (Abb. 98b).

Die Legende ANNONA AUGUSTI CERES SC, später variiert zu ANNONA AUGUSTI macht unmißverständlich klar, wer für die Getreideversorgung einsteht: der römische Kaiser (Abb. 98a.b; 99a.b).

Diese komplexe und aufwendige Institution war der Intention nach keine Armenunterstützung und keine karitative Maßnahme nach Art späterer christlicher Unterstützungshilfen; sie zielte vielmehr auf den *Populus Romanus* als politische Körperschaft, welche für die Legitimität des römischen Prinzeps unentbehrlich war. Dies ist immer wieder mit Recht hervorgehoben worden; aber es ist nicht zu übersehen, daß in der Wirkung über diese Spenden ein Großteil der bedürftigen Stadtbevölkerung erreicht wurde, mithin der Charakter einer Sozialmaßnahme sehr wohl in Betracht kommt.

Die Überlegung trifft in noch größerem Maße auf die bekannten Alimentarstiftungen des sog. humanitären Kaisertums (Alfred Heuß) zu. Von Nerva an stellten die Herrscher des 2. Jh. n. Chr. den italischen Gemeinden Kapitalien zur Verfügung, die gegen geringen, attraktiven Zinssatz an örtliche Grundbesitzer ausgegeben wurden. Aus dem jährlichen Zinsertrag wurde für die Jungen und Mädchen der Gemeinde eine Art «Kindergeld» gezahlt. Lokale Inschriften beziffern die monatliche Summe auf 20 bzw. 16 Sesterzen für Jungen, 16 bzw. 12 Sesterzen für Mädchen.[145] In Einzelfällen kam auch Getreide zur Verteilung. So hat der Kaiser Traian 5000 römische Kinder in die städtische Getreideversorgung aufgenommen (Plinius d. J., *Panegyricus* 28,4), eine Entscheidung, die der jüngere Plinius in hohen Tönen preist. Nicht nur für ihn steht die Armenpflege im Dienste politischer und sozialer Ziele. Steuervorteile und Bestrafungen schaffen bei den Reichen die Bereitschaft, Kinder aufzuziehen. Für die Armen ist der gute Herrscher die einzige Größe, auf die man bei der Erziehung rechnen kann – *pauperibus educandi una ratio est princeps* (Plinius d. J., *Panegyricus* 26,5).

«Erklärter Zweck der Alimentarstiftungen war es, sozial

95

Abb. 100 Die sog. Anaglypha Traiani: Im rechten Teil der Marmorschranke aus dem frühen 2. Jh. n. Chr. der Kaiser auf einem kleinen Podest sitzend, vor ihm eine kleine weibliche Figur mit einem Kind auf dem Arm, ein Hinweis auf die Alimentarstiftung. Auf der linken Seite der Herrscher, der eine Rede an das vor ihm versammelte Volk hält.

schwache Bevölkerungsschichten durch finanzielle Förderung einen Anreiz zu geben, die Kinderzahl zu erhöhen, Abtreibung und Kindesaussetzung zu bekämpfen und so in italischen Stadtgemeinden dem Bevölkerungsrückgang unter den ärmeren Bürgern entgegenzusteuern» (Fr. Vittinghoff 1990, 254). Dem gleichen Programm und dem gleichen finanziellen Grundschema sind auch zahlreiche private Stiftungen verpflichtet, von denen das Vermächtnis des jüngeren Plinius für seine Heimatstadt Comum das bekannteste und wohl auch das bemerkenswerteste ist. Aus den Zinsen des Stiftungsfond von 500 000 Sesterzen sollen die Jungen und Mädchen der Stadt ihre monatliche Unterstützung bekommen.[146]

Aktionen in Wort und Bild

Das sind im sozio-kulturellen Rahmen der Antike bemerkenswerte Maßnahmen, die offensichtlich verschiedene Interessen bündeln und die nicht mit den Augen der heutigen Zeit gesehen werden wollen. Die Konzentration auf den Prinzeps als dem großen Spender der Wohltaten, dem sich die Kinder entgegenstrecken und welcher der personifizierten, vor ihm knieenden Italia aufhilft, dokumentieren Münzen unter Traian mit dem Programm ALIM(ENTATIO) ITAL(IAE) (Italiens Versorgung) bzw. REST(ITUTA) ITAL(IA) (wiederhergestelltes Italien).[147] Damit wird eine wesentliche Sparte traianischer Innenpolitik der Reichsbevölkerung vor Augen geführt.

Der Kaiser erscheint hier wie auch auf den Anaglypha Traiani, Marmorschranken aus hadrianischer Zeit, bewußt in der Toga, dem Bürgergewand (Abb. 100). Dort nimmt er sitzend den Dank einer italischen Mutter entgegen, die ein klei-

nes Kind auf den Händen hält.[148] Die Aussage ist klar: Der Kaiser sorgt sich um den Nachwuchs.

All diese Darstellungen sind ins Bild gesetzte Aktionen symbolischer Politik (Abb. 101), die den großen Wohltäter auf der einen und den/die Empfänger auf der anderen Seite zeigen bzw. diese postulieren. Die Angesprochenen sollen durch ihre Loyalität und dankbare Gesinnung die Großzügigkeit des Schenkenden erwidern.

Insofern läßt sich durchaus von einem Euergetismus reden, der auf Wort und Bild abgestellt ist, dessen wirtschaftspolitische Dimensionen freilich nicht unterschlagen werden dürfen. Sie liegen bei den Alimentarstiftungen offen zutage, sie lassen sich hinter den Bauinvestitionen, der Getreideversorgung, den Geldspenden an die Soldaten ausmachen. Vor allen Dingen verbreiten und festigen sie die Geldwirtschaft im Imperium Romanum, wobei gerade die Soldaten in den Randzonen wesentliche Multiplikatoren darstellen. Trotzdem bleibt das traditionelle Gefälle Rom – Italien – Provinzen bei den Ausgaben der römischen Kaiser bis zum Ende des 2. Jhs. unübersehbar, wenn man so will, eine Redistribution in Schieflage, welche zu den politischen und wirtschaftlichen Schwierigkeiten des Reiches in der Spätantike beigetragen hat.

Umfassende Krisen, wie sie die Spätantike kennt, besitzen in der Regel ein ganzes Bündel von Ursachen. Der Staatshaushalt stellt mit seinen immensen Ein- und Ausgaben in diesem Prozeß die zentrale Größe dar; aber auch der städtische Haushalt hat in ähnlicher Weise die Geldwirtschaft mit vorangetrieben und an ihrem Niedergang Anteil besessen. Die Stadtgemeinden[149] des Imperiums unterscheiden sich in Rechtsform, Größe, Einwohnerzahl und wirtschaftlicher Potenz beträchtlich untereinander; generell aber zählte zu ihren zentralen Aufgaben die Regelung der Finanzen, die Ausponderierung von Ein- und Ausgaben, die Sicherung des Marktgeschehens. Besonders im Osten haben sich einige Kommunen noch ein eigenes, vom Kaiser konzessioniertes Münzrecht[150] erhalten können, das den lokalen Markt mit dem nötigen Bronzekleingeld zu versorgen hatte und gleichzeitig auch Ausdruck städtischen Selbstbewußtseins und Loyalität gegenüber dem Kaiser war (Abb. 102a.b).

Die Einnahmen flossen unterschiedlich, sie speisten sich aus der Verpachtung städtischen Grundbesitzes, aus lokalen Marktgebühren und Hafenzöllen, soweit diese nicht in die Staatskasse abgeführt werden mußten, aus Geldbußen und nicht zuletzt aus Stiftungsgeldern, die einen beträchtlichen Umfang annehmen konnten. Deren Zinsen konnten für vielerlei wohltätige Zwecke genutzt werden. Es ist nun ganz wichtig zu sehen, daß die Gemeinden mit den eingenommen Geldern auch arbeiten konnten bzw. sollten, wie dies der jüngere Plinius anläßlich seiner Visitationsreise in die Provinz Bithynia/Pontus im Jahre 110 n. Chr. berichtet. Er hatte sich um die Außenstände der städtischen Gelder bemüht, die als günstige Kredite angeboten und so der Stadt Nutzen bringen sollten. Die notwendige Abstufung des Zinsfußes wird von Traian zugestanden, aber er drängt bei der Kreditvergabe auf Freiwilligkeit: *non est ex iustitia temporum* – Der Gerechtigkeitssinn des Zeitalters verbietet es, anders zu handeln.

Plinius schreibt an Kaiser Traian: «Die ausstehenden Gelder der Gemeinden sind, o Herr, dank Deiner Vorsorge und meiner Bemühungen, zum Teil bereits eingetrieben, zum Teil werden sie noch eingefordert. Freilich befürchte ich, daß sie als totes Kapital liegenbleiben werden. Denn zum Erwerb von Grundstücken gibt es keine oder nur äußerst selten Gelegenheit, und es findet sich niemand, der aus der Gemeindekasse ein Darlehen haben will, zumal zu 12 %; das ist der Zinsfuß, zu dem man hier auch von Privatleuten Geld bekommt. Erwäge also, o Herr, ob man Deiner Ansicht nach den Zinsfuß senken und dadurch geeigneten Kreditnehmern einen Anreiz bieten soll. Oder ob man, wenn man auf diese Weise keine findet, das Geld an die Ratsherrn verteilen soll mit der Maßgabe, daß sie der Gemeinde die nötige Sicherheit leisten. Sie werden das freilich nur unwillig tun und sich dagegen sträuben, und da wird es weniger hart für sie sein, wenn ein niedriger Zinssatz gilt.»

*Abb. 101
Auf dem Traiansbogen
in Benevent ist die Geldverteilung an die Kinder
Italiens dargestellt.*

Traians Antwort an Plinius lautet: «Auch ich sehe kein anderes Heilmittel, mein lieber Secundus, als den Zinsfuß zu senken, damit die Gelder der Gemeinden leichter angelegt werden können. Die Rate wirst Du nach der Anzahl derer, die ein Darlehen aufnehmen wollen, festsetzen. Die Leute gegen ihren Willen zur Annahme von Darlehen zu nötigen, die für sie möglicherweise nur totes Kapital darstellen, das entspricht nicht dem Rechtsgefühl unserer Zeit.» (Plinius d. J., *Epistulae* X 52 und 53, Übersetzung M. Giebel)

Wie der Briefwechsel des Plinius weiter zeigt, sind es gerade die Langfristigkeit und die Unabwägbarkeit der Bauprojekte, welche eine geordnete städtische Haushaltsführung erschweren. Unter die städtischen Ausgaben[151] fallen die Pflege der

Geld und Geldwirtschaft

*Abb. 102a.b
Bronzemünze aus Laodikeia, 214–217 n. Chr. Das Kaiserporträt beherrscht die Vorderseite, zwei weibliche Figuren bestimmen die Rückseite, die das fruchtbare Land und das schiffeführende Meer symbolisieren. Sie haben eine kleine Kaiserstatue in der Mitte; darunter ist ein Adler mit Siegeskranz zu sehen.*

lokalen Kultstätten, die einschlägigen Festivitäten einschließlich die des Kaiserkultes, öffentliche Bauten wie Straßen, Stadtmauern, Theater und Wasserleitungen, deren Unterhalt im Einzelfall Unsummen verschlingen konnten.

«Für eine Wasserleitung, o Herr, haben die Einwohner von Nikomedien 3 318 000 Sesterzen aufgewendet, und der Bau ist bis heute nicht fertig geworden, sondern eingestellt, ja sogar abgerissen worden. Für eine andere Leitung wurden abermals 200 000 Sesterzen ausgegeben. Da auch dieser Bau liegengeblieben ist, muß von neuem Geld aufgebracht werden, damit die Leute, die solche Summen unnütz vertan haben, nun endlich Wasser bekommen ... (Plinius d. J., *Epistulae* X 37,1, Übersetzung M. Giebel).

Es sind dann vielfach die reichen Grundbesitzer der Gemeinde, die als private Sponsoren einspringen und bei der Getreideversorgung, bei den öffentlichen Gebäuden, vor allem bei den Spielen (Abb. 103) helfend unter die Arme greifen. Ohne diese private Munifizenz hätten die Kommunen ihre öffentlichen Verpflichtungen kaum erfüllen können.

So besitzen die städtischen Finanzen (Abb. 104) in der römischen Kaiserzeit gleichsam zwei offene Flanken: auf der einen Seite zum zentralen kaiserlichen Budget, das vor allem bei den Steuern und bei den Markt- bzw. Zollabgaben als Konkurrent (mit zunehmender Tendenz) auftritt; auf der anderen Seite zum Privathaushalt der reichen Mitbürger hin, die mit großem finanziellen Aufwand öffentliche Aufgaben übernehmen, ein kommunales Engagement, das im 3. Jh. n. Chr. spürbar nachläßt und sich mit anderen Gründen zu einer Finanzkrise der Städte im 3. und 4. Jh. n. Chr. verdichtet. Äußeres Anzeichen dieser finanziellen Schwierigkeiten ist das allmähliche Verschwinden der Lokalprägungen im 3. Jh. n. Chr.[152], das die allgemeine Geldkrise der Zeit verstärkte. Freilich gab es bemerkenswerte Ausnahmen. Die Stadt Antiocheia konnte im 4. Jh. n. Chr. auf 30 000 Goldsolidi Grundsteuer zurückgreifen und 7500 Goldmünzen für die städtische Verwaltung aufwenden.[153] So bleiben bis in die Spätantike hin-

Abb. 103 Ankündigung von Spielen in Pompeji, die von reichen Honoratioren der Stadt finanziert werden. Dipinto am Haus des Trebius Valens (CIL IV 3884). «20 Gladiatorenpaare des Decimus Lucretius Satrius Valens, ständigen Priesters des Nero, des Kaisersohnes, und zehn Gladiatorenpaare des Decimus Lucretius Valens des Sohnes werden kämpfen in Pompeji am 8., 9., 10., 11. und 12. April. Große Tierhetze und Sonnensegel. Dies hat geschrieben Ämilius Celer, ganz allein, bei Mondschein.» (Übersetzung H. Geist)

ein die städtischen Ein- und Ausgaben ein wesentliches Medium der kaiserzeitlichen Geldwirtschaft, ein lokales und, im Vergleich mit dem Prinzipatshaushalt, eingeschränktes Verteilungsmodell, das nichtsdestoweniger wichtige wirtschaftliche und politische Funktionen zu erfüllen hatte.

Es sei gestattet, an dieser Stelle den Blick auf unsere heutige Situation der Finanzverteilung in der Bundesrepublik Deutschland zu lenken. Wir unterscheiden auf staatlicher Ebene Bundes-, Länder- und Gemeindefinanzen, für welche die privaten Haushalte sowohl Gegen- wie Mitspieler darstellen. Es gibt traditionelle Aufgaben, die von bestimmten Ressorts übernommen werden müssen. Verteilungskämpfe sind an der Tagesordnung, es existieren traditionelle Schwachstellen wie die Finanzen der Kommunen, über die zur Zeit viel und zu Recht geklagt wird. All diese Diskussionen und Analysen bilden für den heutigen Politiker wichtige Indikatoren, die ihm helfen, den öffentlichen und den privaten Reichtum, die öffentliche und private Armut abzuschätzen und Verteilungsstrategien zu entwickeln.[154]

Geldreichtum in der Kaiserzeit

In der Antike, eben auch in der römischen Kaiserzeit, lagen die Dinge nicht nur im Hinblick auf mögliche Verteilungen und Planungen anders. Hier kam dem kaiserlichen Staatshaushalt eine überragende Rolle zu; wichtig, aber vergleichsweise gering war der Geldumschlag der städtischen Finanzen – und ein Provinzialhaushalt analog unseren heutigen Länderfinanzen hat nicht existiert und streng genommen auch nicht existieren können, da die Erträge der «Landgüter des römischen Volkes» (praedia populi Romani, Cicero, Verrem actio II 7) wie Cicero einmal die Provinzen bezeichnet hatte, in das Herrenhaus gehören und traditionellerweise nach Rom abzuführen waren. Die Theorie schloß nicht aus, daß Provinzialstatthalter sich um die regionalen Ein- und Ausgaben kümmerten, sich ferner im Verlaufe der späteren Kaiserzeit ein regionaler Geldumlauf herausbildete[155], welcher der ökonomischen und politischen Verselbständigung der einzelnen Reichsteile Vorschub leistete.

Die unverkennbaren Schwachstellen des Finanzsystems werden bis zu einem gewissen Grade durch den privaten Reichtum und durch die komplexe Funktion, welche die Privathaushalte übernehmen, ausgeglichen, die sich nicht nur in Rom und in Italien, sondern vor allem auch in den östlichen Provinzen herausbilden.[156]

«Bei den Alten zählte man nicht über hunderttausend; deshalb wird diese Zahl auch heute noch (nur) vervielfacht, indem man zehnmal hunderttausend oder ein Mehrfaches sagt. Dies hat der Wucher und das geprägte Geld bewirkt und so spricht man auch heute noch von fremden Kupfer (aes alienum = Schulden).» (Plinius, *Naturalis historia* XXXIII 133, Übersetzung R. König)

Das Anwachsen privater Vermögen, das der ältere Plinius einseitig auf den Geldwucher der Zeit zurückführt, läßt sich im Ganzen sehr wohl verbinden mit dem imperialen Ausgreifen des republikanischen Rom und mit den segensreichen ökonomischen Folgen, welche die *Pax Romana* dem Reich gebracht hatte. Der Frieden konsolidierte in gewisser Weise den «Beutekapitalismus» (Lujo Brentano) der republikanischen Zeit und sicherte ihm Nachhaltigkeit gerade auch durch die wirtschaftlichen Aktivitäten der Ober- und Mittelschichten, die zu Reichtum kamen. Er setzt sich zusammen aus zunehmenden Gewinnen der Landwirtschaft, aus Gewerbe und Handel, die durch die Geldgeschäfte ergänzt wird. Die Liste der quantifizierbaren beträchtlichen Vermögen der Kaiserzeit bringt nur einen Teil des allgemeinen Reichtums zur Sprache, über den die Oberschicht verfügte und den man zu den Schätzungen des Staatshaushaltes in Beziehung setzen kann, um dann doch unterschiedliche Größenordnungen wahrzunehmen (vgl. S. 100, Tab. 9).

Jenseits der beeindruckenden Zahlen müßte man die Einzelfälle unter die Lupe nehmen, um dem jeweiligen Privathaushalt Konturen zu verleihen. Dabei zeigt sich, daß die Nähe zum Kaiserhaus und zum Kaiserhof lukrative Voraussetzungen bildeten, um ein reicher Mann zu werden. Das betrifft etwa den Konsul des Jahres 14 v. Chr. Gnaeus Cornelius Lentulus, der sein Vermögen von 400 Mio. Sesterzen in der Hauptsache dem Prinzeps Augustus verdankte; vergleichbar ist der Zugewinn der beiden einflußreichsten Freigelassenen unter Claudius: Narcissus, der das Amt *ab epistulis* bekleidete

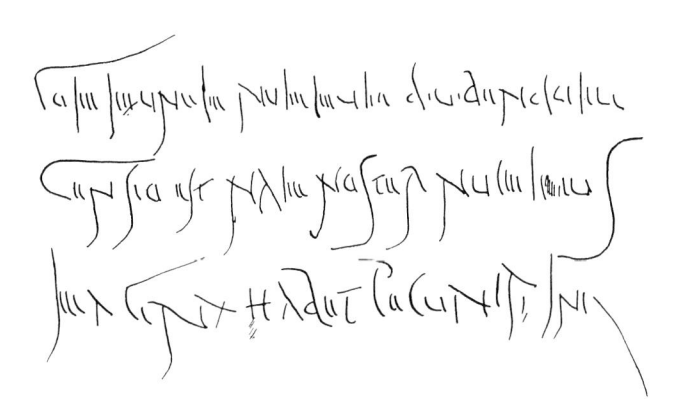

Abb. 104 Die Gemeindekasse als Verteilungsmodell: Ein Vorschlag aus Pompeji. «Communem nummum dividendum censio est | Nam noster nummus magnam habet pecuniam» – «Ich mein', man sollte die Gemeindekasse teil'n, denn unsere Kasse hat 'ne große Masse Geld.» (Übersetzung W. Krenkel)

Tabelle 9

Reiche Vermögen in der Kaiserzeit, eine Auswahl

Name	Summe	Quelle
Cn. Cornelius Lentulus († 25 n. Chr.)	400 Mio. Sesterze	Sen. de ben. 2,27; Suet. Tib. 49,2
Narcissus († 54 n. Chr.)	400 Mio. Sesterze	Cass. Dio. LX 34,4
L. Volusius Saturninus († 56 n. Chr.)	300–400 Mio. Sesterze	Tac. Ann. XIV 56,1
L. Annaeus Seneca († 65 n. Chr.)	300 Mio. Sesterze	Cass. Dio. LXI 10,3
M. Antonius Pallas († 62 n. Chr.)	300–400 Mio. Sesterze	Tac. Ann XII 53,3; Cass. Dio. LXI 14,3
C. Iulius Callistus († 52 n. Chr.)	Über 200 Mio. Sesterze	Plin. n. h. 33, 134
C. Sallustius Passienus Crispus († 46/47 n. Chr.)	200 Mio. Sesterze	Suet. Vit. Pass. Crisp.
L. Tarius Rufus († 14 n. Chr.)	200 Mio. Sesterze	Plin. n. h. 18,37
C. Caecilius Isidorus († 8 n. Chr.)	60 Mio. Sesterze	Plin. n. h. 33,135
Lollia Paulina († 49 n. Chr.)	40 Mio. Sesterze	Plin. n. h. 9, 117 f.

(Nach Duncan-Jones 1982, 343 f.)

und es auf 400 Mio. Sesterzen brachte, daneben Pallas, der als *a rationibus* an der Spitze der kaiserlichen Finanzen stand und ein Vermögen von 300–400 Mio. Sesterzen sein eigen nannte. Es wurde ihm unter Nero zum Verhängnis: der Kaiser ließ ihn, wenn man Tacitus Glauben schenken darf (Tacitus, *Annales* XIV 65,1) vergiften, um, wie in anderen Fällen auch, die gewaltige Erbschaft des kaiserlichen Freigelassenen antreten zu können.

Reichtum und Kaisernähe

Einen interessanten Einblick in die Bewertung der Kaisernähe von Freigelassenen bietet ein Brief Plinius' d. J.:
«Gaius Plinius grüßt seinen Montanus: Du wirst lachen, dann empört sein, dann wieder lachen, wenn Du liest, was Du nicht glauben kannst, wenn Du es nicht gelesen hast. An der via Tiburtina steht noch vor dem ersten Meilenstein – erst kürzlich habe ich es bemerkt – das Grabmal des Pallas mit folgender Aufschrift: ‹Ihm hat der Senat wegen seiner Treue und Ergebenheit gegen seine Schutzherren die Insignien eines Prätors und fünf Millionen Sesterzen zuerkannt, wobei er mit der Ehre zufrieden war.› ... mich hat diese Inschrift besonders daran erinnert, wie affektiert und unpassend es ist, Ehren bisweilen so in den Schmutz und Dreck zu werfen, und wie dieser Schurke die Dreistigkeit besaß, sie teils anzunehmen, teils abzulehnen und sein Verhalten der Nachwelt als Beispiel der Mäßigung zu überliefern.» (Plinius d. J., *Epistulae* VII 29,1 ff., Übersetzung und M. Giebel)

Die antiken Autoren verweilen gerne beim Konnex von Reichtum und Kaisernähe; für sie ist der Philosoph und Prinzenerzieher Seneca ein lehrreiches Beispiel, dessen Reichtum und Luxus auf der einen und Einfachheit und natürliches Leben, wichtige stoische Prinzipien, auf der anderen Seite als Gegensätze wahrgenommen werden, die ins Auge springen.[157] Neben 300 Mio. Sesterzen, die aufgrund mehrjähriger Kaiserfreundschaft (*regia amicitia*, Tacitus, *Annales* XIII 42,4) zusammenkamen, nannte er auch eine Vielzahl von Luxustischen aus Zitrusholz sein eigen (vgl. 56), von denen jeder ein Vermögen wert war. Wichtiger als diese auf Entlarvung zielenden Bemerkungen sind seine wirtschaftlichen Aktivitäten, die Vergrößerung seines Grundbesitzes durch Erwerb in Kleinasien und Ägypten, in der Landwirtschaft seine Wein-, Öl- und Olivenproduktion, vor allem die Kreditgeschäfte in Italien und den Provinzen, durch die er sein Vermögen arbeiten ließ und vermehrte. Hinter den dürren Quellenangaben verbergen sich die üblichen Organisationsformen der Landwirtschaft, der Villenökonomie und des Geldgeschäftes, insgesamt ein wirtschaftliches Management, das man auf den ersten Blick einem stoischen Philosophen kaum zutrauen möchte.

Hier werden Konturen des reichen Privathaushaltes in der Kaiserzeit sichtbar, die sich weiter präzisieren lassen. Der schon mehrfach erwähnte Trimalchio ist unter den zu Reichtum gekommenen Freigelassenen eine exemplarische Erscheinung: Er erbt von seinem ehemaligen Herrn ein Grundvermögen von einer Million Sesterzen, er wirft sich auf den riskanten und lukrativen Seehandel, der ihm nach diversen Rückschlägen schließlich ein Millionenvermögen einbringt; er gewinnt zusätzliches Geld durch Bankgeschäfte unter Freigelassenen; er investiert letztendlich in landwirtschaftliche Betriebe und in eine repräsentative Villa (Petronius 76 f., vgl. S. 47). Die Latifundien werden profitorientiert geführt. Einnahmen, Ausgaben, Vorkommnisse auf den Gütern sind buchhalterisch festgehalten, ebenfalls der Ankauf von Grundstücken, der Umfang der Getreideernte, die Geldumbuchungen, nicht zuletzt die Geburt der Haussklaven (*vernae*), selbst die nebensächlichen Querelen mit dem Personal, die eine Entscheidung der Gutsherrschaft verlangen (Petronius 53).[158] Jenseits aller satirischen Übertreibungen rekurriert der Dichter Petronius auf ein ökonomisches Grundmuster der Zeit, das zunächst einmal auf reiche Freigelassene gemünzt ist, aber durchaus darüber hinaus reicht. Es läßt sich am treffendsten aus dem Briefwechsel des jüngeren Plinius erschließen, dessen Reichtum von ca. 20 Mio. Sesterzen eher an der unteren Mitte der Skala senatorischer Vermögen anzusiedeln ist.[159] In dieser Summe sind die verschiedenen Ländereien mit einem geschätzten Jahreseinkommen von 1 Mio. Sesterzen enthalten, diverse Erbschaften, die sich auf ca. 1,5 Mio. Sesterzen belaufen, Mieteinnahmen in der Hauptstadt und Geldgeschäfte, die bei etwa 1,5 Mio. Sesterzen gelegen haben dürften.

«Nun sind aber, was der Hauptpunkt meiner Überlegungen ist, die Ländereien fruchtbar, haben einen fetten Boden und sind gut bewässert; sie bestehen aus Feldern, Weinbergen und Wäldern, die Bauholz und damit ein mäßiges, aber doch festes Einkommen gewährleisten ...

Du sollst wissen, für welchen Preis man die Güter wahrscheinlich kaufen kann. Drei Millionen Sesterzen; nicht, weil sie nicht irgendwann einmal fünf Millionen wert gewesen wären, aber durch den Mangel an Pächtern und die ungünstigen Zeiten ist mit dem Ertrag der Ländereien auch der Preis gefallen. Du fragst, ob ich diese drei Millionen leicht aufbringen kann. Freilich habe ich mein Vermögen fast ganz in Ländereien angelegt, einiges Geld jedoch habe ich mit Zinsen angelegt, und es wird mir nicht schwerfallen, Geld zu leihen; ich werde es von meiner Schwiegermutter bekommen, deren Kasse ich genauso wie meine eigene in Anspruch nehmen darf.» (Plinius d. J., *Epistulae* III 19,5 und 7 f., Übersetzung M. Giebel)

Das Vermächtnis des Plinius

All diese Summen ermöglichen dem Grundbesitzer und Senator Plinius nicht allein ein standesgemäßes, angenehmes und doch auch beschäftigungsreiches Leben, das jenseits des ostentativen Luxus vieler seiner Zeitgenossen die Annehmlichkeiten der römischen Zivilisation in mäßiger Weise zu nutzen wußte. Etwas anderes ist wichtiger: Der reiche Angehörige der Oberschicht läßt durch Spenden und Stiftungen seine Umwelt besonders seine Heimatstadt Comum an seinem Reichtum partizipieren, die in einer posthum gesetzten Ehreninschrift die öffentliche Anerkennung finden.

«Gaius Plinius Caecilius Secundus, Sohn des Lucius aus der Tribus Oufentina, Konsul, Augur, («kaiserlicher») Statthalter der Provinz Pontus und Bithynia mit konsularischer Befehlsgewalt, ... Testamentarisch hat er den Bau von Thermen ... verfügt, zusätzlich (einer Summe) von 300 000 Sesterzen zur Ausschmückung und darüber hinaus (ein verzinsbares Kapital von) 200 000 Sesterzen für den Unterhalt gestiftet. Ebenso hat er für den Unterhalt seiner Freigelassenen – insgesamt 100 Menschen – (ein verzinsbares Kapital von) 1 866 666 Sesterzen der Gemeinde ausgesetzt, dessen Ertrag nach seiner Willenserklärung später zur Speisung der städtischen Plebs verwandt werden solle. Außerdem hat er der städtischen Plebs zu Lebzeiten für den Unterhalt von Kindern beiderlei Geschlechts 500 000 Sesterzen gestiftet sowie eine

Abb. 105 Leopardenjagd im Amphitheater. Der in der Mitte des Mosaikausschnitts dargestellte Magirius trägt vor sich vier Geldsäckchen, die der Familie der Leopardenjäger gestiftet werden sollen – wie die Inschrift ausweist jeweils 500 Denare pro Leopard. Mosaik aus Smirat (Tunesien).

Bibliothek und (eine Summe von) 100 000 Sesterzen für deren Unterhalt». (ILS 2927, Übersetzung L. Schumacher)

Insgesamt dürften sich die *liberalitates* des Plinius auf 5 Mio. Sesterzen belaufen haben. Es mutet sympathisch an, daß zum Wohltun, so wie er es verstand, eine Art Rente für seine Freigelassenen, öffentliche Speisungen und Ausgaben für eine städtische Bibliothek gehörten, soziale und pädagogische Motive, die seinen Euergetismus prägen.

Geld unter die Leute

Auf diese Weise übernimmt der private Reichtum in der hohen Kaiserzeit für die Gemeinde und für die Regionen eine Fülle öffentlicher Aufgaben: Bauten der verschiedensten Art, Versorgungsleisten für die städtische Bevölkerung, Kosten für Heiligtümer und Kultfeiern, im besonderen Maßen Donationen für Spiele aller Art.[160] Die Liste der finanziellen Leistungen ist dabei konventionell und überschaubar. Ein Freigelassener, *medicus* in Assisi im 1. Jh. n. Chr., stiftet Geld für die Straßenpflasterung (ILS 7812, vgl. S. 45). Eindrucksvoll setzt im 3. Jh. n. Chr. ein vornehmer Bürger aus Smirat in der Provinz Africa proconsularis, ein gewisser Magirius, seiner *munificentia* bei der Ausrichtung von Jagdspielen im Amphitheater ein Denkmal (Abb. 105). Vier Säckchen mit zusammen 4000 Denaren (= 16 000 Sesterzen) werden für die Familie der Jäger (*telegenii*) gestiftet, so daß sie für jeden gefangenen Leoparden eine Summe von 500 Denaren erhalten.[161] Die Inschrift auf der rechten Seite des Mosaiks unterstreicht noch einmal das Exemplarische des Vorgangs. Zukünftige Ausrichter von Spielen sollen sich an der Großzügigkeit des Magirius ein Beispiel nehmen.

Spiele bilden, wie man dies nicht zuletzt in Pompeji sehen kann, einen Anziehungspunkt für die gesamte Region. Dieser weit gespannte Rahmen privater Euergesie läßt sich besonders eindrucksvoll an zwei Persönlichkeiten des 2. Jh. n. Chr. demonstrieren, an Herodes Atticus (ca. 101/3–177 n. Chr.), dem reichsten Mann seiner Zeit, und an dem lykischen Staatsmann Opramoas, die beide weit über ihre Heimatstadt hinaus Stiftungen und Schenkungen getätigt haben. Dem Herodes Atticus stand wahrscheinlich ein Vermögen von über einer Milliarde Sesterzen zur Verfügung; Stiftungen von ihm sind in Olympia, in Delphi, in Korinth, in Kleinasien und Italien belegt; Athen verdankt ihm das berühmte Odeion am Südabhang der Akropolis, das 5000 Zuschauer faßte und als großartiges Bauwerk von den Zeitgenossen gerühmt wurde, ebenso wie das Stadion, das von Herodes Atticus im römischen Stil umgebaut und mit kostbaren Marmorsitzen für 50 000 Zuschauer ausgestattet wurde (Abb. 106. 107).[162]

Großzügige Geldgeschenke an befreundete Redner und eine Bürgerstiftung, die 12 000 armen Athenern eine finanzielle Unterstützung zukommen ließ, runden das Bild des ge-

Abb. 106 Grundriß des Stadions von Athen, das über den Vorgängerbauten in Marmor von Herodes Atticus nach römischem Geschmack umgebaut wurde.

nerösen Wohltäters ab, dessen Reichtum das bekannte Profil der Zeit aufwies: Reicher Grundbesitz, landwirtschaftliche Produktion, die auch in den Export ging, Einkünfte aus Marmorbrüchen und nicht zuletzt Bankgeschäfte[163], die er durch Mittelmänner tätigen ließ. Freundschaftliche Nähe zum römischen Kaiserhaus war hier wie in anderen Fällen seinem Reichtum förderlich.

Nicht weniger bewundernswert sind die großartigen Schenkungen, die der führende Vertreter des lykischen Bundes, der Lykiarch Opramoas aus der Stadt Rhodiapolis den Gemeinden und Personen seiner kleinasiatischen Heimat hat zukommen lassen. Gelder für Getreidespenden in verschiedenen Städten Lykiens und Pamphyliens, großzügige finanzielle Unterstützung für die im Jahre 142 n. Chr. erdbebengeschädigten Städte der Region (Telmessos, Patara, Myra u. a.), die Übernahme der Kosten für den Bau von Heiligtümern und Festen – alles in allem dürfte Opramoas ca. 6 Mio. Sesterzen gespendet haben, bei einem geschätzten Grundkapital von ca. 30–40 Mio. Sesterzen. Seine finanzielle Hilfsbereitschaft brachte ihm das Bürgerrecht in allen Städten Lykiens ein[164], was ihm wahrscheinlich nicht nur Ehren eintrug, sondern auch mit finanziellen Verpflichtungen verbunden war.

So kommen dem Privatvermögen in der Kaiserzeit verschiedene wichtige Funktionen zu. Reiche Wohltäter übernehmen in den Städten und Provinzen öffentliche Aufgaben, die sie ihm Hinblick auf und vielfach auch in Abstimmung mit Kommunen, Provinz und Kaiser durchführen; ihnen verdanken wir in einem erheblichen Maße die großartige, nicht allein materielle Zivilisation der Zeit, deren Abglanz wir in den Ruinen von Ephesos und Milet[165], von Pompeji und Ostia, von

*Abb. 107
Rekonstruktion des von Herodes Atticus errichteten Stadions für die ersten Olympischen Spiele in Athen 1896. Dieses wurde für die Olympischen Spiele von 2004 erneut modernisiert und für Wettkämpfe genutzt.*

Trier und Köln auch heute noch bewundern. Sie fördern das lokale Gewerbe, vor allem das Bauhandwerk und bringen auf ganz unterschiedliche Weise Geld unter die Leute, nicht zuletzt in Gestalt der *summae honorariae*, der Geldgeschenke, welche die städtischen Notablen der Bürgerschaft beim Amtsantritt ausgeben.[166] So fördert private Munifizenz auf einer unteren, lokalen Ebene die Geldwirtschaft, sie ist im gewissen Sinne Abbild der kaiserlichen Großzügigkeit und wie diese auf Außenwirkung bedacht. Auch in ihren Geldspenden konkretisieren sich die Tugenden der *munificentia*, der *liberalitas* und der *beneficentia*[167], welche das materielle Gut für die Um- und Nachwelt auf eine moralische Ebene heben.

Dies bezeugt auch eine Ehreninschrift aus dem römischen Nordafrika, die im Jahre 282 n. Chr. einem vornehmen Wohltäter gesetzt wurde:

Der Stadtrat aus Pupput ehrt Caelius Severus, Patrizier und Konsular, einen Mann von bewundernswerter Integrität, Uneigennützigkeit und unnachahmlicher Beispielhaftigkeit, «der allein vermöge seiner Freigebigkeit das Forum, das aufgrund seines Alters zusammengestürzt war, zusammen mit den Gebäuden, der Tempelanlage und dem Rathaus in größerer Schönheit wieder hergestellt und geweiht hat. Der Stadtrat von Pupput seinem Patron auf Lebenszeit.
(ILS 5361, Übersetzung H. Kloft)

Nun schließt diese moralische Dimension, die habituelle Großzügigkeit der kaiserzeitlichen Oberschicht, keineswegs aus, daß sich mit dem Wohltun über die bloße Reputation hinaus auch handfeste Interessen und Gegenleistungen verbinden können; sie lassen sich aus den stereotypen Quellenangaben nur mühsam erschließen.[168] Welchen mittelbaren oder unmittelbaren Nutzen Opramoas aus seinem vielfältigen Bürgerrecht in Lykien oder Caelius Severus aus der Restaurierung des Forums gezogen haben, erfahren wir nicht. Die wirtschaftlichen Begleitumstände und die ökonomischen Folgen, welche die antike Form des Sponsorentums gehabt haben, bleiben weitgehend im dunkeln. Aber es ist daran zu erinnern, daß der Euergetismus ein Geschäft auf Gegenseitigkeit war, wie dies Aristoteles im Hinblick auf die oligarchischen Gemeinwesen seiner Zeit nüchtern festgestellt hat: Die öffentlichen Aufwendungen der politisch führenden Schicht konsolidierten ihre Stellung, schafften Zufriedenheit im Volke und machten die Verfassung (*politeia*), die politischen Verhältnisse allgemein akzeptabel (Aristoteles, Politica 1321a, 33 f.).[169] Man muß den Begriff der Gegenseitigkeit wahrscheinlich im verstärkten Maße auch wirtschaftlich interpretieren und auf den möglichen ökonomischen Nutzen schauen, der mit dem Wohltun verbunden war. Wie heute sind auch in der römischen Welt Motivation und Funktion von Spenden vielfältig, eine Gemengelage, in der es schwerfällt, wirtschaftliche Absicht und intendierten Effekt präzise zu umreißen.

Das Profil der kaiserzeitlichen Geldwirtschaft wird besonders deutlich in der Art und Weise wie und in welchem Umfang Geld ausgeliehen und Geldgeschäfte getätigt wurden.[170] Der Staats-, der Gemeinde-, der Privathaushalt waren in unterschiedlicher Weise davon betroffen. Ganz selbstverständlich wendet man sich in Geldnöten zunächst an private und befreundete Geldgeber. Dies ist schon in der Republik und der frühen Kaiserzeit so. Bei der Musterung des Ritterstandes erhielten diejenigen von Augustus einen tadelnden Verweis, die Geld zu einem niedrigen Zinsfuß aufgenommen und zu einem höheren weiterverliehen hatten (Sueton, *Augustus* 39). Der jüngere Plinius leiht sich das Geld für den Kauf eines benachbarten Grundstückes bei seiner Schwiegermutter (vgl. S. 80). Seneca wird wegen seiner scharfen Kreditpraxis in Italien und in den Provinzen angefeindet.[171] Trimalchio vermehrt sein Vermögen durch Kredite, die er an Freigelassene vergibt (vgl. S. 47). Vielfach sind es nur ganz geringe Beträge, die in der einfachen Bevölkerung gegen Zins und oft nur kurzfristig vergeben werden, wie wir dies einem Graffito aus Pompeji entnehmen können (Abb. 108).

Geldverleih und Außenstände

Geldknappheit, überhöhte Zinsen, Schulden und oft nur mühsame Schuldentilgung gehörten offensichtlich zum kaiserzeitlichen Alltag, wie die vielfältigen Klagen gegen die *faenatores*, die Wucherer, eindrucksvoll belegen. Diese gewerbs-

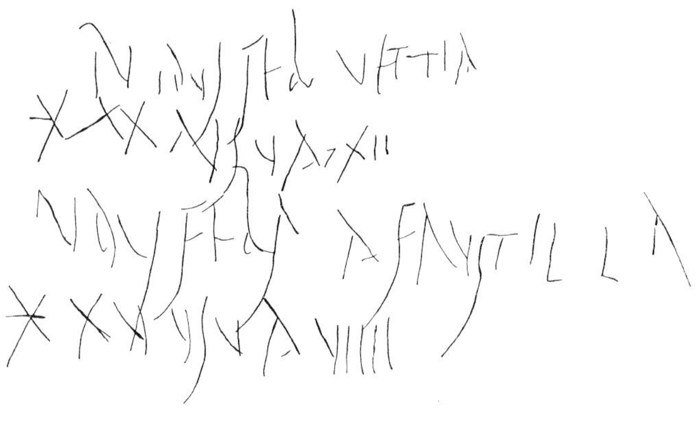

Abb. 108 CIL IV 4528. «IV. Idus Feb. Vettia D. XX, usu(ra) a(sses). XII. Non. Febra. Faustilla D. XV, usu(ra) a(sses). VIIII.» – «Am 10. Februar von Vettia für geliehene 20 Denare Zins 12 As. Am 5. Februar von Faustilla für geliehene 15 Denare Zins 9 As.»

mäßigen Geldverleiher betreiben ihre Geschäfte vielfach als Sklaven und Freigelassene der reichen Oberschicht. Aber die Vorwürfe gegen sie beweisen auch, daß nicht nur innerhalb der Oberschicht der Geldverleih gang und gäbe war, wie dies ein nicht näher bekannter Afer beim Dichter Martial wortreich kundtut, der über seine vielfältigen Außenstände raisoniert.
«100 000 Sesterzen schuldet mir Coranus, Mancinus 200 000 300 000 Titius, die doppelte Summe Albinus;

eine Million Sabinus, das Doppelte noch einmal Serranus Von den Besitztümern auf den Inseln Einkünfte von 300 000 Von den Viehherden um Parma 600 000 Sesterzen:
Alle Tage, Afer, erzählst Du mir das
und ich behalt es besser als meinen eigenen Namen.
Du sollst etwas hinzählen, damit ich dies ertragen kann.
Hilf dem täglich Ekel durch Geldstücke ab,
umsonst kann ich das, Afer, nicht mehr ertragen.»
(Martial, IV 37, Übersetzung H. Kloft)

Hier klagt ein Reicher «auf hohem Niveau», wie man heute sagt. Auch wenn die Zahlen übertrieben sind, machen sie doch deutlich, daß dem Geldverleih gewaltige Summen zugrundeliegen können. Der arme Dichter wäre froh, wenn ihm sein geduldiges Zuhören wenigstens ein paar Münzen als finanzielle Gegenleistung einbringen würde. Geldverleih war ein allgemeines Phänomen in der römischen Kaiserzeit. Auch der einfache Mann, auch der Arme, waren bis ins 4. Jh. v. Chr. hinein in diesen Geldsystem eingebunden, wie die Rede «Gegen die Wucherer» (*contra usurarios*) des Kirchenvaters Gregor von Nyssa unterstreicht.[172]

Dieses private Kreditgeschäft läßt sich auch nicht annähernd quantifizieren. Es wird flankiert von den Banken, den *trapezai* bzw. *mensae*, die von Bankiers, den *nummularii*, *argentarii* bzw. *coactores argentarii* betrieben werden, sofern zu den Geldgeschäften die Abwicklung von Auktionen hinzukam. Die bekannteste Figur auf diesem Sektor ist der Bankier, Auktionator und Steuerpächter Lucius Caecilius Iucundus aus Pompeji (Abb. 109), in dessen Haus verkohlte Geschäftsquittungen und ein eindrucksvolles Bronzeporträt gefunden wurden, das man lange Zeit auf den letzten Besitzer und Betreiber der Geldgeschäfte bezogen hat.[173] Es zeigt aber wohl den Vater des Bankiers aus augusteischer Zeit, dessen leicht verschlagene Gesichtszüge man in der Vergangenheit häufig mit dem Bankgeschäft in Verbindung gebracht hat.

Aus dem Archiv der Sulpicii

Zu den normalen Aktivitäten der damaligen Banken: Geldumtausch, Aufbewahrung, Geldverleih, möglicherweise auch Beratung bei An- und Verkäufen, kommt die Abwicklung kommunaler Geldgeschäfte hinzu, die dem Caecilius einen bescheidenen Wohlstand sicherten. Die aufschlußreiche Geschäftskorrespondenz ist in jüngerer Zeit durch das Bankarchiv der Sulpicii aus Puteoli in willkommener Weise ergänzt worden, welches auf die Höhe der Kredite, auf die Akteure – zumeist Freigelassene und Sklaven –, auf die notwendigen Sicherheiten und die Rechtsformen zusätzliches Licht wirft.[174]
«Im Konsulatsjahr des Servius Asinius Celer und des Sextus Nonius (38 n. Chr.), am 29. August. Ich, Gaius Novius Eunus, habe schriftlich bestätigt, daß ich Hesychus Euenianus, dem Sklaven des Gaius Caesar Augustus Germanicus, 1130 Sester-

zen schulde, die ich von ihm als Darlehen genommen habe, und (diesen Betrag) werde ich, sobald er es verlangt, an ihn persönlich oder an Gaius Sulpicius Faustus zurückzahlen. Daß die genannten 1130 Sesterze einwandfrei und ordnungsgemäß bezahlt werden, hat sich Hesychus Euenianus, der Sklave des Gaius Caesar Augustus Germanicus, rechtsverbindlich zusagen lassen; ich, Gaius Novius Eunus, habe die Zusage gegeben. Abgeschlossen in Puteoli.» (AE 1972, 88, Übersetzung nach W. Eck, J. Heinrichs)

Wie weit sich diese speziellen Finanzverhältnisse aus Kampanien verallgemeinern lassen, ist nur schwer zu beantworten. Aber einiges läßt sich aus den Geldgeschäften sehr wohl erkennen: Relativ geringe Dimensionen, ein überschaubarer Einzugsbereich, hohe Sicherheitsanforderungen, im Hinblick auf die Bankiers bestenfalls eine mittelprächtige «soziale Reputation», nicht zuletzt die Kopplung mit anderen Handelsgeschäften – aus diesen Faktoren hat man auf eine fehlende Professionalisierung des kaiserzeitlichen Bankgewerbes geschlossen.[175]

Ein Scheck für einen Festredner

Das ist wahrscheinlich zu modern gedacht. Man darf die Eigenart der kaiserzeitlichen Banken nicht an der Entwicklung im Spätmittelalter und in der Frühen Neuzeit messen, wo es andere Rahmenbedingungen gab. Banken hat es mit einiger Sicherheit in den größeren Handels- und Hafenstädten des

Abb. 109
Porträt des Lucius Caecilius Iucundus, eingepaßt in eine marmorne Herme. «Das Porträt ist in den physiognomischen Zügen mit prägnanter Schärfe gezeichnet ... Der Charakter eines ebenso schlauen wie harten Geschäftsmannes ist trefflich erfaßt.» (Theodor Kraus) Archäologisches Nationalmuseum Neapel.

Reiches gegeben, in Kleinasien sind sie u. a. in Pergamon, Mylasa und Nikaia bezeugt; in Ephesos spielte die Bank im Tempel der Artemis, die eine lange und berühmte monetäre Tradition besaß, auch während der Kaiserzeit, besonders im Depositengeschäft eine große Rolle. In Ägypten übernahmen die römischen Kaiser die Staatsbanken der Ptolemäer, über welche die vielfältigen Steuern eingezogen wurden. Daneben existierten Privatbanken, welche dem normalen Publikumsverkehr dienten. Zwei berühmte Bremer Papyri bezeugen, daß es im Rahmen der Privatbanken Geldanweisungen nach Art der späteren Schecks gegeben hat. In dem ersten Fall (110 n. Chr.) wird der Bankinhaber angewiesen, vom Konto des Gymnasiarchen dem Redner Licinius für seine Festvortrag 400 Drachmen auszubezahlen, die der Empfänger auf der Anweisung quittiert.

«Mnesitheos, Sohn des Mnesitheos, (wünscht) dem Epagathos,
der die – Bank hat, Freude,
Zahle an Licinius Dr(achmen) [ ],
den Redner, das was ihm zufällt für die Reden,
durch die Aurelius X
am 12. des Monats Phaophi
in dem Gymnasium
geehrt wurde,
in Silber vierhundert Dr(achmen), das macht (in Ziffern)
400 Dr(achmen) im 14. Jahre
des Imperator Cäsar Nerva Traianus
Augustus Germanicus Dacicus
Am 23. Phaophi. (2.H.) Licinius Dr(achmen) [ ], ich habe abgehoben
die vierhundert Dr(achmen) in Silber,
das macht (in Ziffern) 400 Dr(achmen), wie oben geschrieben steht.» (Pap. Brem. 46, Übersetzung U. Wilcken)

Der zweite Scheck enthält die Anweisung für den Monatslohn dreier Eselstreiber: 64 Drachmen gemäß ihrem Lohnvertrag, den sie mit dem Leiter des Gymnasiums geschlossen hatten. Die Auszahlung quittiert ein gewisser Theon, da die Eselstreiber des Schreibens nicht mächtig sind.[176]

Man darf aus diesem modern anmutenden Geldtransfer sicher nicht auf den Charakter der Geldwirtschaft insgesamt schließen. Erkennbar haben die Banken in der römischen Kaiserzeit nicht jene dynamische Rolle spielen können, die ihnen bei der Entwicklung des neuzeitlichen Kapitalismus zukommt.[177] Bei der Kreditvergabe scheinen die privaten Geldgeber wichtiger gewesen zu sein. Insgesamt darf heute als sicher gelten, daß die Geldanleihen für den lokalen wie für den Fernhandel aber doch bedeutsamer waren, als man dies lange angenommen hatte.[178] Beide Phänomene, die Existenz der Banken und die große Bedeutung der Kredite, sind wichtige Indikatoren für den Verbreitungsgrad, den das Geldwesen der Kaiserzeit aufwies.

Der Monatsverdienst von drei Eselstreibern in Ägypten am Beginn des 2. Jh. n. Chr., insgesamt 64 Drachmen (= 64 römische Sesterzen) dokumentiert die gewaltigen Unterschiede, die zwischen dem Lebensstandard und den Finanzmöglichkeiten der Oberschichten auf der einen, der Unterschichten auf der anderen Seite bestehen.[179] Wie der Reichtum, so ist auch die Armut eine relative Größe. «Die Armen» lassen sich kaum als eine soziale Kategorie, schon gar nicht als eine einheitliche Schicht ausmachen. Aber sie sind vor allem von ihren Lebensbedingungen her ein ökonomischer Tatbestand, von den sozialen und politischen Folgen ganz zu schweigen, welche die Armut natürlich auch besitzt.

Der Wirtschaftshistoriker Carlo M. Cippolla hat einmal festgestellt, daß in allen älteren Agrargesellschaften die Masse der Bevölkerung über die Befriedigung der elementarsten Bedürfnisse – Nahrung, Kleidung und Wohnung – nicht hinaus kam[180], Bedürfnisse, die in der Regel lediglich auf der untersten Ebene befriedigt werden konnten. Einige wenige Beobachtungen wollen im folgenden helfen, diese allgemeine Aussage für unsere Zwecke, ohne Anspruch auf Vollständigkeit, zu präzisieren.[181]

Teures Rom

Dabei sind mit Nahrung, Kleidung und Unterkunft durchaus die Kriterien benannt, die auch im römischen Kontext für das Existenzminimum gelten (Digesten XXXIV 1,6: *cibaria, vestitus, habitatio*); aber es ist keine Frage, daß diese grundlegenden Lebenshaltungskosten in der Hauptstadt Rom, im Landstädtchen Pompeji, in Ägypten und Britannien unterschiedliche Konturen aufwiesen und anders realisiert werden konnten. Natürlich ist in der Hauptstadt Rom das Leben teurer als anderswo, selbst die Armut gibt sich hier anspruchsvoll (*ambitiosa paupertas*, Juvenal III 182 f.), wie der Satiriker Juvenal beklagt.

«Schwer fällt der Aufstieg dem Mann, dessen Fähigkeiten
die Armut
Stehet als Hemmnis im Weg; doch in Rom ist solch ein
Beginnen
Noch weit schwerer: ein elendes Zimmer ist teuer, und teuer
Sind die Wänste der Sklaven, das einfachste Essen ist teuer.
…
Rom schätzt nur Eleganz, die über die Kraft geht; hier
nimmt man
Mehr als gut, muß es sein, sogar aus der Truhe des andern.
Dies ist die Krankheit der Zeit: hier leben wir alle in Armut.
Die voller Anspruch; um kurz es zu sagen, in Rom kostet
alles Geld.» (Juvenal III 164 – 167; 180 – 184, Übersetzung
U. Knoche)

Um in Rom bescheiden leben zu können, bedarf es neben Hausrat und einer Dienerschaft eines Kapitals von 20 000 Ses-

Tabelle 10
Liste einiger Bedarfsartikel

Lebensmittel	ein *modius* (6,503 kg) Roggen	12 As = 3 Sesterzen
	ein *modius* (6,503 kg) Weizen	30 As = 7 Sesterzen
	ein *modius* (6,503 kg) Lupinen	3 As
	eine *libra* (0,328 kg) Öl	4 As = 1 Sesterz
	ein Maß einfachen Wein	1 As
	ein Maß Falerner	4 As = 1 Sesterz
Geschirr	ein Breitopf	1 As
	ein Teller	1 As
	ein kleines Trinkgefäß	2 As
	ein Eimer	9 As = 2 Sesterzen, 1 As
	eine Lampe	1 As
	ein silbernes Sieb	90 Denare = 360 Sesterzen
Kleidung	eine Tunika	15 Sesterzen
	Reinigung einer Tunika	1 Denar = 4 Sesterzen
Tiere	ein Maultier	520 Sesterzen
Sklaven	zwei Sklaven	5048 Sesterzen

terzen, um von den Erträgen den Lebensunterhalt zu bestreiten (Juvenal IX 139 ff.).[182] Bei einer Verzinsung von angenommenen zehn Prozent wären dies 2000 Sesterzen pro Jahr, gut 165 Sesterzen pro Monat. Dies sind die Konturen der Armut, die sich der Dichter sehnlichst wünscht (Juvenal IX 147). *Quando ego pauper ero* – Wann werde ich endlich arm sein: ein vergeblicher Wunsch, wie er weiß, denn die Glücksgöttin Fortuna hat kein Ohr für den armen Dichter.

Römische Armut bedeutet Auskommen mit Wenigem. Darunter steht das Bettlertum als gängige Erscheinung in der griechisch-römischen Welt.[183] Die finanziellen Mittel, die beim Dichter Juvenal bezeichnenderweise nicht aus eigener Arbeit fließen, lassen sich im Hinblick auf das Existenzminimum grob qualifizieren: Es mögen insgesamt 3000 Asse für Rom und 2000 Asse für Pompeji gewesen sein.[184] Hier gibt eine reichhaltige Überlieferung die Möglichkeit, die Kosten für den Lebensunterhalt einigermaßen sicher festzustellen.

Eine Liste der Haushaltsausgaben für neun aufeinander folgende Tage (Tab. 10) notiert die täglichen Kosten für Brot, Öl, Wein als Hauptnahrungsmittel, führt Blutwurst, Käse, Gemüse und Fisch auf und kommt für die Zeitspanne auf insgesamt 225 Asse (etwas über 56 Sesterzen).[185] Robert Etienne, der aus den Angaben auf einen Tagessatz von 8 Asse pro Person schließt, hat aus den Graffiti auch die Preisangaben für den täglichen Bedarf zusammengestellt.

All dies sind ökonomische Momentaufnahmen, die sich nicht einfach in andere Regionen und Zeiten übertragen lassen; aber sie bilden doch wichtige Indikatoren für den normalen monetären Austausch auch auf der unteren Ebene und veranschaulichen die große Differenz zu den gewaltigen Summen, auf welche die oberen Schichten zurückgreifen konnten. Für sie bot der Ankauf und die Verwendung von Sklaven keine Schwierigkeiten, für den kleinen Mann waren sie (bei einem Durchschnittspreis von 2000 – 2500 Sesterzen)[186] nahezu un-

Geld und Geldwirtschaft

erschwinglich. Die einfache Bevölkerung hatte nur wenig Geld zur Verfügung, wie die Münzfunde aus Pompeji zeigen; vielfach sind es 200 Sesterzen, die im Hause aufbewahrt werden, kleinere Summen bis zu 30 Sesterzen, die der Pompejaner bei sich trug (Abb. 110).[187]

Geht man vom normalen Stadt-Landgefälle aus, dann dürfte abseits der urbanen Zentren die soziale Ungleichheit im Hinblick auf Geldmittel noch sehr viel gravierender gewesen sein. In den Städten konnte der Arme auf Geldgeschenke (sportulae) reicher Patrone hoffen, die dafür kleinere Gefälligkeiten und Botendienste einfordern konnten. Martial, der sich über den «Klientenlohn» von lumpigen hundert Quadranten (immerhin gut 6 Sesterzen!) öfters verächtlich ausläßt, hätte diese sporadischen Geldzuwendungen gerne in ein ordentliches Gehalt (salarium) umgewandelt gesehen (Martial III 7).[188] Aber das hätte der großzügigen Geste einen festen und verbindlichen Rahmen gegeben, was nicht dem Grundcharakter antiken Schenkens entsprach; dies orientierte sich an der Freiwilligkeit des Gebers, der seine prinzipiellen Freiheiten nicht aufs Spiel setzen wollte.

So blieben als Hauptmöglichkeit für die Masse der Bevölkerung, um die Lebensbedingungen einigermaßen zu sichern, die Selbstversorgung und die Lohnarbeit. Sie besaß freilich einen anderen Stellenwert in der damaligen Gesellschaft als im Mittelalter und in der Neuzeit.[189] Arbeit war, wie wir gesehen haben, für alle Zweige der antiken Wirtschaft eine Notwendigkeit, sie wurde auf der anderen Seite als Plackerei und Mühsal empfunden (labor), die den Menschen von seinen «wesentlichen» Tätigkeiten abhielt. Auf die Idee, daß Arbeit ein Mittel zur menschlichen Selbstverwirklichung darstellt, wären die Menschen in der Antike nie gekommen.

Man muß den traditionellen Vorurteilen, die sich in der Kaiserzeit differenzierter und auch abwägender präsentierten[190], an dieser Stelle nicht weiter nachgehen. Die tagtägliche Arbeit war die Voraussetzung für den Lebensunterhalt der Masse der Bevölkerung (Abb. 111).

Die Last der Armut

Armut und Arbeitslosigkeit sind die gewaltigen Übel der Zeit, wie der Redner Dion Chrysostomos ausführt (VII 36). Aber es ist bezeichnend für ihn, daß er zwar die Lage der armen Stadtbevölkerung umsichtig zur Sprache bringt, aber bei der Frage, welche Tätigkeiten denn ausgeübt werden können und sollen, die herkömmlichen Vorbehalte gegen Putzsucht, Luxus und Schauspiel vorbringt, die als mögliche Berufssparten desavouiert werden. (Dion Chrysostomos VII 117 ff.)

«So wollen wir jetzt denn Leben und Treiben der Armen in den Haupt- und Landstädten betrachten und uns fragen, bei welcher Lebensweise und bei was für Beschäftigungen sie ein keineswegs kümmerliches Leben führen können, nicht schlechter als das von Leuten, die mit hohen Zinsen Anleihen machen, sich genau auf das Berechnen von Tagen und Monaten verstehen und große Mietshäuser, Schiffe und eine Menge Sklaven besitzen.

Abb. 110 Überreste des Geldbeutels mit wenigen Kleinmünzen, die ein bei der Katastrophe des Vesuvausbruches zu Tode gekommener Pompejaner bei sich hatte.

Für diese Armen ist es gewiß nicht leicht, in den Städten Arbeit zu finden, und sie sind auf fremde Mittel angewiesen, wenn sie zur Miete wohnen und alles kaufen müssen, nicht nur Kleider und Hausgerät und Essen, sondern sogar das Brennholz für den täglichen Bedarf; und wenn sie einmal Reisig, Laub oder eine andere Kleinigkeit brauchen, müssen sie alles, das Wasser ausgenommen, für teures Geld kaufen.» (Dion Chrysostomos VII 104–106, Übersetzung W. Elliger)

Auf die realen Nöte der kleinen Leute, insbesondere auch der mittellosen Frauen, können die Ratschläge der kaiserzeitlichen Redner und Philosophen nur unzulänglich antworten, wiewohl sie für die zeitgenössische Wahrnehmung der Armut wichtig sind. Aufschlußreicher ist ein Blick auf die realen Verdienstmöglichkeiten, die sich aus den Quellen für verschiedene Tätigkeiten auf dem Arbeitsmarkt ergeben. Marcus Prell hat nach sorgfältigen Berechnungen eine Tabelle zusammengestellt (vgl. S. 110, Tab. 11), die ihre Schwächen hat: Der ermittelte Jahresverdienst ist fragwürdig und die Entlohnungen sind, ähnlich wie in Pompeji, zeit- und ortsgebunden. Aber die Liste macht doch deutlich, daß Verdienste über einen Denar (= 4 Sesterzen = 16 Asse) hinaus eher selten waren.

Man kann diese virtuellen Jahresverdienste in Beziehung setzen zum Ritterzensus von 400 000 Sesterzen und feststellen, daß 277 Jahreseinkommen eines einfachen Arbeiters notwendig wären, um dorthin zu gelangen.[191] Näher liegt die Rückkopplung an das Existenzminimum von 2000–3000 Assen, welche durch die obengenannten Tätigkeiten durchaus erwirtschaftet werden konnten.

Die menschlichen Grundbedürfnisse durch Arbeit abzusichern – dafür bietet das römische Kaiserreich Beispiele, die den Rahmen einfacher Agrargesellschaften (vgl. S. 98) weit übersteigen. Es existieren für verschiedene Bereiche ausgefeilte Arbeitsverträge[192], welche die gegenseitigen Verpflichtungen zwischen Arbeitgeber und Arbeitnehmer schriftlich festhalten und damit den Beteiligten auch ein gewisses Maß an Verläßlichkeit und Sicherheit zu vermitteln suchen. In einem Arbeitsvertrag, der auf einer Wachstafel festgehalten wurde und aus den dakischen Goldbergwerken (Transsilvanien, Rumänien) stammt, erhält der Minenarbeiter Memmius für ein halbes Jahr 70 Denare, dazu Lebensmittelzuwendungen, die man insgesamt auf der Grundlage zusätzlicher Quellenangaben auf einen Tageslohn von etwa 3 Assen zusammenziehen kann.[193]

«Unter dem Konsulat des Macrinus und Celsus, am 13. Tag vor den Kalendern des Juni (20. Mai).

Ich, Flavius Secundus, habe dies geschrieben auf Bitten des Memmius, Sohn des Asklepios, weil er verneint hat, schreiben zu können. Er (Memmius) erklärte, daß er sich verdingt habe, und er verdingte sich (als Arbeiter) in der Goldmine an Aurelius Adiutor von heute bis zu den nächsten Iden des November (also 20. 5. – 13. 11. 164 n. Chr.) für 70 Denare und Verpflegung. Er soll den Lohn erhalten an (festgesetzten) Daten (bzw. Tagen). Er soll seine Arbeit leisten wie die eines gesunden Arbeiters und zum Nutzen des oben erwähnten Pächters (d. h. zum Nutzen des Aurelius Adiutor). Wenn er sich entziehen oder (seine Arbeit) unterbrechen sollte gegen den Willen des Pächters (*conductor*), soll er 5 Sesterzen für jeden Tag zahlen, die vom Lohn abgezogen werden. Sollte eine Überflutung (die Arbeit) verhindern, wird er mit einer entsprechenden Verringerung (des Lohnes) zu rechnen haben. Sollte der Pächter eine Verringerung der Lohnzahlung vornehmen, wird dieser in gleicher Weise bestraft, (eine Lohnverzögerung über) drei Tage soll ausgenommen sein (von Strafe).

Dieser Vertrag wurde aufgesetzt in Immenosum Maior.» (CIL III p. 948 Tab. Cer. X, Übersetzung nach H.-J. Drexhage)

Abb. 111 Die arbeitende Bevölkerung. Auf diesem Grabrelief des Bankiers Lucius Calponius Daphnus (CIL VI 9183) ist der Verstorbene mit zwei Lastenträgern bei einer Verkaufsszene auf dem Großmarkt dargestellt.

Ebenso wichtig sind die Schutzklauseln für die beiden Vertragspartner, die ein übergreifendes Muster erkennen lassen, ähnlich wie der oft zitierte Lehrlingsvertrag im Webervertrag aus dem Jahre 182 n. Chr., der aus Oxyrhynchos in Ägypten stammt.[194] Die Ausbildungsvereinbarungen laufen über eine Spanne von fünf Jahren, in denen der monatliche Lohn kontinuierlich steigt (von 12 auf 24 Drachmen). Bekleidung und Kost treten ergänzend hinzu, eine Freizeit wird ausdrücklich vereinbart: «Für Festtage wird der Knabe jedes Jahr 20 Tage fehlen, ohne Lohnabzug von jener Zeit an, ab der er Lohn erhalten wird». Auch hier geben Sanktionsklauseln jedem der Vertragspartner wieder eine gewisse Mindestgarantie; Vergehen ziehen Geldstrafen nach sich: 100 Drachmen an den Geschädigten und 100 Drachmen an die öffentliche Kasse.

Tabelle 11
Tages- und Jahreslöhne ausgewählter Berufsgruppen
(nach Prell 1997, 177)

Tätigkeit	Ort	Zeit	Tagelohn	Jahreslohn
«Cicero-Sklave»	Rom	60 v. Chr.	3 Sesterzen	1080 Sesterzen
Schreiber	Spanien	44 v. Chr.	3 Sesterzen 1 As	1200 Sesterzen
Buchhalter	Spanien	44 v. Chr.	3 Asse	300 Sesterzen
Tagelöhner im Weinberg	Östliche Reichshälfte	1. Jh. n. Chr.	4 Sesterzen	1440 Sesterzen
Sklavenlohn	Rom	1. Jh. n. Chr.	4 Sesterzen	1440 Sesterzen
Arbeiter/Sklave	Pompeji	1. Jh. n. Chr.	4 Sesterzen + Kost	1400 Sesterzen
			1 Sesterz 1 As	450 Sesterzen
Klient	Rom	1. Jh. n. Chr.	6 Sesterzen 1 As	2250 Sesterzen
Prostituierte	Pompeji	1. Jh. n. Chr.	(2 Asse pro Freier)	
Schuster / Mikyllos	Griechenland	2. Jh. n. Chr.	4,5 Sesterzen	1620 Sesterzen
Landarbeiter	Griechenland	2. Jh. n. Chr.	2,5 Sesterzen	900 Sesterzen
Hausgelehrter	Rom	2. Jh. n. Chr.	3 Sesterzen	1080 Sesterzen
Minenarbeiter	Dakien	164 n. Chr.	1 Sesterz 2 Asse	540 Sesterzen
			2 Sesterzen 1 As	1200 Sesterzen
Legionär		bis 84 n. Chr.	2,5 Sesterzen	900 Sesterzen
		84–197 n. Chr.	3,3 Sesterzen	1200 Sesterzen

An derartigen Vereinbarungen – man kann die sog. Ammenverträge (Abb. 112) hinzunehmen, in denen Frauen für das Stillen fremder Kinder einen Lohn, beispielsweise 8 Drachmen pro Monat[195], zugestanden wird – interessieren nicht allein die Höhe der Zahlung, sondern vor allem die rechtliche Ausgestaltung der Arbeitsverhältnisse, für welche sowohl das griechische wie das römische Recht typische Formulare entwickelt hat. Arbeit als ein zentraler Produktionsfaktor unterliegt auch einer gewissen Rechtsordnung. Dies wird nicht zuletzt im Gleichnis Jesu von den Arbeitern im Weinberg erkennbar. In der bereits angesprochenen Geschichte vereinbart der Hausvater mit den arbeitslosen (*argoi*) Tagelöhnern einen Denar als Gegenleistung für ihren Ernteeinsatz, ein Vertrag, der beide Seiten bindet (Mt 20,1–15) und Ausgangspunkt weitreichender theologischer Folgerungen wird.

Wer vom Elend der Handarbeit in der Alten Welt redet, der kann auf die mühselige, schmutzige und oft unmenschliche Schufterei der Sklaven in den Bergwerken und Steinbrüchen, zuweilen auch in der Landwirtschaft verweisen und die Lebensbedingungen[196] beklagen, unter denen die unfreien, aber auch die freien Arbeiter ihre Leistungen zu erbringen hatten.

Nimmt man alle Gesichtspunkte zusammen, dann scheint die Sicherung des Existenzminimums für die Masse der Bewohner des Imperiums kein unerreichbares Fernziel gewesen zu sein. Mit anderen Worten: Der überwiegende Teil der Bevölkerung dürfte sich im Rahmen jener Armut bewegt haben, die sich mit dem lateinischen Begriff *paupertas* umschreiben läßt, ein Auskommen mit Wenigem, was nicht ausschloß, daß die menschlichen Grundbedürfnisse, vor allem in Zeiten der Nahrungsmittelknappheit[197], nur zu oft unbefriedigt blieben.

Selbst der Tod noch ein Geschäft

Es gibt beredte Beispiele, daß diese randständige Existenz der armen Bevölkerung nicht der Endpunkt menschlicher Sehnsüchte und Visionen war. Auf einem in Ägypten gefundenen Amulett des 3. Jhs. n. Chr. wird die Weissagung für das kommende Jahr ausgegeben: «Die Armen werden erhöht, die Reichen erniedrigt, es wird letztendlich der große König erscheinen, der seine Widersacher vernichten wird». Ähnliche Erwartungen gibt es auch im Schrifttum des frühen Christentums.[198] In ergreifender Weise hat ein sonst nicht näher bekannter Ancarenus Nothus die Hoffnung auf ein gutes Jenseits auf seiner Aschenurne verewigen lassen, die er im Columbarium an der Via Latina, einem der vielen Begräbnisstätten Roms für kleine Leute, hatte aufstellen lassen (Abb. 113).

Was vom Menschen noch bleibt	*Quod superest homini,*
es ruhen sanft die Gebeine	*requiescunt dulciter ossa,*
und ich sorge mich nicht,	*nec sum sollicitus*
daß mich der Hunger befällt.	*ne subito esuriam.*

Hab' keine Podagra mehr,	*Et podagram careo,*
brauch' keine Miete zu zahlen	*nec sum pensionibus arra,*
und genieße umsonst	*et gratis aeterno*
Obdach für ewige Zeit.[199]	*perfruor hospitio.*

(CIL VI 7193a, Übersetzung H. Geist)

In Rom war auch der Tod ein Geschäft. Den Angehörigen der Oberschicht boten Bestattung und Grabmal eine hervorragende Möglichkeit zur Selbstdarstellung und zur Pflege des Nachruhms, ein Statussymbol, das einen großen Aufwand nach sich zog.[200]

Aber auch das Armenbegräbnis hatte seinen Preis. Um den entrichten zu können, gründeten sich in vielen Städten Begräbnisvereine (*collegia funeraticia*), in die man sich mit einem Aufnahmebetrag und mit laufenden kleineren Beiträgen einkaufen konnte.[201] Das Kollegium stellte beim Tod eine Art Sterbegeld zur Verfügung, mit dem die Bestattung bezahlt werden konnte. Dazu wurde auch ein kleines Handgeld an die hinterbliebenen Mitglieder verteilt, die dem Toten die letzte Ehre gaben. In Lavinium, der alten Latinerstadt südlich von Rom, kamen zu Beginn des 2. Jhs. n. Chr. 300 Sesterzen für

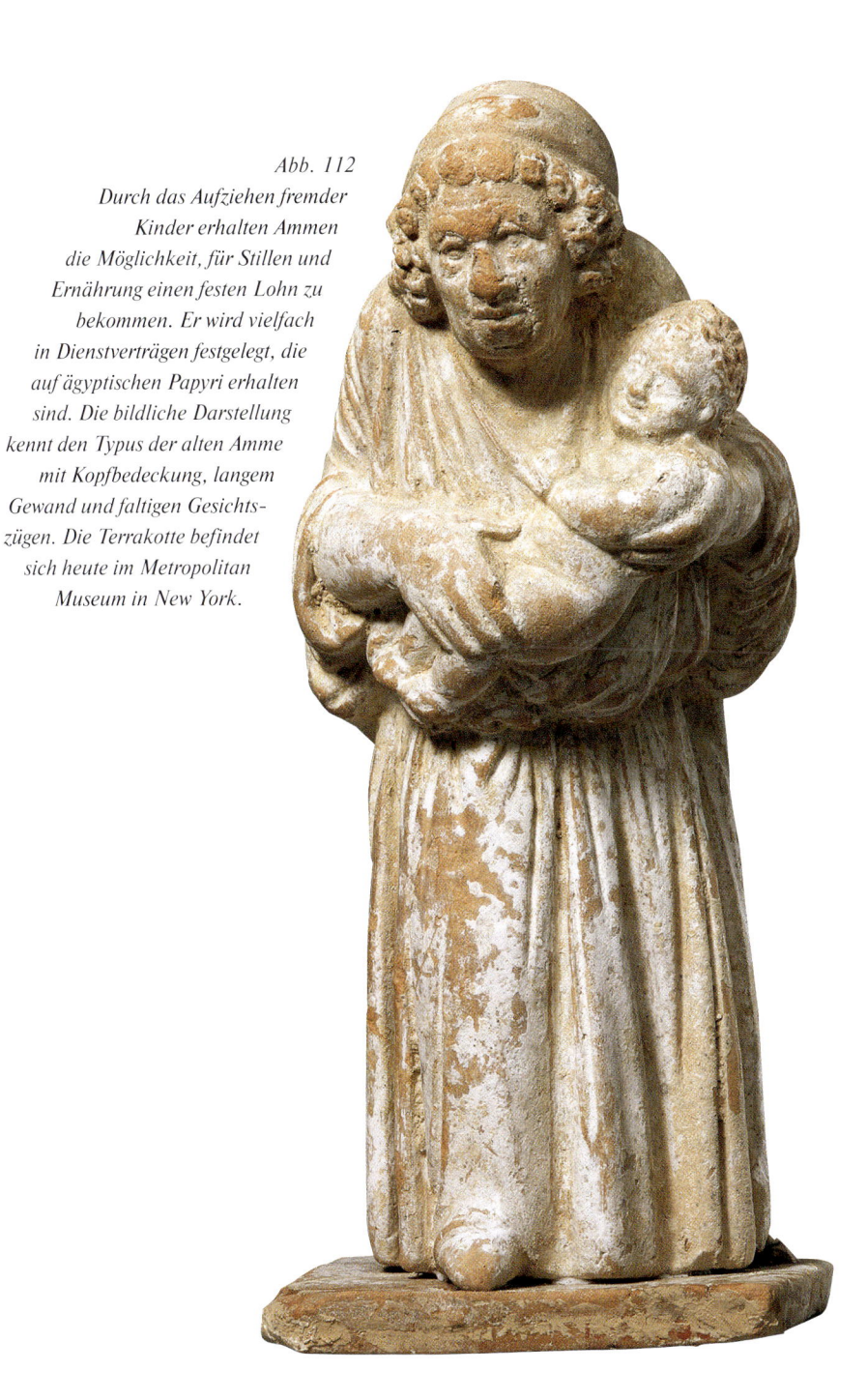

Abb. 112
Durch das Aufziehen fremder Kinder erhalten Ammen die Möglichkeit, für Stillen und Ernährung einen festen Lohn zu bekommen. Er wird vielfach in Dienstverträgen festgelegt, die auf ägyptischen Papyri erhalten sind. Die bildliche Darstellung kennt den Typus der alten Amme mit Kopfbedeckung, langem Gewand und faltigen Gesichtszügen. Die Terrakotte befindet sich heute im Metropolitan Museum in New York.

die Beisetzung und 50 Sesterzen für die Vereinsmitglieder zur Auszahlung. (ILS 7212)[202] Da für den Einstand neben der Geldsumme (100 Sesterzen) eine Amphore Wein zusätzlich gefordert wurde, dürften auch diese Exequien mit jener Mischung von Trauer und feuchtfröhlicher Einsicht in die *condition humaine* gefeiert worden sein, wie wir dies aus vielen Bestattungsritualen kennen. Die Organisation der ganzen «oft recht umständlichen Veranstaltung» (Hugo Blümner) lag in den Händen von gewerbsmäßigen Bestattungsunternehmern, *funerarii* bzw *libitinarii*, die ihren Namen von der Venus Libitina, der alten Totengöttin, herleiteten. Wie heute war dies auch in der römischen Kaiserzeit ein krisenfestes Geschäft, das in der Öffentlichkeit zwar als anrüchig und unehrenhaft galt, aber einträglich war. Bei Petronius ist es ein gewisser Gaius Iulius Proculus, wie Trimalchio ein Freigelassener und reicher Selfmademan, der es als Bestattungsunternehmer, *libitinarius*, zum Millionär brachte, aber sein Vermögen durch sorglosen und aufwendigen Lebenswandel wieder verspielte (Petronius 38,6 ff.).[203] Reichtum kann rasch in Armut umschlagen, darin liegt die unübersehbare Mahnung des Schriftstellers, der sie in seiner Weise witzig und doch auch tiefsinnig verpackt hat. Im wirklichen Leben sah es für die Mehrzahl der kleinen Leute anders aus. Das Los des Ancarenus Nothus dürfte weit repräsentativer gewesen sein als die Romanfigur des reichen Freigelassenen bei Petronius. Deren Einstellung bringt Trimalchio auf den Punkt:

«Ihr könnt mir glauben, wenn Du ein As hast, bist Du ein As wert; hast Du was, giltst Du was» – *credite mihi: assem habes, assem valeas; habes, haberis* (Petronius 77,6). Diese unbedingte Wertschätzung des Geldes entspricht zwar nicht der Standesmoral der römischen Oberschicht und schon gar nicht der zeitgenössischen Popularphilosophie; aber sie war und ist volkstümlich bis auf den heutigen Tag und unterstreicht die Hauptfunktion des Geldes, die dieses neben dem Austausch und der Verrechnung von Waren und Dienstleistungen wahrnimmt: Das Geld ist universaler Wertmesser, der alle menschlichen Bereiche umfaßt. Auch dort, wo der monetäre Austausch wie in der Spätantike von Formen der Naturalwirtschaft verdrängt und überlagert wird, bleibt das Geld bei allen moralischen Bedenken Maßstab und Richtschnur menschlichen Handelns, ein universales Kommunikationsmittel[204]; auch und gerade in Zeiten der Knappheit und der Not.

```
anCARENVS · ɔ · L · NOTHVS · ANN · XLIII
cVM · CONIVGE · SVA · VIXIT · ANN · XVIIII
QVOD · SVPEREST · HOMINI · REQVIESCVNT · DVLCITER · OSSA
NEC · SVM · SOLLICITVS · NE · SVBITO · ESVRIAM
5   ET · PODAGRAM · CAREO · NEC · SVM · PENSIONIBVS ARRA    sic
    ET · GRATIS · AETERNO · PERFRVOR · HOSPITIO
ANCARENA · CHRESTE · CONIVGI · SANCTO · ET · ANCARENA
ARGYRIS · PATRI · INDVLGENTISSIMO · BENE MERENTI · FECER
```

Abb. 113 Die Versinschrift auf der Aschenurne des Ancarenus Nothus schließt mit den beiden Hinterbliebenen, die das Begräbnis ausgerichtet haben: «Ancarena Chreste für ihren frommen Gatten und Ancarena Argyris für ihren überaus gütigen und verdienten Vater» (CIL VI 7193a; vgl. S. 111).

*Abb. 114
Porträt Eduard Gibbons
(1737–1794), von einem
englischen Künstler des
18. Jhs. Es befindet sich in
einer Privatsammlung.*

Zusammenfassung und Ausblick

Es empfiehlt sich an dieser Stelle, auf die von uns ins Auge gefaßte Epoche der hohen Kaiserzeit zurückzublicken, in der sich die verschiedenen ökonomischen Bereiche Landwirtschaft, Gewerbe, Handel und Geldwirtschaft wechselseitig stützten und bei vielen Betrachtern das Bild eines allgemeinen Wohlstandes hervorriefen. Die eindrucksvolle materielle Hinterlassenschaft, welche in den kaiserzeitlichen Städten die Jahrhunderte überdauert hat, scheint dafür den schlagenden Beweis zu liefern.

Eduard Gibbon (1737–1794; Abb. 114) hat in seinem epochemachenden Werk *History of the Decline and Fall of the Roman Empire* die Ansicht populär gemacht, daß die Epoche der Adoptivkaiser, die Zeit vom Tode Domitians bis zur Thronbesteigung des Commodus (98–192 n. Chr.) die glücklichste und blühendste der gesamten Menschheitsgeschichte gewesen sei.[205] Gibbon benötigt dieses positive Urteil, um vor dieser Folie den Niedergang und den Fall des Römischen Reiches verstehbar zu machen und gleichzeitig zu zeigen, daß die vordergründige Blüte immer schon bedroht war und mit einem hohen Preis bezahlt werden mußte: der Entartung der kaiserlichen Alleinherrschaft in einen grausamen Despotismus und damit einhergehend des Verlustes der bürgerlichen Freiheit, der Bürgertugenden insgesamt, die das Reich politisch und eben auch ökonomisch groß gemacht hatten. So war

Abb. 115a
Modell der Kalkfabrik in Bad Münstereifel-Iversheim. Landesmuseum Bonn. Neben dieser Kalkproduktionsstätte sind in der Nähe noch weitere entdeckt worden.

der Wohlstand der Kaiserzeit von Augustus an begleitet von prinzipiellen Gefährdungen, die gegen Ende des 2. Jhs. n. Chr. die Oberhand gewannen und den Niedergang einleiteten.[206]

Man hat Gibbon häufig widersprochen: prinzipiell, weil er den Wertmaßstab der Aufklärung an die römischen Verhältnisse angelegt hat, mehr noch im einzelnen, weil die Lebensbedingungen im gewaltigen Weltreich sehr unterschiedlich waren, eine Wende zum Schlechteren schon viel früher, möglicherweise bereits vor Mark Aurel spürbar war und der Schluß auf eine allgemeine Prosperität, oder gar auf ein allgemeines Glück der Menschheit schon damals höchst problematisch war und sich heute kaum mehr halten läßt.

Trotzdem hat «der Begründer der modernen Althistorie» (Wilfried Nippel) in zentralen Punkten richtig gesehen. Das Kaiserreich konnte über alle politischen Gefährdungen hinweg bedeutsame Leistungen vorweisen: eine prinzipielle Friedensordnung, die Zivilisierung und Integration der Provinzen, welche an die Stelle der vorherigen Ausbeutung traten. Der Niedergang, wiewohl er im «Monster» Commodus seinen personalen Anfang nahm, hatte laut Gibbon etwas Unmerkliches und Schleichendes an sich, das sich nicht zuletzt in den zunehmenden steuerlichen Belastungen bemerkbar machte.[207]

Man kann mit Nutzen an Gibbons großartigem Entwurf aus dem 18. Jh. anknüpfen, um im Hinblick auf die kaiserzeitliche Wirtschaft eine Bilanz zu versuchen. Sie ruft unvermeidlich jene Einwände auf den Plan, die auch gegenüber dem generellen Urteil Gibbons ins Feld geführt wurden: Die Lage der Gesamtwirtschaft ist realiter kaum faßbar, die gesellschaftlichen Gruppen lassen sich schwer auf einen Nenner bringen, die Provinzen unterschieden sich nach Lage und wirtschaftlicher Potenz, Landwirtschaft, Gewerbe, Handel und Geldwirtschaft können über die aussagekräftigen Einzelbeispiele hinaus bestenfalls idealtypisch abgebildet werden. Erkennbar bleibt jedoch bei allen Differenzen eine günstige ökonomische Großwetterlage, die in unserem Falle die ersten zwei Jahrhunderte umfaßte, mit der Begründung der Pax Romana durch Augustus einsetzte und sich gegen Ende des 2. Jhs. n. Chr. zu verändern beginnt.

Wir haben die Rahmenbedingungen mehrfach benannt: Eine halbwegs stabile Friedensordnung im Inneren, ein gut funktionierendes Verkehrs- und Straßennetz zu Wasser und zu Lande, ein System von Rechts-[208] und Verwaltungsregeln, die sich auf Eigentum, auf Handel und Gewerbe, nicht zuletzt auch auf Marktgeschehen und auf Importe von außen erstreckten, machten wirtschaftliche Unternehmungen berechenbar und lohnend. Besonders das differenzierte Geldsystem, in dem sich globale und regionale Zirkulation sinnvoll ergänzten, förderte Gewerbe, Handel und die Ausweitung der Dienstleistungen. All diese günstigen Rahmenbedingungen haben in den ersten beiden Jahrhunderten dazu beigetragen, die antike «Küstenkultur» (Max Weber) auch ins Landesinnere zu verlagern und die Provinzen zu bedeutenden und eigenständigen Wirtschaftsregionen zu machen.

Urbanisierung des Reichs

Der Vorgang wirtschaftlicher Schwerpunktbildung einzelner Landstriche und Städte, welche über Handel und Gewerbe die Integration in das gemeinsame Imperium beförderten, ist in der Vergangenheit mehrfach beschrieben worden[209]: Syrien mit seiner Produktion aus Leinen, Seide, Glas und gefärbten

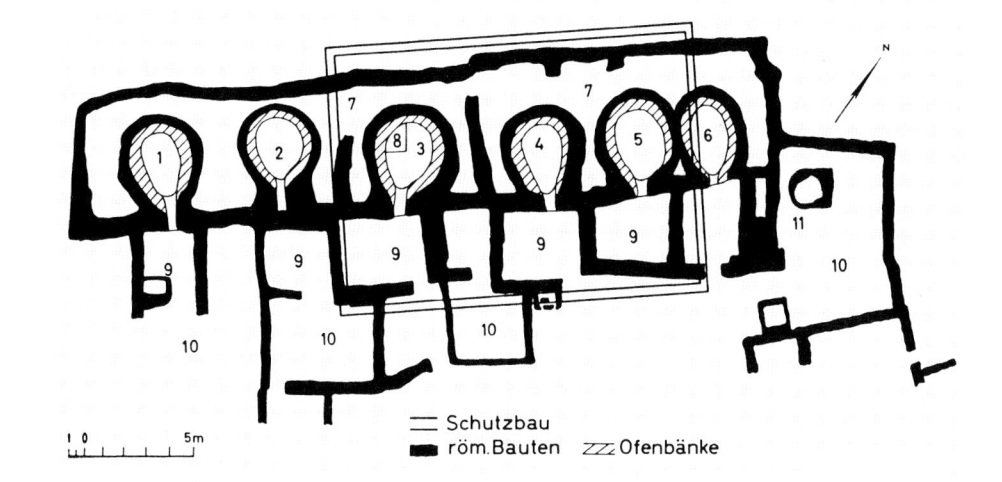

*Abb. 115b
Gesamtplan der Kalkfabrik in
Bad Münstereifel-Iversheim.
Die Ziffern 1–6 bezeichnen die
eigentlichen Kalköfen, 7 hat
man als Werkhalle, 9 als
Küchen, 10 als ältere Arbeits-
räume mit eigenem Backofen
(11) identifiziert.*

Wollwaren, Südfrankreich und die Rheinebene mit ihren Terra Sigillata-Waren, Noricum mit seinen berühmten Eisenerzeugnissen mögen als eindrucksvolle Beispiele provinzialer Gewerbe dienen, die den wirtschaftlichen Wohlstand der Regionen beförderten. Dieser Wohlstand verdankt sich wesentlich zwei Momenten: einer professionellen Herstellung, welche die Standortvorteile zu nutzen wußte und die sich lohnte, sowie einer Schicht von zahlungskräftigen Abnehmern, welche man vor allem in den Städten, darüber hinaus in den Militärlagern und, in einem eingeschränkten Sinne, auch auf dem Lande zu lokalisieren hat. Die Urbanisierung des Reiches gilt nicht nur als das wichtigste soziale Phänomen der Zeit. Die Stadt ist auch Zentrum des Warenaustausches, der Konsumption, wie der Produktion.[210] Nicht erst in der mittelalterlichen Stadt, sondern auch in der Stadt der römischen Kaiserzeit war der Gewerbefleiß zu Hause, gab es Bedarfsdeckung über den Markt, Warenaustausch über Geld und interlokaler Handel – alles Phänomene, die Max Weber in seiner berühmten Abhandlung über die sozialen Gründe des Untergangs der antiken Kultur[211] der Antike insgesamt absprechen wollte. Das Problem ist freilich, wie tiefgreifend und wie nachhaltig derartige Wirtschaftsformen waren und was letztendlich zu ihrem Verlust geführt hat, den wir in der Spätantike konstatieren.

Die wirtschaftliche und kulturelle Erschließung der Provinzen ruht nicht zuletzt auf der Landwirtschaft, und ist der Villenökonomie in all ihren Ausprägungen geschuldet. Die Meliorisierung des Binnenlandes in den westlichen Provinzen durch Anlage von landwirtschaftlichen Betrieben und verbesserten Anbaumethoden, daneben die Ausweitung der Viehzucht machen die Villa neben der Stadt zum zweiten zentralen Standbein der Romanisierung. Die Versorgung der urbanen Zentren und Militärlager schuf fließende Übergänge und Abnehmer für die Produkte der sog. Anschlußökonomie, Keramik, Glas, Holz, zum Teil auch Metallwaren, wo die entsprechenden Bodenverhältnisse vorlagen. Damit erwuchs langfristig auf dem Gutshof der Stadt eine gewerbliche Konkurrenz, die in der Spätantike die Verselbständigung der großen Villenkomplexe nachdrücklich vorantrieb.

Auch römische Militärlager unterhielten in den Provinzen oftmals Produktionsstätten, die möglicherweise über den Eigenbedarf hinaus gewerbliche Nutzung fanden. Die eindrucksvolle Kalkfabrik in Bad Münstereifel-Iversheim (Abb. 115a.b) wurde überwiegend von Soldaten der in Xanten stationierten Legio XXX Ulpia Victrix betrieben.[212] Die Ausbeutung der Steinbrüche am Drachenfels südlich von Bonn lag wahrscheinlich ebenfalls in den Händen von Legionsangehörigen, deren Tätigkeit über den Abbruch hinaus möglicherweise auch den Transport der gewaltigen Quader umfaßten, die ihren Weg nach Xanten, nach Köln, wohl auch nach Trier fanden.[213]

Prosperität und Niedergang

Das ökonomische Zusammenspiel von Villa, Stadt und Militärlager ist im einzelnen schwer zu durchschauen. Das betrifft die beschäftigten Arbeiter, ihre Arbeitsbedingungen, ebenso wie die Möglichkeiten eines freien Verkaufes über die staatlichen Verpflichtungen hinaus. Unbeschadet dieser Unklarheiten beweist dieser «reichsweite Landesausbau» (Hans-Joachim Drexhage) nachdrücklich die Erweiterung der Küstenkultur ins Landesinnere hinein, wobei regionale Verhältnisse eine entscheidende Rolle spielten. Großgrundbesitz, Verpachtung und die dem Gutsherren zugeordneten Dorfgemeinden hatten in den Ostprovinzen ihre traditionelle Position weitgehend behalten. Aber auch hier gab es fließende Übergänge zu den Städten, den Vermarktungsmöglichkeiten und Zivilisationsangeboten, die naturgemäß das starke Gefälle zwischen Stadt und Land nicht aufzuheben vermochten. Auch scheint in vielen Landesteilen, so in Kleinasien, in Syrien, in Ägypten und in Nordafrika die Landwirtschaft insgesamt ihre Aufgabe, die Bevölkerung mit Lebensmitteln und Verbrauchsgütern zu versorgen, zufriedenstellen erfüllt zu haben.

Wenn wir also in der Tradition Gibbons einer allgemeinen Prosperität des Römischen Reiches in den ersten beiden Jahrhunderten das Wort reden, dann läßt sich dafür das geglückte Ineinandergreifen verschiedener Faktoren verantwortlich machen: Die stabile Friedens- und Rechtsordnung, ein bedeutendes Konglomerat von Städten als Zentrum des Austausches, eine effektive Landwirtschaft, die Extensivierung von Gewerbe und Handel, ein funktionierendes Geldsystem. Sie alle ermöglichten ein Neben- und Miteinander von Staats-, Stadt- und Hauswirtschaft[214], die als halbwegs abgrenzbare Wirtschaftsordnungen bzw. Wirtschaftskreise erkennbar sind. Dies ist eine zugegebenermaßen idealtypische Erfolgsbilanz, die ihre Bruchlinien und Schattenseiten besitzt; sie wurden im Verlauf des 2. Jhs. n. Chr. spürbar und verdichteten sich in der 2. Hälfte des 3. Jhs. n. Chr. in dramatischer Weise.

Der Niedergang, seine Elemente und Ursachen, die ihre eigene Forschungsgeschichte besitzen[215], lassen sich für unsere Zwecke als knappe Trendaussagen in etwa folgendermaßen zusammenfassen: Die Pax Romana erfährt seit Mark Aurel (161 – 180 n. Chr.) erhebliche Erschütterungen durch auswärtige Gegner an den nördlichen und östlichen Reichsgrenzen, denen sich im Inneren Pest und Hungersnöte hinzugesellen. Die kriegerischen Verwicklungen machen das Militär noch zwingender als vorher zum ausschlaggebenden Faktor der kaiserlichen Herrschaft, die für die Loyalität der Truppen einen hohen Preis zahlen mußte. Der berüchtigte Ratschlag, den Septimius Severus seinen Söhnen mit auf den Weg gibt: «Seid einig, bereichert die Soldaten, um alles andere kümmert euch nicht» (Cassius Dio LXXVI 15,2)[216], bringt den wichtigsten Posten der staatlichen Ausgaben auf einen programmatischen Punkt (Abb. 116).

Die Mehrkosten mußten durch eine rigide Steuerpolitik aufgefangen werden, für die eine größere Finanzverwaltung eingesetzt wurde. Den staatlichen Druck bekamen vor allem die lokalen Honoratioren zu spüren, die für das Steueraufkommen der Stadt und der Region mit ihrem Privatvermögen hafteten. Gleichzeitig verringerte sich durch die Privilegierung einzelner wichtiger Berufsgruppen wie der *navicularii*, der Transportschiffer, das städtische und staatliche Finanzaufkommen. Damit wurde die finanzielle Belastung der übriggebliebenen potenten Steuerzahler größer.[217]

Der Umfang und die Reichweite dieser *overtaxation* (A. H. M. Jones) als Folge der Militärausgaben und als mögliches Element des Niedergangs ist im einzelnen schwer abzuschätzen. Bestimmte Landstriche und Städte in Nordafrika und Kleinasien haben die staatlichen Belastungen offenbar gut überstanden, wie die archäologischen Zeugnisse nahelegen. Aber zwei gravierende ökonomische Folgen sind vor allem im Westen in den kriegerischen Auseinandersetzungen der Zeit unübersehbar. Zum einen geht die private Munifizenz merklich zurück, auf die das urbane Leben, seine Institutionen, seine Kultur, existentiell angewiesen war. Der wohlhabende Bürger ist nun die Ausnahme, nicht mehr die Regel, wie Friedrich Oertel formuliert hat (1975, 400). Noch gravierender wirkte sich die Umstellung der Besoldung für das Militär auf Naturalien aus. Die *annona militaris*, die sich seit Septimius Severus als Bezahlung einbürgerte, umfaßte Lebensmittel, Kleidung und andere Ausrüstungsgegenstände; dies verminderte in den Händen der Soldaten das zur Verfügung stehende Geld ganz enorm, welches vor allem über Sonderzahlungen immer noch in einem gewissen Umfang floß. Verantwortlich für die Lieferung der *annona militaris* waren in der Hauptsache die Landstriche, in denen das Militär stationiert war und agierte. All dies führte zum Elend und zur Not der Zivilbevölkerung, wie man dies aus vielen Kriegen kennt. Freilich konnten die an die Soldaten gezahlten Naturalien auch durch Geld ersetzt werden, was am Gesamtbild freilich wenige änderte: Der freie Verkauf über den Markt trat immer mehr zurück zugunsten von Zwangs- und Naturalabgaben.

Gewinner und Verlierer

All diese Phänomene umschreiben langfristige Trends, die nicht mit einem Male da waren, sondern im Verlauf des 3. Jhs. n. Chr. die Bedingungen einer erfolgreichen Wirtschaft erheblich einschränkten. Dies betrifft nun in besonderer Weise die Münzverschlechterung und die damit einhergehende Inflation, die in der 2. Hälfte des 3. Jhs. n. Chr. ihren Höhepunkt erreichte. Der Aureus besaß nur mehr $1/3$ seiner ursprünglichen Größe, der Antoninian, die gängige Silbermünze, verfügte unter Aurelian gerade noch über etwa $1/3$ des ursprünglichen Feingehaltes.[218] Die vielfältigen Aspekte dieser Abwertung können an dieser Stelle nur in einigen wesentlichen Punkten angesprochen werden: Der Vertrauensverlust gegenüber dem Geldsystem weitete den Naturaltausch in der Landwirtschaft kräftig aus, förderte die Ausdehnung von Personalleistungen und führte zu einer Rückkehr des Barrengeldes mit einem herkömmlichen Abwiegen des Edelmetalls. Dies kann man durchaus als eine Art «Entmonetarisierung der Wirtschaft» (Reinard Wolters) verstehen, die möglicherweise die Binnenwirtschaft stärker tangiert hat als den Außenhandel und den Austausch mit einzelnen Anrainerländern[219], deren Produkte, wenn auch in bescheidenem Umfang, ihren Weg in das römische Imperium fanden.

Verlierer dieser gewaltigen ökonomischen Veränderungen waren die Städte und das Stadtbürgertum, in gewisser Weise auch der staatliche Haushalt, dessen Einnahmen durch die Barbareneinfälle ständig schrumpfte und der trotz Mindereinnahmen einen umfänglichen Militär- und Beamtenapparat zu entlohnen hatte. Auf der anderen Seite partizipierte der Gutshof und die reiche Landaristokratie von den Schwächen der Städte und der Zentrale. Sie bildeten mit der Zeit halbwegs autarke Wirtschaftsorganisationen aus[220], die überschaubar waren und in der Spätantike politische, rechtliche und religiöse Kompetenzen an sich zogen. So hatte Max Weber den Übergang von der antiken Küstenkultur zur ländlichen Welt des Frühmittelalters beschrieben und damit durchaus etwas Richtiges gesehen, wobei er die unterschiedlichen Verhältnisse im Osten und im Westen unberücksichtigt ließ. Wie weit derartige Tendenzen der Verselbständigung ins 3. Jh. n. Chr. zurückreichen, ist umstritten. Jedenfalls fassen wir auch hier einen Zug zur Dezentralisierung, die von einem vornehmlich regionalen Handelsaustausch und Geldumlauf begleitet werden. Insgesamt läßt sich feststellen: Die Zentrale Rom verliert immer mehr an Bedeutung, die durch Diokletian (284–305 n. Chr.) etablierte Tetrarchie (Abb. 117) verlagerte das politische und ökonomische Schwergewicht auf die provinzialen Residenzen, Nikomedia im Osten, Trier im Westen, Sirmium und Thessaloniki auf dem Balkan, Mailand und Aquileia in Italien. Die Idee eines überwölbenden Kaisertums sollte in der Außendarstellung das faktische Auseinanderdriften kaschieren, das den Osten und den Westen, den Balkan, Italien, Britannien, Gallien und Germanien langfristig als eigene Regionen etablierte.

Drei Eigenschaften und drei Gründe

Krisen besitzen, wenn wir an unsere eigene Zeit denken, drei fatale Eigenschaften: Sie lassen sich nur selten auf ein bestimmtes Datum und ein bestimmtes Ereignis zurückführen; sie sind nicht überall und auf allen Ebenen in der gleichen Weise spürbar; sie haben schließlich eine gewisse Unausweichlichkeit an sich, die den nachgeborenen Betrachter um so stärker nach den Gründen, nach Strukturschwächen und möglichen Alternativen fragen läßt.

Friedrich Oertel, einer der bedeutendsten deutschen Wirtschaftshistoriker des vergangenen Jahrhunderts, hat vornehmlich drei Gründe benannt, die sich zu einer charakteristischen Schwäche der kaiserzeitlichen Ökonomie addiert haben.[221] Wie er gesehen hat, entwickelten sich die Produktionsformen in der Landwirtschaft, im Gewerbe und im Handel nicht wesentlich weiter, die vorhandenen Anlagen wurden ausgebreitet und erweitert, aber nicht intensiviert. Es gab keinen «Fortschritt» vom kleinen Gewerbebetrieb über Manufaktur zur Fabrik, wie wir es aus der Neuzeit kennen. Auch dem Geldwesen fehlte es an Tiefgang, an Professionalität und Dynamik, wenn man spätere Entwicklungen zum Vergleich heranzieht.

Dieser Eindruck von Immobilität[222] trifft durchaus etwas Richtiges, er schließt kleinere technologische Verbesserungen wie etwa die gallo-römische Erntemaschine (Abb. 10) und den Einsatz neuartiger Wassermühlen ebensowenig aus wie

Abb. 116 Aureus des Septimius Severus 193/194 n. Chr. Der Aureus stammt wahrscheinlich aus einer Serie, die als Donativ an die loyale «Legio VIII» ausgegeben wurde.

Verbesserungen bzw. Verlagerungen in den Arbeitsorganisationen.

Es ist eine Orientierung am Bestehenden, die auch für die Stagnation des Verbrauches[223] gilt; sie macht sich nach einer gewissen Phase des Aufschwunges im 1. und im beginnenden 2. Jh. n. Chr. bemerkbar. Die Urbanisierung in den Provinzen hatte der Wirtschaft neue Käuferschichten zugeführt, eine Intensivierung des Binnenmarktes und die Gewinnung neuer Abnehmer unter der ärmeren Bevölkerung war jedoch nach Lage der Dinge damit nicht verbunden. So blieben Umfang und Art der Produktion weitgehend unverändert. Das Wachstum hatte seine «natürlichen Grenzen» erreicht, die ihr von der gesellschaftlichen Struktur vorgegeben waren.

Ein dritter Gesichtspunkt ist freilich für Oertel noch wichtiger. Die schwierigen Probleme, die aus den Mehrausgaben resultierten, versuchte der Staat durch Zwangsabgaben und Zwangsverpflichtungen aufzufangen. Dies bedeutete in noch größerem Umfang die Verlagerung von einer am Markt orientierten Verkehrswirtschaft zu einem zentral gelenkten System von Abgaben und Verteilungen, das bei Oertel mit dem zeitgenössischen Terminus «Staatssozialismus» belegt und entsprechend negativ bewertet wird.[224]

So weit wird man freilich bei dieser Gewichtsverlagerung nicht gehen müssen. Karl Polanyi hat vergleichbare Phänomene mit den Begriffen Distribution und Redistribution zu fassen gesucht und damit den Vergleichshorizont auf archaische Gesellschaften verschoben, was auf den ersten Blick angemessener erscheint. Aber auch bei diesem Ansatz gilt: Jenseits aller theoretischen Anbindungen bleibt die Umgehung und die Schwächung des Marktes unübersehbar, der von anderen Austauschmodellen überlagert wird.

Insgesamt, so lautet das Fazit von Oertel, mangelte es der Zeit an schöpferischer Energie, um einen ernsthaften Wandel herbeiführen zu können. Inwieweit sich hier Vorstellungen einer allgemeinen Kulturmüdigkeit, wie sie für eine Spätzeit charakteristisch zu sein scheinen, aussprechen, sei dahingestellt. Generell stellt sich dabei die Frage, ob man derartig weitreichende Alternativen überhaupt erwarten darf und wer sie hätte formulieren sollen. Für die Provinzen und ihre Bevölkerung, besonders für die Oberschicht, bedeutete es eine gewaltige Leistung, im Verlauf eines langen Prozesses, den sie in der Kaiserzeit durchliefen, in Rom, in seine Lebens- und Wirtschaftsbedingungen «anzukommen» und in einer größeren politischen und kulturellen Einheit heimisch zu werden. Wie hätte man über dieses Ziel hinausdenken sollen? Zum anderen ist die Frage, woher man die Erwartungen und Alternativen bezieht, auf die man den Befund einer defizitären kaiserzeitlichen Wirtschaft projiziert. Bei Oertel, bei vielen seiner Vorgänger und Zeitgenossen, bilden Gesellschaft und Wirtschaft des 19. und 20. Jhs. den Maßstab, nicht zuletzt was die Dynamik der Entwicklung angeht. Wir sehen heute sehr viel klarer, daß man die neuzeitliche, national verankerte Industriegesellschaft mit ihren insgesamt gewaltigen Leistungen (und deren Kehrseiten) nicht verabsolutieren kann. Auch sie stellt sich dem Betrachter als eine historische Epoche dar, die von neueren sozio-ökonomischen Entwicklungen überlagert und abgelöst wird, die ihre spezifischen, leidvollen Anpassungsschwierigkeiten besitzen.[225]

Harry Pleket hat statt dessen das frühneuzeitliche Europa des 16. und 17. Jh. zum Vergleich mit der kaiserzeitlichen Ökonomie herangezogen, erstaunliche Parallelen in der Landwirtschaft, im Gewerbe, nicht zuletzt in der Arbeitsmentalität entdeckt und ist so den römischen Verhältnissen insgesamt gerechter geworden. Aber alle Vergleiche legen auch wichtige und notwendige Differenzen bloß, welche die Besonderheit der kaiserzeitlichen Ökonomie deutlicher hervortreten lassen. Sie beruhte auf dem Zusammentreffen verschiedener glücklicher Faktoren und Umstände, die mit der Zeit schwächer wurden, verlorengingen, und die in ihrer Schwäche das stadtstaatliche Modell als Träger von Politik, Wirtschaft und Kultur letztlich überforderte.[226] Aber die Wirtschaft besaß selbst in Krisenzeiten und trotz aller Rückschläge noch so viel Substanz, daß sie bis in die Spätantike hinein einigermaßen funktionierte und besonders in der Landwirtschaft und im Handwerk bewährte Formen weiterführte.[227] Regionalisierung und die Rückkehr zu einfachen und überschaubaren Formen der Arbeit und des Austauschens von Gütern, die sich mit dem 3. Jh. n. Chr. verstärkt abzeichneten, besaßen freilich nicht nur Nachteile: Sie aktivierten die Selbstversorgung und sicherten einer breiten Bevölkerung das Überleben in einem unsicher gewordenen Umfeld und in schwerer Zeit.[228]

Abb. 117 Diese 300 n. Chr. entstandene Porphyrgruppe der Tetrarchie Diokletian, Maximian, Galerius und Constantius I. befindet sich heute an der Außenseite von San Marco in Venedig. Die jeweils zwei Paare symbolisieren in ihrer Formgebung die politischen Grundsätze des neuen Herrschaftssystems am Übergang von der Kaiserzeit zur Spätantike: die «similitudo» (Gleichheit) und die «concordia» (Eintracht), Einheit in Vielfalt.

Anhang

Abkürzungsverzeichnis

AE	*Année épigraphique*
ANRW	*Aufstieg und Niedergang der Römischen Welt*
BGU	*Ägyptische Urkunden aus den Staatlichen Museen zu Berlin, griechische Urkunden*
BMC	*Coins of the Roman Empire in the British Museum*
CAH	*Cambridge Ancient History*
CIL	*Corpus Inscriptionum Latinarum*
DNP	*Der Neue Pauly*
ESAR	*An Economic Survey of Ancient Rome* (hrsg. von T. Frank)
HS	*Sesterz, Sesterzen (ursprünglich aus II S = 2 1/2 As)*
HWSTW	*Handwörterbuch der Staatswissenschaften*, 4. Aufl. 1923ff.
ILS	*Inscriptiones Latinae Selectae*
JRS	*Journal of Roman Studies*
LTUR	*Lexikon Topographicum Urbis Romae*, 1993 ff., hrsg. von E. M. Steinby
OGIS	*Orientis Graeci Inscriptionae Selectae*
P. Mich.	*Michigan Papyri*
RAC	*Reallexikon für Antike und Christentum*
RE	*Realencyclopädie der Classischen Altertumswissenschaft*
ZPE	*Zeitschrift für Papyrologie und Epigraphik*

Literaturverzeichnis

H. J. Drexhage / H. Konen / K. Ruffing, *Die Wirtschaft des römischen Reiches (1.–3. Jahrhundert), eine Einführung* (2002).

H. Kloft, *Die Wirtschaft der griechisch-römischen Welt, eine Einführung* (1992).

B. Schefold (Hrsg.), *Wirtschaftssysteme im historischen Vergleich* (2004).

A. Schiavone (Hrsg.), *Storia di Roma* II (1991), darin E. Lo Cascio, *Forme dell'economia imperiale*, 313 ff.; J. Andreau, *Mercati e mercato*, 367 ff.

C. Schmitt, *Der Begriff des Politischen* (1933).

The Cambridge Ancient History (CAH), X², *The Augustan Empire 43 B.C.–A.D. 69*, hrsg. von A. K. Bowman / E. Champlin / A. Lintott (1996), darin D. W. Rathbone, 309 ff. zu den kaiserlichen Finanzen und verschiedene Autoren zu den wirtschaftlichen Verhältnissen in den Provinzen.

The Cambridge Ancient History (CAH) XI², *The High Empire, A.D. 70–192*, hrsg. von A. K. Bowman / P. Garnsey / D. W. Rathbone (2000) mit verschiedenen Autoren zu «Economy and Society» 679 ff.

Alföldi-Rosenbaum 1995 = E. Alföldi-Rosenbaum, *Das Kochbuch der Römer* (1995).

André 1998 = J. André, *Essen und Trinken im alten Rom* (1998, frz. 1981).

Andreau 1999 = J. Andreau, *Banking and Business in the Roman World* (1999).

Aubert 1994 = J. J. Aubert, *Business Managers in Ancient Rome* (1994).

D. Baatz / F. R. Hermann (Hrsg.), *Die Römer in Hessen* (1982).

Bade 1985 = K. Bade (Hrsg.), *Auswanderer – Wanderarbeiter – Gastarbeiter*, I–II (1985).

D. Bayard / J. C. Massy, *Amiens romaine* (1983) 13.

van Berchem 1939 = B. van Berchem, *Les Distributions de blé et d'argent à la plèbe Romaine sous l'Empire* (1939).

Bernardi 1970 = A. Bernardi, *The Economic Problems of the Roman Empire at the Time of its Decline*, in: C. M. Cipolla (Hrsg.), *The Decline of Empires* (1970) 16 f.

Beutin / Kellenbenz 1973 = L. Beutin / H. Kellenbenz, *Wirtschaftsgeschichte* (1973).

Billeter 1898 = G. Billeter, *Geschichte des Zinsfußes im griechisch-römischen Altertum bis auf Justinian* (1898).

Blümner 1911 = H. Blümner, *Römische Privataltertümer* (1911).

Boeckh 1886 = A. Boeck, *Encyclopädie und Methodologie der philologischen Wissenschaften* (1886).

R. Bogaert, *Banques et banquiers dans les cités grecques* (1968).

Bogaert 1976 = R. Bogaert, s. v. *Geld (Geldwirtschaft)*, in: *Reallexikon für Antike und Christentum* 9 (1976) 797 ff.

Bolkestein 1967 = H. Bolkestein, *Wohltätigkeit und Armenpflege im vorchristlichen Altertum* (1967).

Bowman / Rogan 1999 = A. K. Bowman / E. Rogan (Hrsg.), *Agriculture in Egypt: From Pharaonic to Modern Times* (1999).

Brentano 1923 = L. Brentano, *Der wirtschaftende Mensch in der Geschichte* (1923).

Brockmeyer 1987 = N. Brockmeyer, *Antike Sklaverei* (1987) 166 ff., 184 ff.

Bücher 1909 = K. Bücher, s. v. *Gewerbe*, in: *Handwörterbuch der Staatswissenschaften* 4 (1909) 847 ff.

Burford 1985 = A. Burford, *Künstler und Handwerker in Griechenland und Rom* (1985).

Bürge 1987 = A. Bürge, *Fiktion und Wirklichkeit. Soziale und rechtliche Strukturen des römischen Bankwesens*, in: *Zeitschrift Savigny Stiftung Rechtsgesch. (rom. Abteilung)* 104 (1987) 465 ff.

Burton 2004 = G. P. Burton, *The Roman Imperial State, Provincial Governors and the Public Finances of Provincial Cities, 27 B. C.–A. D. 235*, in: *Historia* 53 (2004) 311 ff.

R. Busch (Hrsg.), *Rom an der Niederelbe* (1975).

Cameron 1993 = A. Cameron, *The Mediterranean World in the Late Antiquity AD 395–600* (1993).

K. Christ, *Grundfragen römischer Sozialstruktur*, in: W. Eck u. a. (Hrsg.), *Studien zur antiken Sozialgeschichte* (1980) 197 ff.

Cippolla 1972 = C. M. Cipolla, *Wirtschaftsgeschichte und Weltbevölkerung* (1972).

Clauss 2003 = M. Clauss, *Alexandria, Schicksal einer antiken Weltstadt* (2003).

Craddock 1989 = P. B. Craddock, *Eduard Gibbon, Luminous Historian, 1772–1794* (1989).

W. Czysz / K. Dietz u. a., *Die Römer in Bayern* (1995).

de Ligt 1993 = L. de Ligt, *Fairs and Markets in the Roman Empire, Economic and Social Aspects of Periodic Trade in a Pre-Industrial Society* (1993).

A. de Francisci, *Pitture Mosaici . . .* (1976) Fig. 28.

Demandt 1984 = A. Demandt, *Der Fall Roms. Die Auflösung des römischen Reiches im Urteil der Nachwelt* (1984).

Demandt 1997 = A. Demandt, *Das Privatleben der römischen Kaiser* (1997).

J. P. Descoeudres (Hrsg.), *Ostia, port et porte de la Rome antique* (2001).

Dopsch 1923 = A. Dopsch, *Wirtschaftliche und soziale Grundlagen der europäischen Kulturentwicklung*, I–II (1923/24) 331 ff.

H. J. Drexhage, *Preise, Mieten, Pachten, Kosten und Löhne im römischen Ägypten bis zum Regierungsantritt Diokletians* (1991).

Drexhage 2002a = H. J. Drexhage / H. Konen / J. Ruffing, *Die Wirtschaft des römischen Reiches (1.–3. Jahrhundert), eine Einführung* (2002).

Drexhage 2002b = H. J. Drexhage / H. Konen / J. Ruffing, *Die Wirtschaft der römischen Kaiserzeit in der modernen Deutung: Einige Überlegungen*, in: Strobel 2002, 1 ff.

K. Düwell, (Hrsg.), *Untersuchungen zu Handel und Verkehr der vor- und frühgeschichtlichen Zeit in Mittel- und Nordeuropa*, Teil I (1985).

Dunbabin 1978 = K. M. Dunbabin, *The Mosaics of Roman North Africa* (1978).

Duncan-Jones 1982 = R. Duncan-Jones, *The Economy of the Roman Empire* (²1982).

Duncan-Jones 1994 = R. Duncan-Jones, *Money and Government in the Roman Empire* (1994).

W. Eck, *Die Bleibarren*, in: G. Hellenkemper Salies u. a. (Hrsg.), *Das Wrack. Der antike Schiffsfund von Mahdia* I (1994) 89 ff.

H. Engelmann, / D. Knibbe, *Das Zollgesetz der Provinz Asia* (1989).

Erdmann / Kloft 2002 = E. Erdmann / H. Kloft, *Arbeit und Tätig sein*, in: Dies. (Hrsg.), *Mensch – Natur – Technik* (2002) 21 ff.

R. Etienne, *Pompeji, das Leben in einer antiken Stadt* (³1982).

Eucken 1947 = W. Eucken, *Die Grundlagen der Nationalökonomie* (1947).

Fauré 1993 = P. Fauré, *Magie der Düfte, eine Kulturgeschichte der Wohlgerüche* (1993).

Fellmeth 2001 = U. Fellmeth, *Brot und Politik, Ernährung, Tafelluxus und Hunger im antiken Rom* (2001).

Ferguson 1970 = J. Ferguson, *The Religion of the Roman Empire* (1970).

M. I. Finley, *The Ancient Economy* (1985²).

Fischer 2001 = Th. Fischer (Hrsg.), *Die römischen Provinzen, eine Einführung in ihre Archäologie* (2001).

B. Forlati Tomaro u. a., *Da Aquileia a Venezia* (1980).

D. Flach, *Römische Agrargeschichte* (1990).

J. M. Frayn, *Subsistence Farming in Roman Italy* (1979).

H. U. von Freyberg, *Kapitalverkehr und Handel im römischen Kaiserreich* (1989).

Frézouls / Leveau 1985 = E. Frezouls, *Les ressources de l'évergétisme: Le cas d'Opramoas de Rhodiapolis*, in: Leveau (1985) 249 ff.

Friedländer IV, 1921 = L. Friedländer, *Darstellungen aus der Sittengeschichte Roms in der Zeit von Augustus bis zum Ausgang der Antonine* IV (¹⁰1921).

Frier 2000 = W. Frier,. s. v. *demography*, in: *Cambridge Ancient History* XI (2000) 787 ff.

Fülle 1999 = G. Fülle, *Die Organisation der Terra sigillata-Herstellung in la Graufesenque, Die Töpfergraffiti*, in: *Münst. Beiträge Ant. Handelsgesch.* 19 (2000) 62 ff.

Garnsey / Saller 1989 = P. Garnsey / R. Saller, *Das römische Kaiserreich. Wirtschaft, Gesellschaft, Kultur* (1989).

Garnsey 2000 = P. Garnsey, s. v. *land*, in: *Cambridge Ancient History* XI (2000) 679 ff.

J. Gaudemet, I*nstitution de l'Antiquité* (1960).

Gelzer 1960 = M. Gelzer, *Caesar, der Politiker und Staatsmann* (1960).

G. Gerlach, *Zu Tisch bei den alten Römern* (2001).

Gilles 1999 = K.-J. Gilles, *Bacchus und Sucellus, 2000 Jahre Weinkultur an Mosel und Rhein* (1999).

Grassl 1982 = H. Grassl, *Sozialökonomische Vorstellungen in der kaiserzeitlichen griechischen Literatur (1. bis 3. Jh. n. Chr.)* (1982).

Greene 1986 = K. Greene, *The Archaeology of the Roman Economy* (1986).

Greene 2000 = K. Greene, s. v. *industry and technology*, in: *Cambridge Ancient History* XI (2000) 741 ff.

Griffin 1992 = M. Griffin, *Seneca, A Philosopher in Politics* (1992).

H. Gummerus, s. v. *Industrie und Handel*, in: *RE* IX 2 (1916) 1381 ff.

Hägermann 1991 = D. Hägermann / H. Schneider, *Landbau und Handwerk* (1991).

Halfmann 2001 = H. Halfmann, *Städtebau und Bauherren im römischen Kleinasien* (2001).

Halfmann 2003 = H. Halfmann, *Stadttypologien im römischen Kleinasien: Pergamon und Ephesos als Modell*, in: *Asia Minor Studien* 50 (2003) 111 ff.

Harris 1993 = W. V. Harris, *Between archaic and modern: some current problems in the history of the Roman economy*, in: Ders. (Hrsg.), *The Inscribed Economy* (1993) 11 ff.

Harris 2000 = W. V. Harris, s. v. *trade*, in: *Cambridge Ancient History* XI (2000) 710 ff.

J. F. Healy, *Mining and Metallurgy in the Greek and Roman World* (1978).

Hengstl 1978 = J. Hengstl, *Griechische Papyri aus Ägypten als Zeugnisse des öffentlichen und privaten Lebens* (gr.-dt.) (1978).

Herz 1988 = P. Herz, *Studien zur römischen Wirtschaftsgesetzgebung. Die Lebensmittelversorgung* (1988).

Herz / Waldherr 2001 = P. Herz / G. Waldherr (Hrsg.), *Landwirtschaft im Imperium Romanum* (2001).

Hondelmann 2002 = W. Hondelmann, *Die Kulturpflanzen der griechisch-römischen Welt* (2002).

Horn 1987 = H. G. Horn (Hrsg.), *Die Römer in Nordrhein-Westfalen* (1987).

Howgego 2000 = C. Howgego, *Geld in der antiken Welt* (2000).

Jakab / Manthe 2003 = E. Jakab / U. Manthe, *Recht in der römischen Antike*, in: U. Manthe (Hrsg.), *Die Rechtskulturen der Antike* (2003) 239 ff.

G. Jacobsen, *Primitiver Austausch oder freier Markt?, Untersuchungen zum Handel in den gallisch-germanischen Provinzen während der römischen Kaiserzeit* (1995).

Johne 1983 = K.-P. Johne / J. Köhn / V. Weber, *Die Kolonen in Italien und den westlichen Provinzen des Römischen Reiches* (1983).

Jones 1964 = A. H. M. Jones, *The Later Roman Empire 264–604*, I–III (1964) (Pb 1986).

Jones 1974 = A. H. M. Jones, *The Roman Economy*, hrsg. von P. A. Brunt (1974).

Kaltenstadler 1978 = W. Kaltenstadler, *Arbeitsorganisation und Führungssystem bei den römischen Agrarschriftstellern (Cato, Varro, Columella)* (1978).

D. P. Kehoe, *The Economics of Agriculture on Roman Imperial Estates in North Africa* (1988).

Kienast 1999 = D. Kienast, *Augustus, Prinzeps und Monarch* (³1999).

Kloft 1970 = H. Kloft, *Liberalitas principis. Herkunft und Bedeutung. Studien zur Prinzipatsideologie* (1970).

Kloft 1984 = H. Kloft, *Arbeit und Arbeitsverträge in der griechisch-römischen Welt*, in: *Saeculum* 35 (1984) 200 ff.

Kloft 1988a = H. Kloft (Hrsg.), *Sozialmaßnahmen und Fürsorge, zur Eigenart antiker Sozialpolitik* (1988).

Kloft 1988b = H. Kloft, *Gedanken zum Ptochos*, in: Weiler 1988, 81 ff.

H. Kloft, *Wirtschaft und Geld der römischen Kaiserzeit*, in: *GWU* 41 (1990) 418 ff.

Kloft 1992 = H. Kloft, *Die Wirtschaft der griechisch-römischen Welt* (1992).

H. Kloft, *Trimalchio als Ökonom. Bemerkungen zur Rolle der Wirtschaft in Petrons Satyricon*, in: R. Günther / St. Rebenich (Hrsg.), *E fontibus haurire* (1994) 117 ff.

Kloft 1996 = H. Kloft, *Überlegungen zum Luxus in der frühen Kaiserzeit*, in: J. H. M. Strubbe u. a. (Hrsg.), *Energeia, Studies on Ancient History and Epigraphy presented to H. W. Pleket* (1996) 113 ff.

H. Kloft, *Das Politische und seine Deuter. Erkundungen – Positionen – Ausblicke*, in: M. Dreher (Hrsg.), *Festschrift für W. Schuller zum 65. Geburtstag* (2000) 243 ff.

Kloft 2001a = H. Kloft, *Politische Geschichte versus Wirtschaftsgeschichte. Von Beloch zu Berve; ein Paradigmenwechsel?* in: B. Näf (Hrsg.), *Antike und Altertumswissenschaft in der Zeit von Faschismus und Nationalsozialismus* (2001).

Kloft 2001b = H. Kloft, *Cicero und die Wirtschaft seiner Zeit*, in: B. Schefold (Hrsg.), *Marcus Tullius Cicero, «De officiis»* (2001) 75 ff.

Kloft 2002 = H. Kloft, *Makroökonomik, Mikroökonomik und Alte Geschichte. Ein alter Hut und neue Fransen*, in: Strobel 2002, 67 ff.

Köhler 1985 = U. Köhler, *Formen des Handels in ethnologischer Sicht*, in: K. Düwell (Hrsg.), *Untersuchungen zu Handel und Verkehr der vor- und frühgeschichtlichen Zeit in Mittel- und Nordeuropa* (1985) 13 ff.

Kohns 1994 = H. P. Kohns, s. v. *Hungersnot*, in: *Reallexikon für Antike und Christentum* 16 (1994) 828 ff.

Kolb 1995 = F. Kolb, *Rom, die Geschichte der Stadt in der Antike* (1995) 473 f.

W. Krenkel (Hrsg.), *Pompejanische Inschriften* (1961).

Kretschmer 1983 = F. Kretzschmer, *Bilddokumente römischer Technik* (1983).

Krockow 1989 = C. G. von Krockow, *Die Heimkehr zum Luxus* (1989).

Küpper / Raffée 1993 = W. Küpper / H. Raffée, *Haushalte, öffentliche, private*, in: W. Wittmann u. a. (Hrsg.), *Handwörterbuch der Betriebswirtschaft* I (1993) 1629 ff.

Kuhnen / Riemer 1994 = H. P. Kuhnen / E. Riemer, *Landwirtschaft der Römerzeit* (1994).

H. Kurnitzky, *Der heilige Markt* (1994).

Leveau 1985 = Ph. Leveau (Hrsg.), *L'origine des richesses dépensées dans la ville antique* (1985).

Liebenam 1900 = W. Liebenam, *Städteverwaltung im römischen Kaiserreich* (1900).

Liebeschütz 1972 = J. H. W. G. Liebeschütz, *Antiochia, City and Imperial Administration in the Later Roman Empire* (1972).

Lugli 1946 = G. Lugli, *Roma antica, Il centro monumentale* (1946).

Luik 2002 = M. Luik, *Handwerk in den Vici des Rhein-Maas-Gebietes*, in: Strobel 2002, 169 ff.

U. Lund Hansen, *Römischer Import im Norden. Warenaustausch zwischen dem Römischen Reich und dem freien Germanien während der Kaiserzeit unter besonderer Berücksichtigung Nordeuropas* (1987).

R. Marichal, *Les Graffites de la Graufesenque* (1988).

J. Marquardt, *Römische Staatsverwaltung* (1842).

Marquardt / Mau II = J. Marquardt / A. Mau, *Das Privatleben der Römer* (1886–1890).

Martin 1985 = R. Martin, *État présent des études sur Columelle*, in: *ANRW* II 32,3 (1985) 1959 ff.

Meiggs 1973 = R. Meiggs, *Roman Ostia* (²1973).

Millar 1977 = F. Millar, *The Emperor in the Roman World* (1977).

J. I. Miller, *The Spice Trade of the Roman Empire 29 B. C. to A. D. 641* (1969).

MITCHELL 1993 = ST. MITCHELL, *Anatolia, land, men and gods in Asia Minor*, I (1993).
MONTANARI 1993 = M. MONTANARI, *Der Hunger und der Überfluß, Kulturgeschichte der Ernährung in Europa* (1993).
MRATSCHEK-HALFMANN 1993 = S. MRATSCHEK-HALFMANN, *Divites et praepotentes. Reichtum und soziale Stellung in der Literatur zur Prinzipatszeit* (1993).
MROZEK 1977 = ST. MROZEK, *Die Goldbergwerke im römischen Dakien*, in: *ANRW* II 6 (1977) 95 ff.
MROZEK 1988 = ST. MROZEK, *Die privaten Alimentarstiftungen in der römischen Kaiserzeit*, in: KLOFT 1988a, 155 ff.
MROZEK 1989 = ST. MROZEK, *Lohnarbeit im klassischen Altertum* (1989).
MROZEK 2001 = ST. MROZEK, *Faenus: Studien zu Zinsproblemen zur Zeit des Prinzipats* (2001).
R. MÜLLER (Hrsg.), *Kulturgeschichte der Antike* (1975).
MÜLLER 1978 = W. W. MÜLLER, s. v. *Weihrauch*, in: *RE* Suppl. 15 (1978) 700 ff.
MUELLER / BORN 1995 = R. C. MUELLER / K. E. BORN, Art. *Bank*, in: NORTH 1995 32 ff.
NAAS 2002 = V. NAAS, *Le projet encyclopédique de Pline l'Ancien* (2002).
NASH II = E. NASH, *Bildlexikon zur Topographie des antiken Rom* I – II (1961).
NIPPEL 1990 = W. NIPPEL, *Griechen, Barbaren und Wilde, alte Geschichte und Sozialanthropologie* (1990).
W. NIPPEL, *Der Begründer der modernen Althistorie: Eduard Gibbon*, in: H. W. BLANKE u. a., *Dimensionen der Historik* (1998) 209 ff.
NIPPEL 2003 = W. NIPPEL, *Einführung zu E. Gibbon, Verfall und Untergang des römischen Imperiums* (2003).
J. NOLLÉ, *Nundinas instituere et habere. Epigraphische Zeugnisse zur Einrichtung und Gestaltung von ländlichen Märkten in Afrika und in der Provinz Asia* (1982).
J. NOLLÉ, *Marktrechte außerhalb der Stadt: Lokale Autonomie zwischen Statthalter und Zentralort*, in: W. ECK (Hrsg.), *Lokale Autonomie und römische Ordnungsmacht in den kaiserzeitlichen Provinzen vom 1. bis 3. Jahrhundert* (1997).
NORTH 1995 = M. NORTH (Hrsg.), *Von Aktie bis Zoll, ein historisches Lexikon des Geldes* (1995).
NORTH 2005 = M. NORTH (Hrsg.), *Deutsche Wirtschaftsgeschichte* (2005).
OERTEL 1975 = F. OERTEL, *Der wirtschaftliche Zusammenschluß der Mittelmeerwelt: Industrie, Handel und Gewerbe* (1934), in: *Kleine Schriften zur Wirtschafts- und Sozialgeschichte des Altertums* (1975) 321 ff.
F. OERTEL, *Das Wirtschaftsleben des Imperiums* (1939), in: *Kleine Schriften zur Wirtschafts- und Sozialgeschichte des Altertums* (1975) 364 ff.
A. OXÉ, *Die Töpferrechnungen von Graufesenque*, in: *Bonner Jahrbücher* 80 (1925) 38 ff.
H. v. PETRIKOVITS, *Die Spezialisierung des römischen Handwerks*, in: H. JANKUHN u. a. (Hrsg.), *Das Handwerk in vor- und frühgeschichtlicher Zeit*, Teil I (1981) 63 ff.
PLEKET 1990 = H. PLEKET, *Die Wirtschaft der römischen Kaiserzeit*, in: F. VITTINGHOFF (Hrsg.), *Europäische Wirtschafts- und Sozialgeschichte in der römischen Kaiserzeit* (1990).
PÖHLMANN II 1925 = R. VON PÖHLMANN, *Geschichte der sozialen Frage und des Sozialismus in der antiken Welt* I – II (^{3}1925).
POLANYI 1979 = K. POLANYI, *Ökonomie und Gesellschaft* (1979).
M. POLFER (Hrsg.), *Artisanat et productions artisanales en milieu rural dans les provinces du nord-ouest de l'Empire romain, Actes du colloque organisé à Erpeldange mars 1999* (1999).
PRELL 1997 = M. PRELL, *Sozialökonomische Untersuchungen zur Armut im antiken Rom. Von den Gracchen bis Kaiser Diokletian* (1997).
RATHBORNE 1996 = D. W. RATHBORNE, *Imperial Finances*, in: *CAH* X (^{2}1996) 307 ff.
REINOLD 1970 = M. REINOLD, *History of Purple as a Status Symbol in Antiquity* (1970).
RICHARDSON 1992 = L. RICHARDSON JR., *A New Topographical Dictionary of Ancient Rome* (1992).
RICHTER 1968 = W. RICHTER, *Die Landwirtschaft im homerischen Zeitalter* (1968), in: H. G. BUCHHOLZ (Hrsg.), *Archaeologia Homerica* II (1990) H 45 ff.
RICHTER 1983 = W. RICHTER (Hrsg.), *Columella, Zwölf Bücher Landwirtschaft*, lateinisch-deutsch. I – III (1981 – 83).
G. E. RICKMAN, *Roman Granaries and Store-Buildings* (1971).
RICKMAN 1980 = G. E. RICKMAN, *The Corn Supply of Ancient Rome* (1980).
A. RIECHE / H. J. SCHALLES, *Arbeit. Handwerk und Berufe in der römischen Stadt* (1994) 59.
ROSTOVTZEFF 1910 = M. ROSTOVTZEFF, *Studien zur Geschichte des römischen Kolonates* (1910).

ROSTOVTZEFF 1957 = M. ROSTOVTZEFF, *The Social and Economic History of the Roman Empire*, 2 Bde. (^{2}1957).
P. ROSUMEK, *Technischer Fortschritt und Rationalisierung im antiken Bergbau* (1982).
K. RUFFING, *Weinbau im römischen Ägypten* (1999).
RUFFING 2001 = K. RUFFING, *Wein und Weinbau im römischen Ägypten (1 – 3. Jh. n. Chr.)*, in: HERZ / WALDHERR 2001, 257 ff.
RÜGER 1987 = C. H. RÜGER, Art. *Römische Steinbrüche*, in: H. G. HORN (1987) 523 ff.
H. A. RUPPRECHT, *Kleine Einführung in die Papyruskunde* (1994).
H. SCHÄFER-SCHUCHARDT, *Die Olive, Kulturgeschichte einer Frucht* (1993).
W. SCHEIDEL, *Grundpacht und Lohnarbeit in der Landwirtschaft des römischen Italien* (1994).
H. SCHNEIDER, *Einführung in die antike Technikgeschichte* (1992).
SCHNEIDER 1980 = H. SCHNEIDER, *Die antike Sklavenwirtschaft: Das Imperium Romanum*, in: A. EGGEBRECHT u. a. (Hrsg.), *Geschichte der Arbeit* (1980) 95 ff.
SCHRÖDER 1981 = H. SCHRÖDER, *Jesus und das Geld, Wirtschaftskommentar zum Neuen Testament* (^{3}1981).
CH. SCHULER, *Ländliche Siedlungen und Gemeinden im hellenistischen und römischen Kleinasien* (1998).
SCHUMACHER 1988 = L. SCHUMACHER (Hrsg.), *Römische Inschriften, Lateinisch/Deutsch* (1988).
SCHUMACHER 2001 = L. SCHUMACHER, *Sklaverei in der Antike. Alltag und Schicksal der Unfreien* (2001).
SCHWARZ 2001 = H. SCHWARZ, *Soll oder Haben? Die Finanzwirtschaft kleinasiatischer Städte in der römischen Kaiserzeit am Beispiel von Bithynien, Lykien und Ephesos (29 v. Chr. bis 284 n. Chr.)* (2001).
SHATZMAN 1975 = J. SHATZMAN, *Senatorial Wealth and Roman Politics* (1975).
SIMMEL 1900 = G. SIMMEL, *Philosophie des Geldes* (1900, ND 1989).
SÖLTER 1987 = W. SÖLTER, Art. *Römische Kalkbrennerei*, in: H. G. HORN (1987) 338 ff.
SOMBART 1986 = W. SOMBART, *Liebe, Luxus und Kapitalismus* (urspr. ^{2}1922, 1986).
STEGEMANN 1995 = E. W. STEGEMANN / W. STEGEMANN, *Urchristliche Sozialgeschichte* (1995).
STENGER 1988 = W. STENGER, *Gebt dem Kaiser, was des Kaisers ist* (1988).
STROBEL 2002 = K. STROBEL (Hrsg.), *Die Ökonomie des Imperium Romanum* (2002).
STUMPP 1998 = B. E. STUMPP, *Prostitution in der römischen Antike* (1998).
C. TEN BRINCK, *Die Begründung der Marktwirtschaft in der römischen Republik* (1995).
G. E. THÜRY, *Die Wurzeln unserer Umweltkrise und die griechisch-römische Antike* (1995).
THÜRY / WALTER 1997 = G. E. THÜRY / J. WALTER, *Condimenta, Gewürzpflanzen in Koch- und Backrezepten aus der römischen Antike* (1997).
TRAVLOS 1971 = J. TRAVLOS, *Bildlexikon zur Topographie des antiken Athen* (1971).
A. TSCHERNIA / J. P. BRUN, *Le vin romain antique* (1999).
VEYNE 1988a = P. VEYNE, *Das Leben des Trimalchion*, in: *Die Originalität des Unbekannten* (1988) 43 f.
VEYNE 1988b = P. VEYNE, *Brot und Spiele, gesellschaftliche Macht und politische Herrschaft in der Antike* (1988).
VITTINGHOFF 1990 = F. VITTINGHOFF (Hrsg.), *Europäische Wirtschafts- und Sozialgeschichte in der römischen Kaiserzeit* (1990).
WALDHERR 2001 = G. WALDHERR, *Antike Transhumanz im Mediterran*, in: HERZ-WALDHERR 2001, 331 ff.
WEBER 1896 = M. WEBER, *Die sozialen Gründe des Untergangs der antiken Kultur* (1896 = *Gesammelte Aufsätze zur Wirtschafts- und Sozialgeschichte* 1924) 289 ff.
WEBER 1958 = A. WEBER, *Allgemeine Volkswirtschaftslehre* (^{7}1958).
WEBER 1981 = M. WEBER, *Wirtschaftsgeschichte* (1981).
WEEBER 1993 = K. W. WEEBER, *Die Weinkultur der Römer* (1993).
WEEBER 2000 = K. W. WEEBER, *Alltag im alten Rom* (2000).
WEEBER 2003 = K. W. WEEBER, *Luxus im alten Rom* (2003).
WEILER 1988 = I. WEILER (Hrsg.), *Soziale Randgruppen und Außenseiter im Altertum* (1988).
WESCH-KLEIN 1990 = G. WESCH-KLEIN, *Liberalitas in rem publicam* (1990).
WESTERMANN 1955 = W. L. WESTERMANN, *The Slave Systems of Greek and Roman Antiquity* (1955).
WHITE 1970 = K. D. WHITE, *Roman Farming* (1970).
WHITE 1976 = K. D. WHITE, *Latifundia*, in: H. SCHNEIDER (Hrsg.), *Zur Sozial- und Wirtschaftsgeschichte der späten römischen Republik* (1976) 311 ff.

K. D. WHITE, *Greek and Roman Technology* (1984).
WIEACKER 1974 = FR. WIACKER, *Die Krise der antiken Welt* (1974).
WILCKEN 1936 = U. WILCKEN, *Die Bremer Papyri* (1936).
WIERSCHOWSKI 1984 = L. WIERSCHOWSKI, *Heer und Wirtschaft, das römische Heer der Prinzipatszeit als Wirtschaftsfaktor* (1984).
WISSOWA 1911 = G. WISSOWA, *Religion und Kultus der Römer* (1911).
WOLTERS 1999 = R. WOLTERS, *Nummi Signati. Untersuchungen zur römischen Münzprägung und Geldwirtschaft* (1999).
YOUNG 2001 = G. K. YOUNG, *Rome's Eastern Trade* (2001).
YOUNGER 1966 = W. YOUNGER, *Gods, man and wine. The Wine and Food Society* (1966).
E. ZAHN (Hrsg.), *Die Igeler Säule* (1976).
P. ZANKER, *Pompeji. Stadtbilder als Spiegel von Gesellschaft und Herrschaftsform* (1988).
W. ZIETZSCHMANN, *Hellas und Rom, eine Kulturgeschichte des Altertums in Bildern* (1960).
ZIMMER 1982 = G. ZIMMER, *Römische Berufsdarstellungen* (1982) Nr. 114, 180 ff. mit Lit.

Anmerkungen

[1] Plinius, *Naturalis historia* XIV 2: Quis enim non communicato orbe terrarum maiestate Romani imperii profecisse vitam putet commercio rerum ac societate festae pacis omniaque quae antea occulta fuerant, in promiscuo usu facta?, dazu NAAS 2002, 411 ff.
[2] HARRIS 1993, 11 ff., KLOFT 2001b, 75 ff.
[3] BEUTIN / KELLENBENZ 1973; KLOFT 1992, 1 f.
[4] SIMMEL 1900, 319.
[5] HARRIS 1993, 14 ff.
[6] PLEKET 1990, 119 ff.
[7] ERDMANN / KLOFT 2002.
[8] GREENE 1986 und 2000; KLOFT 1992, 34 ff.; FISCHER 2001, 32 ff.; DREXHAGE 2002a, 205 ff.
[9] KLOFT 2002.
[10] GARNSEY / SALLER 1989, 65 ff.; durchaus positiver die Entwürfe von PLEKET 1990; HARRIS 1993; DREXHAGE 2002a.
[11] So BRENTANO 1923; zum mißverständlichen Gegensatz *homo oeconomicus – homo politicus* HARRIS 1993, 11; KLOFT 2000.
[12] WEBER 1958, 358 ff.
[13] WIERSCHOWSKI 1984; DREXHAGE 2002a, 213 ff.
[14] WOLTERS 1999, 202 ff.; DREXHAGE 2002a, 48.
[15] HARRIS 1993, 14 ff.
[16] KLOFT 2001a, 379 ff. Zum Methodischen: C. ULF, *DNP* XIII, 1999, 481 ff., s. v. Bevölkerungswissenschaft.
[17] FRIER 2000, 757 ff.
[18] Zum Arbeitsbegriff ERDMANN / KLOFT 2002, 21 ff.; Zum Problem MROZEK 1989; HARRIS 1993, 25 ff.; Zu den demographischen Unsicherheiten FRIER 2000, 808 ff.
[19] FRIER 2000, 805 kommt z. B. auf einen Fertilitätsanteil von 4,3 – 4,6 im kaiserzeitlichen Britannien.
[20] Instruktiv das Nachwort zur Columella-Ausgabe von RICHTER 1983, III, 569 ff. (mit Literatur).
[21] WHITE 1970, 384 ff.; KUHNEN / RIEMER 1994, 113 mit weiterführender Literatur; MARTIN 1985, 1959 ff.
[22] HONDELMANN 2002.
[23] WISSOWA 1911, 303; FERGUSON 1970, 214 ff.
[24] Die Nachweise bei BLÜMNER 1911, 162 f.; ANDRÉ 1998, 58 ff.
[25] WIERSCHOWSKI 1984, 169 f.; DREXHAGE 2002a, 66 ff.
[26] PLEKET 1990, 73 und 79.
[27] PLEKET 1990, 75 f.; zur mittelalterlichen Dreifelderwirtschaft HÄGERMANN 1991, 392 ff. mit Literatur.
[28] DREXHAGE 2002a, 67.
[29] KOHNS 1994, 827 ff., besonders 871 ff. mit einem regionalen Überblick; FELLMETH 2001.
[30] KLOFT 1984; HERZ 1988; PRELL 1997.
[31] RICKMAN 1980, 231 ff.; FELLMETH 2001, 80 f., der für Rom einen Import von insgesamt 400 000 – 720 000 t Massengüter (Öl, Wein, Fisch, Baumaterialen u. a.) ausgeht.
[32] WHITE 1970; KALTENSTADLER 1978.
[33] GELZER 1960, 264.
[34] ANDRÉ 1998, 75 f.
[35] MONTANARI 1993, 28; A. STUIBER, *RAC* VI (1966) 925 ff. s. v. *eulogia*.
[36] THÜRY / WALTHER 1997, 36 ff.; ANDRÉ 1998, 144 f.
[37] YOUNGER 1966, 29 ff. (mit Literatur); zusammenfassend A. GUTSFELD, *DNP* XII 2 (2002) 423 ff. s. v. Wein.
[38] HONDELMANN 2002, 95.
[39] ANDRÉ 1998, 148 f.
[40] FELLMETH 2001, 38; 1,5 Mio. Hektoliter Jahresbedarf bei HARRIS 2000, 720.
[41] GELZER 1960, 286 f.
[42] DUNCAN-JONES 1982, 33 ff.; DREXHAGE 2002a, 71 f.
[43] ETIENNE 1982, 219.
[44] DUNCAN-JONES 1982, 46 f.
[45] RUFFING 2001, 257 ff.
[46] GILLES 1999, 106 f., der ausgehend von Columella III 3,8 f. einen Hektarertrag von 4000 l für realistisch hält; weiter WEEBER 1993, 24 f.
[47] Vgl. KLOFT 1984, 200 f.; MROZEK 1989, 96 ff.
[48] WEEBER 1993, 56 f. s. v. Preis; 74 ff. s. v. Spitzenwein.
[49] MONTANARI 1993, 28.
[50] FELLMETH 2001, 48; zur Transhumanz WALDHERR 2001, 331 ff.
[51] WALDHERR 2001, 346 f., 353.
[52] DUNCAN-JONES 1982, 325.
[53] Dies zeigt anschaulich die Auseinandersetzung zwischen Laban und Jakob bei der Aufteilung der Viehherden, 1 Gen. 30,25 ff.; zum griechischen Horizont RICHTER 1968, 45 f.
[54] Zum Fleischgenuß ANDRÉ 1998, 115 ff.
[55] BLÜMNER 1911, 176 ff., 588 f.; ANDRÉ 1998, 110 f.
[56] B. OLCK, *RE* V (1905) 1726 ff. s. v. Drossel.
[57] MARQUARDT / MAU II, 433 f.
[58] 6000 Sesterzen für eine Seebarbe: Juvenal 4,15
[59] Zu Hortensius, Konsul 69 v. Chr., SHATZMAN 1975, 344 ff.
[60] ALFÖLDI-ROSENBAUM 1995; generell ANDRÉ 1998, 106 ff. (Geflügel), 79 ff. (Fisch).
[61] Eindrucksvoll DREXHAGE 2002a, 72 ff. unter dem Titel: «Reichsweiter Landesausbau»; weiter GREENE 1986, 67 ff.
[62] HORN 1987, 168 ff.; LUIK 2002, 169 ff.
[63] Die Berechnungen bei DUNCAN-JONES 1982, 323 ff.; GREENE 1986, 98 ff.; KUHNEN / RIEMER 1994, 113 (Literatur); DREXHAGE 2002a, 86 zum jüngeren Plinius.
[64] WHITE 1976, 311 ff.; DREXHAGE 2002a, 84 ff.
[65] KUHNEN / RIEMER 1994, 32.
[66] BROCKMEYER 1987, 166 ff., 184 ff.
[67] Zum Phänomen der Wanderarbeit BADE 1985. Der Aufstieg von einem Wanderarbeiter zu einem städtischen Honorioren *ILS* 7457 aus Mactaris, Tunesien; Text und Übersetzung bei ERDMANN / KLOFT 2002, 52 f.
[68] Zur Kolonenwirtschaft ROSTOVTZEFF 1910; JOHNE 1983; PLEKET 1990, 99 ff.; GARNSEY 2000, 702 ff.
[69] DOPSCH 1923, 331 ff.; HÄGERMANN 1991, 338 ff.; KLOFT 1992, 207 ff.
[70] PLEKET 1990, 79 f.
[71] MITCHELL 1993, 178 ff.; zu Ostelbien WEBER 1981, 92 ff.
[72] BOWMAN / ROGAN 1999, 1 ff.
[73] W. ULLMANN, *Hist. WB Phil.* II (1972) 49 f. s. v. *demiurgos*; ERDMANN / KLOFT 2002, 30 f.
[74] BÜCHER 1909, 847 ff.; WEBER 1981, 110 ff.; A. BURFORD-COOPER, *DNP* 5 (1998) 138 f. s. v. Handwerk.
[75] DREXHAGE 2002a, 108 ff.
[76] GREENE 2000, 744 ff.
[77] Zusammenfassung und neuere Literatur bei FÜLLE 1999, 62 ff.
[78] Zur Rolle des Schmiedes H. BRUNNER / K. FLESSEL (Hrsg.), *Lexikon Alte Kulturen* III (1993) 348 f.
[79] GREENE 2000, 747 ff. (mit der einschlägigen neueren Literatur).
[80] BLÜMNER 1911, 640; *LTUR* I, 1993, 169 f., 189; DREXHAGE 2002a, 103 f. mit Literatur
[81] Grundlegend ZIMMER 1982.
[82] PLEKET 1990, 121 ff.; DREXHAGE 2002a, 114 f., 252 f.
[83] DREXHAGE 2002a, 248 f.; zu den Bestimmungen KLOFT 1984, 200 ff.
[84] HARRIS 1993, 22 f.; AUBERT 1994, 413 ff.
[85] JONES 1964, 834 ff.; P. HERZ, *DNP* 4 (1998) 380 f. s. v. *fabrica*, *fabricenses* mit Literatur.
[86] Quintus Haterius Antoninus im Jahre 53 n. Chr., vgl. W. ECK, *DNP* 5 (1998) 183 f.; ferner KOLB 1995, 473 f.
[87] OERTEL 1975, 337 ff.
[88] *CIL* XII 722 in der Übersetzung von BURFORD 1985, 219; vgl. auch KRETSCHMER 1983, 72 und DREXHAGE 2002a, 302 f.
[89] Vgl. VEYNE 1988; KLOFT 1988a.
[90] H. J. DREXHAGE, *RAC* XIII (1986) 501 ff.
[91] KLOFT 2001, 84 ff.
[92] KÖHLER 1985, 13 ff.; «Der Mensch als das tauschende Tier» bereits bei SIMMEL 1900; die neuere Literatur bei HARRIS 2000, 710 ff.; zum Markt BRINK 1995; KLOFT 2002b, 67 ff.
[93] Das Material in großer Vollständigkeit bei DE LIGT 1993; weiter DREXHAGE 2002a, 119 ff.
[94] KLOFT 2002a, 77 ff. mit neuerer Literatur
[95] MEIGGS 1973, 275 ff.
[96] Vgl. *ILS* 6140 und 6141, besonders *CIL* XIV 4620, die Ehreninschrift für den Notablen Publius Aufidius Fortis, gestiftet von der Korporation der Getreidehändler (*Corpus mercatorum frumentariorum*), vgl. MEIGGS 1973, 277; SANCHEZ, 2001, 143 ff.
[97] *LTUR* II 1995, 221 ff. s. v. *emporium*.
[98] CLAUSS 2003, 78 ff.

[99] LUGLI 1946, 306 f.
[100] Die Zahlen nach HARRIS 2000, 717 ff., vgl. auch S. 23.
[101] BOECKH 1886, 401; KLOFT 1996, 123 f.; anschaulich WEEBER 2003.
[102] SOMBART 1986, 85 ff.; KLOFT 1996, 113 ff.
[103] So der Titel des Ausstellungskataloges Nürnberg 1991.
[104] BLÜMNER 1911, 250 f.; allgemein REINOLD 1970.
[105] MÜLLER 1978, 700 ff.; FAURÉ 1993, 188 ff., 263 ff.; YOUNG 2001, 91 ff.
[106] Dazu 5000 Pfund Gold, 30 000 Pfund Silber, 4000 Seidengewänder (Zosimos V 41,4). A. STEIER, *RE* XIX (1938) 1425 s. v. Pfeffer.
[107] BLÜMNER 1911, 124 ff.; KLOFT 1996, 117 ff. mit den Einzelheiten.
[108] BLÜMNER 1911, 261 ff.; R. HURSCHMANN, *DNP* 11 (2001) 194 ff. s. v. Schmuck (Literatur).
[109] Übersetzung bei SCHUMACHER 1988, 191; weiter BOLKESTEIN 1967, 473 f.
[110] KLOFT 1992, 223 f.; YOUNG 2001, 208 f.
[111] Eindrucksvoll von KROCKOW 1989, 18 im Anschluß an Schumpeter: «Königin Elisabeth besaß seidene Strümpfe, die kapitalistische Leistung besteht nicht typischerweise darin, noch mehr Seidenstrümpfe für Königinnen zu erzeugen, sondern sie in den Bereich der Ladenmädchen zu bringen».
[112] KLOFT 1996, 127 f.; YOUNG 2001, 206 ff.
[113] DREXHAGE 2001a, 264 f. mit Literatur; YOUNG 2001, 51 ff.
[114] Vgl. FRIEDLÄNDER IV 1921, 2 zu den Luxussklaven.
[115] Neben Juvenal 14,69 ff. vor allem Petronius 5,132 ff.; H. J. DREXHAGE, *RAC* XIII (1985) 561 ff. s. v. Handel, die moralische Seite auch bei WEEBER 2003, 157 ff.
[116] SOMBART 1986, 138.
[117] DUNCAN-JONES 1994, 51 ff. und 253 f. mit den Einzelheiten.
[118] SCHRÖDER 1981, 45 ff.; STENGER 1988; WOLTERS 1999, 309.
[119] Zum Begriff NORTH 1995, 244 f.; zum Problem STROBEL 2002, 86 ff., DREXHAGE 2002a, 37 f., 206 f. mit der neueren Literatur
[120] KIENAST 1999, 384 ff.
[121] Das Problem Metallismus/Nominalismus, Realwert/Nennwert des kaiserzeitlichen Münzgeldes soll in diesem Rahmen nicht weiter erörtert werden, vgl. im einzelnen KLOFT 1992, 240; WOLTERS 1999, 347 ff.; STROBEL 2002, 86 f.
[122] Einzelheiten und Literatur bei WOLTERS 1999, 53 ff.
[123] WOLTERS 1999, 372 f.
[124] KIENAST 1999, 402.
[125] WOLTERS 1999, 401 f.
[126] Vgl. WOLTERS 1999, 171 ff.; DREXHAGE 2002a, 42 ff.
[127] KLOFT 1970, 122.
[128] Seneca, *de beneficiis* VII 6,3; Cassius Dio LIII 22,3; WOLTERS 1999, 200 ff.
[129] WOLTERS 1999, 226 ff.; RATHBORNE 1996, 309 ff.
[130] POLANYI 1979, 223 ff.; NIPPEL 1990, 124 ff.; KLOFT 2002, 80 ff.
[131] WOLTERS 1999, 232; zur Bauwut Neros vgl. Sueton *Nero* 31 ff.
[132] 217 n. Chr. unter dem Kaiser Macrinus, die Zahlung an die Parther, (Cassius Dio LXXIX 27,1) weiter WOLTERS 1999, 225 f.
[133] das Material bei DEMANDT 1997, 41 ff.
[134] KOLB 1995, 484 f.
[135] KLOFT 1970; in größerem Zusammenhang VEYNE 1988b (dazu P. GARNSEY, *JRS* 81, 1991, 164 ff.), wichtige Präzisierungen zum antiken Euergetismus bei DREXHAGE 2002b, 55.
[136] DUNCAN-JONES 1994, 257.
[137] Zu den Verteilungsmodalitäten VAN BERCHEM 1939, 162 ff.
[138] KLOFT 1970, 99 ff.
[139] Eindrucksvoll MILLAR 1977, 133 ff.
[140] RATHBORNE 1996, 318 ff.; WOLTERS 1999, 234 ff.
[141] DUNCAN-JONES 1994, 23 ff.; WOLTERS 1999, 243; MROZEK 2001, 28 ff.
[142] BILLETER 1898; MROZEK 2001.
[143] KLOFT 1988a; VITTINGHOFF 1990, 253 ff.
[144] RICKMAN 1980; FELLMETH 2001, 149 ff.
[145] Die Einzelheiten bei DUNCAN-JONES 1982, 289 ff.; immer noch nützlich und lesenswert MARQUARDT / MAU II 1884, 141 ff.; Die kaiserlichen Alimentationen im Lichte der öffentlichen Propaganda: Plinius d. J., *Panegyricus* 26,3–5 und 28,4 f.
[146] DUNCAN-JONES 1982, 29 f.; MROZEK 1988, 155 ff.
[147] *BMC* III, *CII*, 82 und 85, TUTELA ITALIAE SC unter Nerva, *BMC* III, XLIX und 21.
[148] Interpretation, Literatur und Abbildung bei NASH II 176; weiter RICHARDSON 1992, 262 f.
[149] VITTINGHOFF 1990, 196 ff.; zu den Finanzen SCHWARZ 2001.
[150] WOLTERS 1999, 51 f.; HOWGEGO 2000, 48 f., 67.
[151] LIEBENAM 1900, 68 ff.; SCHWARZ 2001, 187 ff.
[152] HOWGEGO 2000, 159 ff.
[153] LIEBESCHÜTZ 1972, 151 ff.; KLOFT 1992, 238; SCHWARZ 2001, 427 ff. mit einer positiven Bilanz für die hohe Kaiserzeit und den kleinasiatischen Raum.
[154] Zu den Haushalten KÜPPER / RAFFÉE 1993, 1629 ff.
[155] HOWGEGO 2000, 158 f.; RATHBORNE 1996, 319 nennt «a series of provincial whirlpools», die dem Finanzsystem der römischen Kaiserzeit zusammen mit der zentralen Redistribution die Prägung geben. Zu den finanziellen Aktivitäten der Provinzialstatthalter BURTON 2004, 311 ff.
[156] LEVEAU 1985; HALFMANN 2001, 97 ff.
[157] Einzelheiten und Quellen bei GRIFFIN 1992, 206 ff.; MRATSCHEK-HALFMANN 1993, 307 f.
[158] VEYNE 1988a, 43 ff.; KLOFT 1994.
[159] DUNCAN-JONES 1982, 17 ff. mit den Einzelheiten, MRATSCHEK-HALFMANN 1993, 359.
[160] Beispielhaft die Zusammenstellung für die afrikanischen Provinzen bei DUNCAN-JONES 1982, 89 ff.
[161] So DUNBABIN 1978, 67 f.; DUNCAN-JONES 1982, 82 und 104 (282a, *AE* 1967, 549).
[162] TRAVLOS 1971, 318 ff. und 498 ff. (Abbildungen und Literaturnachweise).
[163] DREXHAGE 2002a, 274 mit den Nachweisen.
[164] Einzelheiten und Nachweise bei KLOFT 1988a, 130 f.; MRATSCHEK-HALFMANN 1993, 220 f. Der Vermögenshintergrund bei FRÉZOULS / LEVEAU 1985, 249 ff.
[165] HALFMANN 2001 und 2003.
[166] DUNCAN-JONES 1982, 82 ff.
[167] KLOFT 1970, 161 ff.; zu Pupput in Nordafrika DUNCAN-JONES 1982, 264 f.; zur Inschrift WESCH-KLEIN 1990, 160 f.
[168] DREXHAGE 2002b, 55 ff.
[169] KLOFT 1988a, 152 ff.
[170] ANDREAU 1999, MROZEK 2001.
[171] Mit den Worten des Anklägers Suillius im Jahre 58 n. Chr.: *Italiam et provincias immenso faenore hauriri* – Italien und die Provinzen werden durch immensen Wucher ausgelaugt, Tacitus, *Annalen* XIII 43,2; MROZEK 2001, 54.
[172] GREGOR VON NYSSA, *contra usurarios ratio*, in: *opera* IX (1967) 195 ff.; BOGAERT 1976, 885 ff.
[173] ETIENNE 1982, 172 ff.; ANDREAU 1999, 35 f. (mit Literatur).
[174] ANDREAU 1999, 71 ff.
[175] So BÜRGE 1987, 555 f.
[176] WILCKEN 1936, 111 ff.
[177] MUELLER / BORN 1995, 32 ff. s. v. Bank (mit Literatur).
[178] KLOFT 1992, 242 ff.; DREXHAGE 2002b, 51 ff.
[179] Zur Gliederung der römischen Gesellschaft in der Kaiserzeit vgl. VITTINGHOFF 1990, 168 ff.; STEGEMANN 1995, 58 ff.
[180] CIPPOLLA 1972, 55, zitiert bei GRASSL 1982, 69.
[181] Umfassend PRELL 1997; dazu die Beiträge bei WEILER 1988, ferner das Material bei DREXHAGE 2002a, 172 ff.
[182] MROZEK 2001, 68.
[183] KLOFT 1988b, 81 ff.; STEGEMANN 1995, 88 ff.
[184] So die Ansätze bei STUMPP 1998, 216 ff.
[185] ETIENNE 1982, 216 ff.; DREXHAGE 2002a, 297 f.
[186] WESTERMANN 1955, 100 ff.; SCHUMACHER 2001, 62 f.
[187] ETIENNE 1981, 214 f.; WOLTERS 1999, 375 mit Literatur
[188] PRELL 1997, 173 f.
[189] MROZEK 1989; ERDMANN / KLOFT 2002, 21 ff.
[190] GRASSL 1982, 101 ff.
[191] PRELL 1997, 178.
[192] KLOFT 1984.
[193] DREXHAGE 2002a, 282 f. auf der Grundlage von MROZEK 1977.
[194] Vgl. oben 48 f.
[195] Vgl. den Ammenvertrag aus dem Jahre 13 v. Chr., (*BGU* IV 1106) bei HENGSTL 1978, 190 ff. mit Literatur
[196] SCHNEIDER 1980, 95 ff.; SCHUMACHER 2001.
[197] Zum Hunger vgl. P. KOHNS 1994, 828 ff.
[198] Das Amulett P. Oxy. 2554 I 2 mit dem Kommentar der Herausgeber, KLOFT 1988b, 96; von PÖHLMANN II 1925, 468 ff. zum «Evangelium der Armut» im frühen Christentum.
[199] zitiert bei PRELL 1997, 142.
[200] Zu den Kosten FRIEDLÄNDER IV 304 ff.; DUNCAN-JONES 1982, 99 ff. und 127 ff.; insgesamt WEEBER 2000, 158 ff. mit Literatur
[201] BLÜMNER 1911, 488 f.; DUNCAN-JONES 1982, 131.
[202] DUNCAN-JONES 1982, 222 f.
[203] DUNCAN-JONES 1982, 243.
[204] Eindrucksvoll SIMMEL 1900.
[205] «If a man were called to fix the period in the history of the world during which the condition of the human race was most happy and prosperous, he would, without hesitation, name that which elapsed from the death of Domitian to the accession of Commodus» (E. Gibbon, Decline and Fall… hrsg. von D. WOMERSLEY [1994], I 103, dazu NIPPEL 2003, 37 f.).
[206] CRADDOCK 1989, 17 ff.; NIPPEL 2003, 43 f.
[207] CRADDOCK 1989, 31 ff.
[208] Zum Wirtschaftsrecht HERZ 1988; KLOFT 1992, 32 f. (Literatur); JAKAB / MANTHE 2003, 272 ff. mit Literatur.
[209] ROSTOVTZEFF 1957; OERTEL 1975, 337 ff.; VITTINGHOFF 1990, 375 ff. zu den europäischen Regionen, ferner *CAH* X, 1996, 414 ff.; XI, 2000, 405 ff.
[210] PLEKET 1990, 144 ff.
[211] WEBER 1896, dazu KLOFT 2002a, 293 ff.
[212] SÖLTER 1987, 338 ff.
[213] RÜGER 1987, 523 ff.
[214] KLOFT 1992, 253 ff. im Anschluß an F. M. Heichelheim zu den Wirtschaftsstilen.

[215] DEMANDT 1984; zur Sache *CAH* XIII, 1998, 277 ff. («The Empire: Economy and Society» mit Analysen der jeweiligen Fachreferenten); *CAH* XIV, 2000, 315 ff. (B. WARD-PERKINS).
[216] KLOFT 1970, 106 f.; DREXHAGE 2002a, 194 f.
[217] JONES 1974, 58; OERTEL 1975, 398 f.
[218] OERTEL 1975, 394 f.; WOLTERS 1999, 409 f.; HOWGEGO 2000, 143 ff.
[219] DREXHAGE 2002a, 199.
[220] BERNARDI 1970, 46 ff.
[221] OERTEL 1975, 382 ff.
[222] PLEKET 1990, 143 ff.
[223] So OERTEL 1975, 385 nach ROSTOVTZEFF.
[224] OERTEL 1975, 389 ff. Der theoretische Hintergrund bei EUCKEN 1947.
[225] Zu den verschiedenen Deutungsansätzen und Standortbestimmungen der Wirtschaft R. METZ, *Säkulare Trends der deutschen Wirtschaft*, in: NORTH 2005, 427 ff.
[226] WIEACKER 1974, 25 ff.
[227] So CAMERON 1993, 100.
[228] Vgl. KLOFT 1992, 253 ff.

Bildnachweis

Abb. 1: nach Putzger Historischer Weltatlas (2001) 39; Cornelsen Verlag, Berlin.
Abb. 2: Deutsches Museum, München.
Abb. 3: Photo G. E. Thüry, Rottenburg.
Abb. 4: Photo B. Retzlaff, München.
Abb. 5: Photo N. Heger, Glasenbach.
Abb. 6: nach F. Kretzschmer, Bilddokumente römischer Technik (1983) 95, Abb. 120.
Abb. 7, 30: nach W. Czysz / K. Dietz / T. Fischer / H.-J. Kellner, Die Römer in Bayern (1995) 208, Abb. 34; 217, Abb. 38.
Abb. 8a: Photo W. Weiser, Bergisch Gladbach.
Abb. 8b: nach J. P. C. Kent u. a., Die römische Münze (1973) Taf. IX, 290.
Abb. 9, 43, 100: Photo DAI Rom.
Abb. 10a: Württembergisches Landesmuseum Stuttgart, Photo P. Frankenstein, H. Zwietasch.
Abb. 11: nach Lexikon der Antike (1985) 423, Abb. B.
Abb. 12, 20a.b, 21, 24a.b, 26a.b, 27, 37a.b, 49 a–d: Rheinisches Landesmuseum Trier, Rekonstruktion L. Dahm; Photos Th. Zuehmer, M. Carrieri.
Abb. 13a.b: B. Pfeifroth, Reutlingen.
Abb. 14, 57, 103, 104: nach W. Krenkel, Pompejanische Inschriften (1961) 58 f., 55, 37, 23.
Abb. 15–17: nach H. Schäfer-Schuchardt, Die Olive. Kulturgeschichte einer Frucht (1993) 94; 106 174 oben.
Abb. 18: nach G. E. Thüry / J. Walter, Condimenta. Gewürzpflanzen in Koch- und Backrezepten aus der römischen Antike (1997) 23.
Abb. 19a, 60b, 64, 66, 89: Photo A. Nünnerich-Asmus.
Abb. 19b: nach A. Mau, Pompeji in Leben und Kunst (1908).
Abb. 21, 58, 70, 91a.b, 92a.b, 93a.b, 116: Hirmer Photoarchiv, München.
Abb. 24: nach K.-W. Weeber, Die Weinkultur der Römer (1993) 189.
Abb. 25: Römisch-Germanisches Museum Köln, Photo M. Carrieri.
Abb. 27: nach J. André, Essen und Trinken im alten Rom (1998) 131.
Abb. 28, 29,42 a.b, 44, 54, 55, 61: akg-images, Berlin.
Abb. 30, 31: nach Mosaiques Romaines de Tunisie (1976) 85; 103.
Abb. 32: Landschaftsverband Rheinland/Rheinisches Amt für Bodendenkmalpflege, Vorlage/Entwurf W. Gaitzsch, Modellbau D. von Brandt, Photo H. Stahl.
Abb. 34a.b: nach K. Greene, The Archaeology of the Roman Economy (1986) 68, Abb. 23; 69, Abb. 24.
Abb. 35: Bayerisches Landesamt für Denkmalpflege.
Abb. 36: nach D. Baatz (Hrsg.), Die Römer in Hessen (1989) 85, Abb. 35.
Abb. 38, 39: nach D. Hägermann / H. Schneider, Landbau und Handwerk 750 v. Chr. bis 1000 n. Chr. (1991) 234, 235.
Abb. 40: Inscriptiones Latinae Selectae 8661D.
Abb. 41: Helms-Museum, Hamburg.
Abb. 45, 94, 95: Fratelli Alinari, Florenz.
Abb. 46: nach F. Kretzschmer, Bilddokumente römischer Technik (1983) 26, Abb. 33; VDI Verlag, Düsseldorf.
Abb. 47a.b, 110: Soprintendenza Archeologica di Pompei.
Abb. 48: Photo A. Rieche.

Abb. 50: nach R. Müller (Hrsg.), Kulturgeschichte der Antike II (1978) 143.
Abb. 51, 59: Musei Vaticani, Archivio Fotografico, Neg. Nr. XI.24.21; Photo P. Zigrossi.
Abb. 52: nach J. Irmscher (Hrsg.), Lexikon der Antike (1985) 222.
Abb. 53: Römisches Museum Augsburg.
Abb. 56, 111: nach W. Zschietzschmann, Hellas und Rom. Eine Kulturgeschichte des Altertums in Bildern (1960) 196.
Abb. 60 a, 65, 67: nach F. Coarelli, Rom. Ein archäologischer Führer (2000) 319, 141, 140.
Abb. 62: nach E. Nash, Bildlexikon zur Topographie des antiken Rom (1961) 91, Abb. 93.
Abb. 63: nach P. Zanker, Pompeji. Stadtbilder als Spiegel von Gesellschaft und Herrschaftsform (1987) 29, Abb. 12.
Abb. 68: nach E. Paszthory, Salben, Schminken und Parfüme im Altertum (1990) 3.
Abb. 69: Soprintendenza Archeologica dell'Emilia Romagna, Museo Archeologico Nazionale di Parma.
Abb. 71: Bildarchiv Steffens, Photo L. von Matt.
Abb. 72: Westfälisches Museum für Archäologie, Landesmuseum und Amt für Denkmalpflege, Münster, Photo S. Brentführer.
Abb. 73, 75: nach B. Forlati Tamaro u. a., Da Aquileia a Venezia (1980) 450.
Abb. 74: Akademisches Kunstmuseum, Antikensammlung der Universität Bonn.
Abb. 76: nach A. R. Giumlia-Mair / P. T. Craddock, Corinthium Aes (1993) 24, Abb. 11.
Abb. 77, 83a.b, 98a.b, 99a.b, 102a.b: The British Museum.
Abb. 78, 79, 80: Rheinisches Bildarchiv, Köln.
Abb. 81: Dom-Museum, Bremen.
Abb. 82, 96: nach H. Schubert, Römische Fundmünzen aus Nida-Heddernheim (1984) 6, Abb. 1, 10, Abb. 7.
Abb. 84a: nach Ch. Howgego, Geld in der Antiken Welt (2000) 214, Abb. 165 rechts.
Abb. 84b: nach M. Karola / J. Nollé, Götter, Städte, Feste. Kleinasiatische Münzen der Römischen Kaiserzeit (1994) 35.
Abb. 85a.b, 86a.b: bpk / Münzkabinett, Staatliche Museen zu Berlin / Photo R. Saczewski.
Abb. 87: nach H. Kloft, Die Wirtschaft der griechisch-römischen Welt (1992) 231, Abb. 16.
Abb. 88: Photo G. Jansen.
Abb. 90: nach G. Alföldy, in: Zeitschrift für Papyrologie und Epigraphik 109 (1995) 195 ff.
Abb. 97: nach A. Nünnerich-Asmus, Republikanische Platz- bzw. Porticusanlagen, unveröffentlichte Magisterarbeit (1987) Abb. I.
Abb. 101: nach Der Trajansbogen in Benevent. Die Sammlung Parthenon (o. J.) Taf. XXV.
Abb. 105: Éditions de l'ANP.
Abb. 106, 107: nach J. Travlos, Bildlexikon zur Topographie des antiken Athen (1971) 501, Abb. 630.
Abb. 108: nach CIL IV 4528.
Abb. 109: Soprintendenza per i Beni Archeologici delle province di Napoli e Caserta.
Abb. 112: The Metropolitan Museum of Art, New York.
Abb. 113: CIL VI 7193a.
Abb. 114: Bridgeman Art Library.
Abb. 115a.b: Landschaftsverband Rheinland / Rheinisches Landesmuseum Bonn.
Abb. 117: Photothek Archäologisches Institut Freiburg.

Adresse des Autors

PROF. DR. HANS KLOFT
Universität Bremen
Institut für Geschichte
Postfach 330440
D-28334 Bremen